Jürgen Höller

Sprenge deine Grenzen

Der Name Jürgen Höller ist ein Markenbegriff. Bereits im Alter von 19 Jahren machte er sich selbstständig und baute nach und nach mehrere höchst erfolgreiche Firmen auf.

Bekannt wurde Jürgen Höller der breiten Öffentlichkeit jedoch vor allem durch seine Motivations-Seminare mit bis zu 15 000 Teilnehmern, darunter zahlreiche Spitzensportler, Politiker, Showgrößen und Persönlichkeiten der Wirtschaft.

Seine von über einer Million Teilnehmern besuchten Seminare und Veranstaltungen sind legendär.

Die Zeitschrift »GQ« zählte ihn zu den 25 besten Rednern unserer Zeit.

JÜRGEN HÖLLER

Sprenge deine Grenzen

JÜRGEN HÖLLER
ACADEMY

www.juergenhoeller.com

Jürgen Höller Academy KG
Carl-Benz-Straße 13
97424 Schweinfurt
Telefon +49-(0)9721-475880
Telefax +49-(0)9721-4758850
E-Mail info@juergenhoeller.com
Internet www.juergenhoeller.com
www.und-immer-wieder-aufstehen.de

Besuchen Sie uns auf f oder YouTube

Gestaltung und Satz: Winkens, Wegberg
Druckabwicklung: ONE WORLD DISTRIBUTION, Remscheid
Printed in Germany
978-3-95838-030-1

FÜR MEIN GANZES TEAM

Inhalt

VORWORT

Lieber Leser,

gibt es in Ihrem Leben noch irgendetwas, das Sie gerne haben, tun oder sein möchten? In Beruf, Einkommen, Wohlstand, Gesundheit, Fitness, Beziehungen oder was auch immer? Wenn Sie mit »Ja« geantwortet haben, dann verspreche ich Ihnen eines: Dieses Buch wird – wenn Sie es denn möchten – Ihr Leben in dem bzw. den gewünschten Bereich(en) so positiv verändern, wie Sie es sich jetzt vielleicht noch gar nicht vorstellen können. Bei einigen wird sich jetzt womöglich die Frage aufdrängen: Ist das nicht eine gewagte, möglicherweise übertriebene Behauptung?

Seit 1985 beschäftigt mich die Frage, warum ein kleiner Teil der Bevölkerung (10 Prozent) über den größten Teil des Vermögens (90 Prozent) verfügt? Und dies nicht etwa nur im deutschsprachigen Raum, sondern diese prinzipielle Aufteilung ergibt sich im Laufe der Zeit in allen freien Ländern der Erde. Es gibt also Menschen, die erfolgreicher sind als andere. Im Laufe der Zeit stellte ich fest, dass diese Menschen nicht nur materiell erfolgreicher waren, sondern in der Regel auch gesünder und fitter waren. Sie lebten länger, führten harmonischere Beziehungen und waren insgesamt ausgeglichener, zufriedener und glücklicher. Und so begann ich, die Grundlagen der Metaphysik zu studieren und die »Gesetze des Lebens« zu erforschen.

Ich stellte fest, dass das gesamte Universum nach bestimmten Ordnungsprinzipien funktioniert. In der materiellen Welt sind uns ein Teil dieser »Gesetze« als physikalische Lebensgesetze bekannt. Beispielsweise das Gesetz der Schwerkraft: Egal, wo sich ein Gegenstand auf der Erde befindet – er wird immer von der gleich starken Kraft an die Erdoberfläche gezogen. Ob wir als Menschen nun dieses Gesetz der Schwerkraft gar nicht kennen (weil wir ohne Bildung in einem Dorf in Indien aufgewachsen sind) oder nicht daran glauben – **das Gesetz der Schwerkraft entfaltet für jeden Menschen seine Wirkung trotzdem!**

Und genauso wie es physische Gesetzmäßigkeiten gibt, gibt es auch geistig/seelische. Diese bezeichnet man als die »Gesetze der Metaphysik«. Es gibt auch Gesetzmäßigkeiten, die sowohl in der physischen als auch der metaphysischen Welt wirken, beispielsweise das »Gesetz von Ursache und Wirkung«: Es besagt, dass es keine Wirkung, also kein Ergebnis, kein Resultat gibt, ohne das zuvor eine Ursache gesetzt wurde.

Dieses Lebensgesetz ist eines der wichtigsten Lebensgesetze überhaupt und bildet die Grundlage dafür, dass jeder Mensch durch andere Ursachen, die er setzt, neue, bessere Ergebnisse erzielen kann.

Denn von einem Punkt bin ich überzeugt: Es ist enorm wichtig, den Menschen vorzuleben, was alles machbar ist, wenn man an die Umsetzung glaubt und dabei die richtige Strategie anwendet.

Ihr Gehirn ist die Grundlage Ihres Lebens. Pro Sekunde kann es bis zu dreißig Milliarden Informationseinheiten verarbeiten. Sein Netzwerk besteht aus Nervenfasern mit etwa 160 000 Kilometern »Kabeln« und »Drähten«. Um all das nachzuvollziehen, was Ihr Gehirn im Bruchteil einer Sekunde erledigt, benötigte ein heutiger Superrechner mehrere Tage. Ihr Gehirn ist also ein fantastisches Instrument – doch leider hat uns niemand in der Schule, während der Ausbildung oder an der Universität gezeigt, wie es richtig und effizient benutzt wird. Unendlich viel hat man uns gelehrt und gezeigt. Wir lernten Fahrradfahren, Klavierspielen oder Tanzen – nur wie wir unser Gehirn richtig benutzen, das wurde leider vergessen. In der Schule wurden uns so »wichtige« Fragen gestellt wie: »Welche Länge hat der Nil?« oder »Wie viele Einwohner zählt Venezuela?« oder »Wie groß ist die Fläche von Kanada?«, aber was die Ursachen für Erfolg sind, wie wir uns selbst und andere motivieren können, wie wir das im Leben erreichen können, was wir uns wünschen – all dies war und ist nicht Bestandteil unserer staatlich verordneten Ausbildung. Ich jedoch habe erfahren: Grundsätzlich kann jeder Mensch alles erreichen, unabhängig von äußeren Umständen. Wie dies möglich ist, damit befasst sich der Inhalt dieses Buches.

Ich arbeite in diesem Buch mit bestimmten Methoden, die Sie ins Handeln bringen sollen. Wie Sie wissen, besitzen Sie neben einem Bewusstsein auch ein Unterbewusstsein. Dieses Unterbewusstsein ist äußerst wichtig für Ihren Erfolg, und deshalb finden Sie in dem vorliegenden Buch Übungen, die Ihr Unterbewusstsein direkt ansprechen. Da das Unterbewusstsein auf das »Du« besser als auf das unpersönliche »Sie« anspricht, gehe ich jetzt vom »Sie« zum »Du« über und hoffe auf Einverständnis. Falls nicht, ist es Ihnen unbelassen, das Buch jemand anderem zu schenken. Ansonsten ersetzen Sie einfach jedes vertraute »Du« durch ein Ihnen genehmes »Sie« ...

Es ist vollkommen in Ordnung, wenn Du jetzt noch skeptisch sein solltest hinsichtlich dessen, was Dich erwartet. Wenn Du nicht skeptisch wärest, könnte Dir ja jeder zu jedem Zeitpunkt ein neues Glaubenssystem mit den Worten: »Hier, nimm das an, dann bist du glücklich« unterbreiten, dem Du dann folgen würdest. Nein, es ist gut, wenn Du beim Lesen eines Buches – genauso wie beim Besuch eines Seminars – skeptisch bist und dabei sehr genau überprüfst, was Dir vorgesetzt wird. Andererseits bitte ich Dich jedoch auch darum, dieses Buch mit offenem Herzen zu lesen. Du wirst einige neue, möglicherweise ungewöhnliche Erkenntnisse und Einsichten gewinnen, wenn Du flexibel und offen für Neues und Ungewöhnliches bist. Dennoch ist das Buch in einer einfachen, verständlichen, »gehirngerechten« Sprache geschrieben, da ich bewusst auf jeden theoretischen, verschnörkelten, wissenschaftlichen Sprachduktus verzichtet habe.

In diesem Zusammenhang fällt mir eine wunderbar amüsante Geschichte aus dem Buch *Das Silberprinzip* ein. Ein Manager würde beispielsweise niemals sagen: »Ich habe meine Gabel benutzt, um eine Kartoffel zu essen.« Ein Manager würde sagen: »Ich habe ein mehrfach gezacktes Werkzeug utilisiert, um ein Stärkemittel zu verarbeiten.« – Beide Sätze bedeuten mehr oder weniger dasselbe, doch stammt der zweite Satz ganz offensichtlich von einer ganz besonders gescheiten Person ...

Dieses Buch ist übrigens keine Gute-Nacht- oder Nebenbei-Lektüre. Es ist ein Arbeitsbuch mit zahlreichen Aufgaben, die Du unbedingt ausführen solltest. Zum richtigen Lesen dieses Arbeitsbuches musst Du voll konzentriert sein, Dir also etwas Zeit und Ruhe nehmen und ein paar wichtige Hilfsmittel (Stift und verschiedene Textmarker) parat haben. Schreibe beispielsweise mit dem Stift Deine ganzen Gedanken, Erkenntnisse usw. in das Buch. Unterstreiche Dir wichtige Wörter, markiere mit den farbigen Textmarkern ganze Passagen, einzelne Zitate, griffige Beispiele usw. Da Du dieses Buch hoffentlich nicht nur einmal, sondern immer wieder einmal durcharbeitest, hilft Dir dies beim wiederholten Lesen dabei, Dich auf die für Dich wichtigen Stellen zu konzentrieren.

Wenn Du auf die vorgeschlagene Weise arbeitest, erntest Du den optimalen Nutzen. Laut Erkenntnis der Gehirnwissenschaft bleiben nur zehn Prozent des Inhalts eines Buches bewusst in unserem Gedächtnis haften. Dieser Prozentsatz kann ganz einfach gesteigert werden, indem Du mit meinem System das Buch durcharbeitest. Deshalb solltest Du Dich mit seinem Inhalt mehrmals auseinandersetzen, um schließlich hundert Prozent davon umsetzen zu können. Halte Dir auch zwei Listen bereit. Auf die erste Liste schreibst Du bitte »Meine Diamanten«; hier notierst Du Dir all jene Erkenntnisse, die Du aus dem Buch gewinnst und für wichtig hältst. Auf die zweite Liste schreibst Du bitte »Umsetzen«; hier notierst Du Dir all jene Punkte, die Du nach Durcharbeitung des Buches in Deinem Leben umsetzen wirst. Gehe dann am Ende des Buches her und stelle Dir eine ganz persönliche Rangfolge Deiner Umsetzungsvorhaben auf und beginne damit, die ersten drei Punkte umzusetzen. Starte damit innerhalb von 72 Stunden. Denn Ideen, die man nicht innerhalb von 72 Stunden umzusetzen beginnt, werden meist nie mehr verwirklicht. In diesem Zusammenhang sei auf etwas Wesentliches hingewiesen: Es ist viel wichtiger, **einen Punkt wirklich** umzusetzen, als viele Punkte gleichzeitig anzugehen – und damit wenig zu erreichen.

Übrigens ist das vorliegende Buch einerseits vollkommen losgelöst von meinen anderen Büchern *(z. B. Ja! – Wie Sie Ihre Ängste, Probleme und Krisen meistern)*, andererseits jedoch ergibt sich ein Gesamtsystem, wenn Du auch diese Bücher durcharbeitest. Siehe hierzu am Ende des Buches meine »Literaturempfehlungen«.

Noch ein Hinweis: Beim Durcharbeiten des Buches solltest Du stets genug Papier zur Hand haben. Dies dient folgender Absicht: Sobald Dir während des Lesens eine Idee kommt und sobald Du während des Durcharbeitens einen Entschluss fassen solltest, ist es ratsam, dies schriftlich zu fixieren. Am Ende gehst Du dann Deine Notizen sorgfältig durch und alle Punkte, von denen Du annimmst, dass sie Dich nach vorne bringen, arbeitest Du weiter aus und machst Dir Gedanken darüber, wie Du sie erfolgversprechend umsetzt.

Ich wünsche Dir jedenfalls viel Spaß beim Lesen – und weiß eines ganz sicher: Dieses Buch kann Dir dazu verhelfen, ein wundervoll spannendes, erfolgreiches, dynamisches und liebevolles Leben zu führen.

Herzlichst Dein
Jürgen Höller

An dieser Stelle möchte ich Dir bereits den Besuch meines 2-Tages Intensiv-Seminars Power-Days ans Herz legen. In diesen zwei Tagen erhältst Du von mir, zusammen mit einigen weiteren Spitzentrainern, ein komplettes Motivations- und Erfolgssystem, wie Du:

- innerhalb von 6 bis 12 Monaten 30–300 % mehr verdienst
- als Selbständiger Deinen Umsatz innerhalb von zwei Jahren verdoppelst
- die drei Grundstrategien, mit denen jeder Mensch zu jedem Zeitpunkt sein Leben vom Negativen ins Positive drehen kann und vieles mehr.

In diesen zwei Tagen wird sich Dein Leben für immer ins Positive verändern und verbessern.

Alle Infos und Tickets erhältst Du im Internet unter www.power-days.info

EINFÜHRUNG

> **»Wenn wir alles täten, wozu wir imstande sind, würden wir uns wahrlich in Erstaunen versetzen!«**
>
> THOMAS A. EDISON

Ich möchte Dir zu Beginn folgenden Menschen beschreiben … Es handelt sich um einen jungen Mann von Anfang zwanzig. Er hat sich seit einiger Zeit selbstständig gemacht. Seine Geschäfte laufen sehr schlecht. Finanziell geht es ihm so mies, dass er an manchen Tagen nicht einmal Geld hat, um den Benzintank seines Wagens zu füllen und damit zu seinem vierzig Kilometer entfernten Unternehmen fahren zu können. An solchen Tagen geht er dann zu seiner Mutter, erzählt ihr meist, er habe »die Tageseinnahme von gestern im Unternehmen vergessen«, um so einen 50-Mark-Schein von ihr zu erhalten. Es dauert nicht lange und es geht mit ihm nicht nur beruflich, sondern auch gesundheitlich bergab: Magen- und Rückenprobleme verschlechtern die Qualität seines Lebens weiter. Schließlich und endlich geht dann auch noch seine Beziehung in die Brüche. Freunde hat er schon lange nicht mehr, denn er hat sich nicht darum gekümmert, welche zu haben. Der junge Mann ist dabei zornig, zornig auf »Gott und die Welt«. Alle und alles sind schuld daran, dass es ihm so schlechtgeht: Da ist die Rezession, die für eine schlechte Großwetterlage sorgt; da ist der Standort seines Unternehmens, der sich im Nachhinein als wenig vorteilhaft erweist; da sind die Kunden, die seine tollen Ideen nicht zu würdigen wissen; da sind die Mitarbeiter, die nur Geld verdienen wollen, sich dafür aber nicht sonderlich anstrengen; da ist dieses, ist jenes, was sich dem Erfolg seines Unternehmens ständig in den Weg stellt. Der junge Mann macht also die Umstände für seinen destruktiven Zustand verantwortlich.

Es folgt die zweite Beschreibung eines Menschen … Dieser Mann ist Ende vierzig. Beruflich hat er schon sehr viel erreicht, aber es warten noch große Ziele darauf, von ihm verwirklicht zu werden. Er hat alle Träume gelebt, die er als kleiner Junge so hatte. Gesundheitlich geht es ihm ebenfalls sehr gut. Er treibt regelmäßig Sport, hat ein ideales Gewicht, ist voller Dynamik und Vitalität. Viele Menschen lernen von ihm und suchen seinen Rat. Er hat ein paar wenige, aber sehr gute Freunde, auf die er sich verlassen kann. Er hat eine Frau, die ihm all die Liebe gibt, die er benötigt, und die immer zu ihm steht und an seine Visionen glaubt. Er hat zwei tolle Söhne und einen verrückten Hund. Befragt danach, woher sein Erfolg resultiert, antwortet dieser Mann, er habe ihn sich selbst verursacht.

Die beschriebenen Männer sind ein und dieselbe Person: In der ersten Geschichte ist es Jürgen Höller 1985, in der zweiten Jürgen Höller 2010.

Wenn ich Dir diese Geschichte erzähle, dann nicht, um mich in ein besonderes Licht zu stellen oder anzugeben (na ja, ich geb's zu: vielleicht ein bisschen …), sondern um Dir zu zeigen, dass ich weiß, wovon ich spreche. Ich habe nach anfänglichen großen Erfolgen eine erste Krise mit 21 Jahren erlebt. Anschließend erlebte ich viele Jahre des Erfolges, ehe ich noch einmal Fehler machte und die größte Krise meines Lebens erfuhr. Ich verlor (fast) alles, was ein Mensch verlieren kann. Doch die von mir seit Jahren empfohlenen Strategien und Methoden haben mir dazu verholfen, die Qualität meines Lebens weiter so wunderbar zu verbessern – und dies möchte ich an Dich weitergeben. Ganz egal also, auf welcher Lebensspirale Du Dich derzeit befindest (der positiven oder negativen) – ich kann es nachempfinden. So werden Dir die hier beschriebenen Strategien auf jeden Fall weiterhelfen.

Ab sofort wirst Du in diesem Buch immer wieder auf bestimmte Aufgaben, Übungen usw. treffen. Bitte führe diese **unbedingt** schriftlich durch, denn von der Durchführung hängt ein wesentlicher Teil Deines Erfolgs ab. Bitte antworte bei allen Aufgaben und Übungen stets spontan, also ohne großartig nachzudenken, denn nur das, was spontan geschieht, ist die Botschaft Deines Unterbewusstseins. Wenn Du lange überlegst, schaltet sich Dein Verstand ein und fängt an zu »bewerten«.

Möglicherweise schreibst Du dann Antworten auf, die zu falschen Schlüssen führen.

> **»Was immer du tun kannst oder erträumst zu können, beginne es.**
> **Kühnheit besitzt Genie, Macht und magische Kraft.**
> **Beginne es jetzt!«**
>
> JOHANN WOLFGANG VON GOETHE

AUFGABE:

1. Bist Du derzeit glücklich in Deinem Unternehmen?
   Ja ☐ Nein ☒
   Wenn »nein«, warum nicht?
   es läuft nicht

2. Bist Du glücklich in Deiner Tätigkeit?
   Ja ☒ Nein ☐
   Wenn »nein«, warum nicht?
   ____

3. Bist Du derzeit glücklich mit Deinem finanziellen Einkommen?
   Ja ☐ Nein ☒
   Wenn »nein«, warum nicht?
   zu wenig

4. Bist Du derzeit glücklich mit Deinem Wohlstand?
   Ja ☐ Nein ☒
   Wenn »nein«, warum nicht?
   kein finanz. Wohlstand da, aber geistiger ja

5. Bist Du derzeit glücklich in Deinen Beziehungen (Partner, Kinder, Freunde)?
   Ja ☐ Nein ☒
   Wenn »nein«, warum nicht?
   mit Freunden ja, hätte gerne Partner

6. Bist Du derzeit glücklich mit Deiner Gesundheit, Fitness und Energie?

   Ja ☐ Nein ☒

   Wenn »nein«, warum nicht?

   zu wenig
   ___

7. Fühlst Du Dich ausgeglichen und harmonisch?

   Ja ☐ Nein ☒

   Wenn »nein«, warum nicht?

   denke zuviel über Existenzängste nach
   ___

8. Aus dieser Aufgabe habe ich folgende wichtige Erkenntnisse gewonnen:

   zuviel nein Antworte
   ___

9. Was ändere ich wann?
   ___

Denke über Geldsorge aufgeben
rede " " aufgebe
unabhängig von Verkäufe meine
Geldsch. Arbeiten fürs Lager mit
Freude machen.
- Mehr freudiges in Alltag bringen

KAPITEL 1

Das GAD-System

»Dir geschehe nach deinem Glauben.«

JESUS

Zu Beginn meiner Forschungen über die Ursachen des Erfolgs stellte ich mir immer wieder folgende Frage: Was ist denn die **Hauptursache**, was der wichtigste Grund, der Punkt, an dem der Hebel angesetzt werden muss, um Erfolg zu erzielen? Ich stellte diese Frage sehr vielen Menschen aus unterschiedlichsten Bereichen und mit unterschiedlichem sozialem Niveau. Hier die Hauptantworten, die ich erhielt:

1. Begabung
2. Wissen, Ausbildung, Können
3. Fleiß
4. Durchhaltevermögen

Gewissenhaft und gründlich überprüfte ich daraufhin diese Antworten, welcher dieser Gründe letztendlich die wirkliche Hauptursache für den Erfolg ist. Die einzelnen Untersuchungsergebnisse fielen recht unterschiedlich aus:

- Zu 1. Begabung: Das verkannte Genie ist sprichwörtlich.
- Oft zieht derjenige mit weniger Talent am Talentierten vorbei.
- Zu 2. Wissen, Ausbildung, Können: Der oft zitierte »Fachidiot« ist selten erfolgreich. Nicht selten sind Menschen mit weniger Wissen erfolgreicher.
- Zu 3. Fleiß: Ich habe Menschen in meinen Seminaren kennengelernt, die dreißig Jahre lang überaus fleißig waren, um dann mit 58 Jahren feststellen zu müssen, dass sie wohl nicht in der Lage sein werden, ihren wohlverdienten Ruhestand so

zu genießen, wie sie sich ihn gewünscht hatten. Meist handelte es sich um Menschen, deren verfügbare materielle Mittel – wenn sie denn welche hatten – sehr gering waren und deren zu erwartende Rente nicht gerade üppig ausfallen würde.
- Zu 4. Durchhaltevermögen: Millionen von Menschen halten Jahr für Jahr an einer Arbeit fest, die sie nicht sonderlich mögen, ja, geradezu hassen, ohne übermäßig erfolgreich zu sein.

Natürlich sind die aufgeführten vier Bereiche wichtig, um ein erfolgreiches und erfülltes Leben führen zu können. Doch in keinem der vier Bereiche ist die **Hauptursache** für Glück und Erfolg zu finden.

AUFGABE

Was, denkst Du, ist die Hauptursache für Erfolg und Erfüllung?

____

____

____

Das Ergebnis meiner Forschungstätigkeit lässt sich in zwei Punkten zusammenfassen. Die Hauptursachen für Erfolg sind:

- ein konkretes Ziel haben!
- an das Ziel glauben!

Des Weiteren habe ich herausgefunden, dass nur circa vier Prozent aller Menschen klare Ziele haben und nur ein Prozent ihre Ziele jemals schriftlich fixiert haben. Wundert es Dich, wenn Du erfährst, dass dieses eine Prozent circa fünfzig Prozent des gesamten Wachstums erzielt, das in unserem Land messbar ist, also nachweislich erfolgreich ist?

AUFGABE

Hattest Du bisher klar und konkret formulierte und terminierte Ziele, die Du schriftlich festgehalten hast?
Ja ☐ Nein ☐
Welche Erkenntnis bzw. welchen Vorsatz ziehst Du daraus?

____

Zu allen Zeiten hat die Entwicklung der Menschheit an Geschwindigkeit zugenommen. Während sich im Jahr 1750 das Wissen der Menschheit circa alle 50 Jahre verdoppelte (der deutsche Philosoph und Universalgelehrte Gottfried Wilhelm Leibniz gilt als der letzte Mensch, der das gesamte enzyklopädische Wissen der damaligen Zeit aus seinem Gedächtnis abrufen konnte), verdoppelt sich heute das Wissen alle zwei bis drei Jahre. Niemand hätte für möglich gehalten, was heute einmal möglich sein wird. Selbst hochangesehene Persönlichkeiten haben die fantastischsten Möglichkeiten oft unterschätzt:

»Ich glaube, der Markt wird weltweit fünf Computer benötigen.«

THOMAS WATSON, VORSITZENDER VON IBM, 1943

»Es gibt keinen Grund, warum irgendeiner einen Computer zu Hause haben möchte.«

KEN OLSON, VORSITZENDER UND GRÜNDER VON DIGITAL EQUIPMENT, 1977

»640 K sollten für jeden genug sein.«

BILL GATES, 1981

»Wir mögen diese Art von Musik nicht, und Gitarrenmusik ist nicht mehr interessant.«

DECCA RECORDING LEHNTE 1962 DIE BEATLES AB ...

»*Die Möwe Jonathan* wird als Taschenbuch niemals erfolgreich.«

JAMES GALTON, BESITZER DES MAC MILLAN VERLAGES, DER EIN ANGEBOT ABLEHNTE, UM FÜR DIE RECHTE DER VERÖFFENTLICHUNG DES BUCHES VON RICHARD BACH ALS TASCHENBUCHAUSGABE MITZUBIETEN. ZEHN JAHRE SPÄTER WAREN ÜBER SIEBEN MILLIONEN EXEMPLARE DER MÖWE JONATHAN ALS TASCHENBUCH VERKAUFT ...

Es ist schon unglaublich, was sich in den letzten Jahren alles getan hat. Welcher Schamane hätte sich wohl seinerzeit träumen lassen, dass einmal eine Zeit kommen würde, in der »ganz normale« Leute aus einer Höhe von 3000 Metern in den Abgrund springen und zwar allein aus sportlichem Vergnügen? Konnten sich Eingeborene in Neuguinea, die damals von fünfzehn Meter hohen Türmen sprangen und dabei nur von Rankenpflanzen gehalten wurden, jemals vorstellen, dass heute Männer und Frauen von Kränen und aus Heißluftballons zig Meter tief springen, nur gehalten von Gummibändern (und noch dafür bezahlen!)? Indischen Fakiren und afrikanischen Stammeskriegern wäre wohl nur ein verständnisloses Lächeln zu entlocken gewesen, wenn man ihnen erzählt hätte, dass während eines Wochenendseminars Menschen über glühende Kohlen laufen, barfuß in Scherben springen oder sich daumendicke Stahlstäbe an den schwächsten Punkt ihres Halses setzen und auf Kommando so stark zudrücken, dass sich der Stahl bis zu einem »U« verbiegt … (ja, so »verrückte« Sachen machen wir in meinem 2-Tages-Seminar POWER-DAYS).

Wenn wir uns lediglich die Entwicklung der Medizin vor Augen führen, sollten wir mit Ehrfurcht an die Möglichkeiten des menschlichen Geistes glauben:

- 1912 fand Emil von Vehring einen Impfstoff gegen Diphtherie und Tetanus.
- 1928 entdeckte Alexander Fleming das Penicillin.
- 1951 entwickelte André Thomas die Herz-Lungen-Maschine.
- 1967 glückte Christiaan Barnard in Südafrika die erste Herztransplantation.
- 1982 implantierte Dr. William De Vries das erste künstliche Herz.
- 1983 setzte sich die Lasertechnik bei Augenoperationen und bei der Entfernung von Rückenmark- und Hirntumoren durch.
- 1991 wurde das Internet freigegeben.
- 1997 kam Viagra auf den Markt.
- 1998 wurde Google gegründet.
- 2004 wurde Facebook gegründet.

Wer etwa auf die Idee käme, nun würde die Entwicklung der Menschheit langsamer vonstatten gehen, der irrt sich gewaltig:

Nahezu achtzig Prozent aller Denker, Entwickler, Erfinder, Forscher, Tüftler und Wissenschaftler leben und arbeiten heute noch. Welche fantastischen, ja unglaublichen Erfindungen und Weiterentwicklungen warten wohl noch in den nächsten Jahren auf uns?

Wir leben in einer großartigen Epoche. Noch nie war es einfacher als heute, in kürzester Zeit erfolgreich zu sein. Achtzig Prozent aller jemals existierenden Milliardäre sind in den letzten zwanzig Jahren zu dem geworden, was sie heute sind. Niemals zuvor hatten Menschen (in der Gesamtheit) mehr Geld zur Verfügung, eine bessere Schulausbildung erhalten, kürzere Arbeitszeiten genossen, war weniger körperlicher Einsatz erforderlich, als das heute der Fall ist. Die Frage ist also nicht, ob die Zeit uns Chancen lässt, sondern ob wir die Chancen der Zeit nutzen.

AUFGABE

Bitte fülle diese Aufgabe gewissenhaft und **schnell** aus. Bewerte nicht die einzelnen Antworten, sondern kreuze das an, wozu Dich Dein erster Impuls »verleitet«. Dieser erste Impuls birgt die richtige Antwort in sich. Wenn Du wartest, bewertest und erst dann Deine Antwort aufschreibst, wirst Du keine richtigen Erkenntnisse erhalten (Auswertung der Aufgabe auf Seite 47).

1. Halte ich nach Gründen Ausschau, weshalb etwas nicht getan werden kann, statt nach Wegen zu suchen, wie es getan werden könnte?
   Ja ☐ Nein ☐
   Wenn »ja«, warum?
   ____

2. Habe ich Furcht vor der Zukunft?
   Ja ☐ Nein ☐
   Wenn »ja«, warum?
   ____

3. Tendiere ich dahin, Neues abzulehnen, und ziehe es vor, die Dinge lieber auf die Weise zu tun, wie ich sie schon immer getan habe?
   Ja ☐ Nein ☐
   Wenn »ja«, warum?
   ____

4. Möchte ich immer auf Nummer sicher gehen?
   Ja ☐ Nein ☐
   Wenn »ja«, warum?

   ____

5. Tendiere ich dazu, eine Erfolgsgarantie zu fordern, bevor ich für etwas Neues eintrete?
   Ja ☐ Nein ☐
   Wenn »ja«, warum?

   ____

6. Hebe ich die Nachteile einer Veränderung hervor, bevor ich die Vorteile sehe?
   Ja ☐ Nein ☐
   Wenn »ja«, warum?

   ____

7. Lehne ich Veränderungen ab, weil ich dazu wenig Lust verspüre oder weil ich glaube, dass es für mich bequemer ist, nach dem alten Schema weiterzuarbeiten?
   Ja ☐ Nein ☐
   Wenn »ja«, warum?

   ____

8. Bin ich mit dem zufrieden, was ich habe, ohne neidvoll auf andere zu blicken?
   Ja ☐ Nein ☐
   Wenn »ja«, warum?

   ____

9. Glaube ich, dass sich die menschliche Natur eigentlich nicht ändert und dass das Leben eines Menschen daher auch nicht verändert werden kann?
   Ja ☐ Nein ☐
   Wenn »ja«, warum?

   ____

10. Suche ich oft die Gründe für Misserfolg im »Äußeren« (schlechtes Einzugsgebiet, Chef, Freunde, Kollegen, Kunden, Mitarbeiter usw.)?
Ja ☐ Nein ☐
Wenn »ja«, warum?

---

11. Habe ich ganz klare konkrete, terminierte und schriftlich fixierte Ziele?
Ja ☐ Nein ☐
Wenn »nein«, warum nicht?

---

12. Wird das nächste Jahr schwieriger, was Kunden und Umsatz betrifft?
Ja ☐ Nein ☐
Wenn »ja«, warum?

Vielleicht wendest Du jetzt ein, dass unsere Zeit nicht nur Gutes mit sich bringt, sondern auch so manches Negative. Insbesondere die Arbeitslosigkeit, die unter anderem durch den Fortschritt bedingt ist, wird hier ins Feld geführt. Doch schafft der Fortschritt nicht letztendlich auch Arbeitsplätze? Johannes Gutenbergs Erfindung des Buchdrucks machte Tausende von Schreibern arbeitslos. Henry Fords T-Modell machte Tausende von Hufschmieden arbeitslos. Der Computer machte Tausende von Bürokräften arbeitslos. Die Industrialisierung vernichtete Tausende von Arbeitsplätzen in der Landwirtschaft. Jede technische Neuerung, die Arbeit erleichtert, sorgt kurzfristig für Probleme. Doch der Druck, der aufgebaut wird, ist nicht nur negativ, sondern bringt die Menschen auch zu Veränderungen (vergleiche hierzu Kapitel 13: »Die Macht der Motivation«).

Wir Menschen müssen lernen, uns den Märkten und Möglichkeiten der Zukunft hinzuwenden. Jeder Mensch hat in unserer heutigen Zeit die Chance, all das zu tun, worauf er Lust hat. Jeder hat die Möglichkeit, eine Ausbildung zu beginnen, eine Tätigkeit zu übernehmen, Angestellter oder Selbstständiger zu sein usw. Ja, glaube mir, es ist eine einzigartige, herrliche, fantastische, wunderbare Welt! – Der eine oder andere Leser wird mich jetzt für verrückt halten, das Buch mit einem Ausruf des Zornes in die Ecke werfen und bedauern, dass er das Geld dafür ausgegeben hat ...

»Das, was jemand von sich selbst denkt, bestimmt sein Schicksal.«

MARK TWAIN

Vor langer Zeit stand der direkte Vorfahr des Menschen auf einer Stufe mit einigen wenigen anderen Lebewesen. Er war nicht übermäßig schnell, auch nicht gerade flink, nicht ungewöhnlich gewandt und auch nicht besonders kräftig (im Vergleich zu vielen anderen Tieren). Um sich zu behaupten, entwickelte dieser Vorfahr mit der Zeit etwas, das ihn in die Lage versetzte, in seiner Umwelt zunächst zu überleben, um sie dann (als Mensch) zu beherrschen: **das Denken!**

In diesem Buch will ich Dir die Möglichkeiten aufzeigen, die Du schon immer besessen hast – und mit denen Du Dein Leben so ändern und gestalten kannst, wie Du es Dir wünschst. Du kannst erreichen, was immer Du Dir vorstellen kannst. Du kannst tun, was immer Dir Spaß macht (sofern es nicht zum Schaden anderer ist!). Du kannst sein, was immer Du willst. Ich möchte, dass Du »endlich« erwachsen wirst, erwachsen aber in einem etwas anderen Verständnis:

Erwachsen kommt in diesem Fall von »Er-wacht«!

Das Märchen von der größten Kraft des Universums

In diesem Märchen wird von den Göttern erzählt, die zu entscheiden hatten, wo sie die größte Kraft des Universums ablegen sollten und zwar so, dass der Mensch sie nicht finde, bevor er dazu reif sei, sie verantwortungsbewusst zu gebrauchen.

Ein Gott schlug vor, sie auf der Spitze des höchsten Berges zu verstecken. Aber die Götter erkannten, dass der Mensch den höchsten

Berg ersteigen und somit die größte Kraft des Universums zu früh finden würde. Ein anderer Gott sagte: »Lasst uns doch die Kraft auf dem Grund des Meeres verstecken!« Wieder erkannten sie, dass der Mensch auch diese Region erforschen und die größte Kraft des Universums finden würde, bevor er dazu reif sei. Schließlich sagte der weiseste Gott: »Ich weiß, was zu tun ist. Lasst uns die größte Kraft des Universums im Menschen selbst verstecken. Er wird dort niemals danach suchen, bevor er reif genug ist, den Weg nach innen zu gehen.« Und so versteckten die Götter die größte Kraft des Universums im Menschen selbst.

Dort befindet sie sich noch immer und wartet darauf, dass wir sie in Besitz nehmen und reichlich Gebrauch davon machen. Wenn Du bereit bist, ich meine, wenn Du **wirklich** bereit bist, dann kann das Abenteuer des eigentlichen Lebens jetzt beginnen: **jetzt, in diesem Augenblick!**

Und darum möchte ich, dass Du »erwach-sen« wirst. Ich möchte, dass Du aufwachst und erkennst, welche Kräfte, welche Möglichkeiten in Dir schlummern. Ich weiß es, dass sie in Dir schlummern, denn ich habe diese Kraft nicht nur in mir selbst gefunden, sondern Tausenden von Menschen diesen Ort verraten, ihnen den Weg gezeigt, wie sie dort hinkommen.

AUFGABE

Wann hat sich das letzte Mal in Deinem Leben etwas geändert? Wann hast Du das letzte Mal aktiv eine Änderung in Deinem Leben herbeigeführt und die Entwicklung Deines Lebens nicht mehr dem Zufall überlassen?

____

____

____

Erkenntnisse und Vorhaben:

____

____

____

Im Laufe tausender Beratungen, Seminare und Vorträge habe ich unzählige Menschen kennengelernt. Sie lassen sich generell in zwei Kategorien einordnen:

- Der Verwerter: Er glaubt, dass alles möglich ist!
- Der Bewerter: Das ist derjenige, der daran zweifelt!

Der Bewerter ist dabei ein Mensch, der allein, arbeitslos, krank, mittellos oder unglücklich ist, aber schon immer im Voraus die Begründung dafür hat, warum irgendetwas nicht funktioniert. Das sind diejenigen, die (warum eigentlich?) zu mir ins Seminar kommen und dann anfangs abweisend, skeptisch, mit verschränkten Armen dasitzen – mit einem Satz: Ihre gesamte Haltung ist negativ. Der Bewerter fragt sich bei allem, ob er es umsetzen kann, während sich hingegen der Verwerter fragt, wie er es umsetzen kann.

Es gibt einzelne Kritiker, die mir vorwerfen, dass positives Denken nicht richtig, jedenfalls überbewertet sei. (Mittlerweile gibt es sogar ein Buch des Inhalts, dass positives Denken krank mache. Das würde im Umkehrschluss bedeuten, dass negatives Denken gesund mache. Blanker Unsinn, lässt sich dazu nur sagen ...) Bei solchen Gelegenheiten stelle ich dann immer folgende Frage: »Einmal angenommen, Sie haben recht. Was ist denn die Alternative zum positiven Denken? Die kann doch nur heißen: Die Welt negativ sehen, also pessimistisch.« Die einzige Alternative zum positiven Denken, zum Möglichkeitsdenken, zum Optimismus ist demnach das negative Denken, ist der Pessimismus! Doch kannst Du mir **einen einzigen Menschen** nennen, wirklich nur einen einzigen, der durch Pessimismus, durch negatives Denken erfolgreich geworden wäre?

Ich habe viele tausend Menschen kennengelernt, darunter Unternehmer, die es geschafft haben, Weltfirmen aus dem Nichts aufzubauen, darunter Sportler, die Olympiasieger, die Weltmeister geworden sind, darunter Künstler, die Millionen von Platten verkaufen. Doch kein Einziger war darunter, der dies mit einer negativen Einstellung zum Leben, zur Zukunft und zu sich selbst geschafft hat. Warum aber sind so viele Menschen negativ eingestellt? Die Antwort: durch negative Suggestionen. So hat die Harvard-Universität herausgefunden, dass wir bis zu unserem achtzehnten Lebensjahr 150 000 negative Suggestionen vermittelt bekommen. Derlei

Suggestionen lauten fast immer gleich – und senden stets dieselbe Botschaft aus: Das schaffst Du nicht! Du bist zu klein! Du bist ein Junge! Das kannst Du nicht! Du bist zu dumm! Du bist zu dick! Das ist nichts für Dich! Du bist zu jung! Du bist zu schwach! Das darfst Du nicht! Du bist ein Mädchen! Du bist schon zu alt dafür! – Die Beispiele ließen sich nahezu unendlich fortsetzen.

Bei solcherart »Motivation« ist es kein Wunder, wenn sich dadurch die Konditionierung ergibt, dass wir Versager und Verlierer sind. Man kann negativ eingestellten Menschen zunächst einmal überhaupt keinen Vorwurf machen, dass sie zu Versagern und Verlierern geworden sind. Doch sei die Frage – und damit der leise Vorwurf – erlaubt: Warum verändern sie diesen Zustand nicht? Warum treffen sie nicht jetzt, in dieser Sekunde, die Entscheidung, ein Gewinner, ein Sieger zu sein?

Das Gegenstück des Siegers ist der Verlierer. Dennoch wäre es zu kurz gedacht, wenn Du der Meinung bist, Dein Weg des Erfolges müsste mit lauter Verlierern gepflastert sein. Es ist überhaupt nicht notwendig, einen anderen Menschen zu »besiegen«. Hast Du schon einmal darüber nachgedacht, dass Du Probleme besiegen könntest? Dass Du Deine Sorgen und Deinen Kummer besiegen könntest? Und dass Du Deinen Misserfolg besiegen könntest? Wie sähe denn die Welt aus, wenn jeder Lehrer nicht den Wunsch hätte, die Dummheit zu besiegen? Wie sähe sie denn aus, wenn ein Umweltschützer nicht das Ziel hätte, die Verschmutzung unserer Gewässer, der Luft und der Wälder zu besiegen? Und wie, wenn Ärzte nicht das Ziel hätten, Krankheiten zu besiegen? Nein: **Wir benötigen Sieger!** Besiegen schließt doch nicht ein, über »Leichen« zu gehen, sondern heißt zunächst einmal, einen Missstand zu beseitigen. Hand aufs Herz: Wer will, so gesehen, nicht auch ein Sieger sein?

Ein Wunsch wird Wirklichkeit

Es gab einmal ein kleines schwarzes Mädchen, das im Süden der Vereinigten Staaten lebte. Eines Tages erkrankte das Mädchen, das zudem noch ohne Vater aufwuchs, an Kinderlähmung. Ihr sehnlichster Wunsch war es, wieder gehen zu können, um mit anderen Kindern rumzulaufen und zu spielen. Der Schubkarren, mit dem es von seinen Geschwistern – insgesamt waren sie zu zwölft – herumgefahren wurde, war da nur ein schwacher Ersatz. Irgendwann hörte seine

Mutter von einem Arzt im Krankenhaus der Stadt, der Kinder, die in ärmlichen Verhältnissen lebten, kostenlos behandelte. Sie setzte ihre Tochter in einen Handwagen und zog sie drei Tage auf der holprigen, staubigen Straße hinter sich her, um in die Stadt zu gelangen. Voller Hoffnung fragte sie den Arzt, ob er ihrer Tochter helfen könne. Der Arzt bejahte dies und passte ihrer Tochter Krücken an. Doch die Mutter sah nur kurz auf ihre Tochter mit den Krücken und sagte dann: »Vielen Dank, Herr Doktor, aber ich möchte nicht, dass meine Tochter mit Krücken läuft, sondern wieder richtig gehen kann. Sie wünscht sich das so sehr.« Der Arzt erwiderte: »Tut mir leid, aber Ihre Tochter hatte eine schwere Kinderlähmung. Sie wird nie wieder ohne Krücken laufen können.«

Die Mutter gab sich nicht zufrieden mit der Antwort. Warum sollte sich der Arzt nicht geirrt haben? Ärzte haben sich doch schon früher geirrt. Sie begann die Beine des kleinen Mädchens regelmäßig mit bestimmten Kräutern einzureiben, um sie danach zu massieren – und sie betete zu Gott. Nach sechs Monaten hatte sie das Gefühl, dass es den Beinen besser ging. Erneut machte sie sich mit ihrer Tochter auf den Weg ins Krankenhaus. Der Arzt untersuchte die Beine des Mädchens und teilte der Mutter mit, dass leider keine Besserung eingetreten sei und sie sich keine falschen Hoffnungen machen solle.

Trotz dieser großen Enttäuschung und obwohl sie verzweifelt und niedergeschlagen waren, gaben Mutter und Tochter die Hoffnung nicht auf. Sie waren das, was man ganz und gar **unvernünftig** nannte. Weiter massierten und bewegten sie die Beine und beteten zu Gott. Und eines Tages hatte das Mädchen wieder Gefühl in den Beinen. Schließlich konnte es das erste Mal, wenn auch mit Hilfe, aufrecht stehen. Und dann machte die Kleine den ersten Schritt. Mühsam bewegte sie sich weiter, lernte wieder gehen. Nachdem sie einmal gehen konnte, war sie nicht mehr zu halten – es schien, als wollte sie all die Schritte und Sprünge nachholen, die sie während der Zeit der Lähmung nicht hatte machen können. Sie lief und lief und lief – und wurde 1960 in Rom dreifache Olympiasiegerin: im 100-Meter-Lauf, im 200-Meter-Lauf und mit der Sprintstaffel. Noch heute ist Wilma Rudolph vielen Leichtathletik-Begeisterten ein Begriff. Sie kennen auch ihren Beinamen. Den erhielt sie seinerzeit in der Ewigen Stadt aufgrund ihres eleganten Laufstils: »Schwarze Gazelle«.

Als ich diese Geschichte das erste Mal hörte, wollte ich sie kaum glauben. Aber sie ist tatsächlich wahr – und sie hat mir zu einem Zeitpunkt geholfen, als es mir in meinem Leben nicht sonderlich gut ging und ich vor lauter Problemen und Sorgen nicht wusste, wie ich aus meinem »Loch« wieder herauskommen sollte. Ich kam da heraus, denn die Macht des eigenen Geistes ist absolut unbegrenzt. Du musst nur damit beginnen, an Dich selbst zu glauben – und Du wirst die unbegrenzte Kraft Deines Unterbewusstseins aktivieren und nutzen können. Das alles kannst Du erreichen, wenn Du es willst, wenn Du es **wirklich** willst. Und genau darum geht es in diesem Kapitel: **GAD = Glaube an Dich selbst!** Nur wer an sich selbst glaubt, kann größte Hindernisse überwinden und seine gesteckten Ziele erreichen. Nur wer an sich selbst glaubt, kann Probleme bewältigen, so schlimm und groß sie auch sein mögen. Nur wer an sich selbst glaubt, wird gegen seine Kritiker ankommen und sich durchsetzen. Nur wer an sich selbst glaubt, wird schließlich ein Gewinner sein.

Glaubst Du an Dich? Glaubst Du daran, dass Du ab sofort in den verschiedensten Bereichen Deines Lebens (Beruf, finanzielles Einkommen, Partnerschaft, Gesundheit, Familie, Freunde) die vorhandene Qualität wesentlich steigern kannst? Glaubst Du daran, dass Du als Gewinner geboren wurdest? Und wenn Du es bisher noch nicht getan hast: Kannst Du Dich entschließen, **jetzt** an Dich, an Deine positive Zukunft und an die Erreichung Deiner Ziele zu glauben?

»Glaube schafft Tatsachen!«

WILLIAM JAMES, HARVARD-UNIVERSITÄT

In meinen Power-Day-Seminaren erzähle ich sehr oft die Geschichte vom »goldenen« Adler – mit Bedacht …

Adler oder Huhn?

Ein Landwirt fand eines Tages ein Adler-Ei, nahm es mit auf seinen Hof und legte es seinen Hühnern in den Stall. Diese brüteten es schließlich aus und glaubten natürlich, es sei ein Huhn. Sie brachten ihm alles bei, was ein Huhn eben wissen muss, um zu überleben.

Der Adler glaubte folgerichtig ebenfalls, er sei ein Huhn. Eines Tages sah er einen Adler hoch am Himmel majestätisch seine Kreise ziehen und sagte ehrfurchtsvoll zu den anderen Hühnern »Wer ist das?«, und diese antworteten voller Andacht: »Der Adler, der König der Lüfte!« »Warum fliegen wir nicht so hoch am Himmel?«, fragte der Adler. Daraufhin lachten ihn die anderen Hühner aus und antworteten: »Weil wir nun einmal als Hühner geboren wurden und der Adler halt das Glück hatte, schon als Adler zur Welt zu kommen.« Und so lebte und starb der Adler in dem Bewusstsein: »Schade, dass ich nur ein Huhn war und nicht auch als Adler geboren wurde.«

Wie steht es mit Dir? Hast Du bereits erkannt, dass Du von Geburt an ein Adler warst oder denkst Du immer noch, Du seist ein Huhn? Der Glaube ist es, der darüber entscheidet, ob wir Huhn oder Adler sind. Und dieser Glaube wird gebildet in erster Linie durch die Erziehung, die Umwelt. Beginnend bei den Eltern über Kindergarten, Freunde, Lehrer bis hin zu unseren Chefs, Kollegen, Kunden und Freunden (und die Medien nicht zu vergessen!) reicht die Liste der beeinflussenden Personen und Bereiche. Alles, was Du Einfluss auf Dich nehmen lässt, wird in Deinem Gedächtnis gespeichert. Auf diese Weise beeinflusst Dein Unterbewusstsein alles, womit sich Deine Gedanken beschäftigen.

Um ganz sicher zu sein, dass Du Dein Gehirn positiv programmierst, musst Du Dir einen Plan erstellen. Du musst Entscheidungen treffen, was Du künftig an Dich heranlässt und was Dich »programmieren« darf. Dafür führe bitte die folgende Aufgabe **konzentriert und aufmerksam** durch.

AUFGABE

Plane jetzt, mit welchen positiven Programmen Du Deinen Geist, Dein Gehirn »füttern« wirst!

1. Wie viele Minuten liest Du täglich? _______ Minuten.

   Wie viele Minuten wirst Du ab morgen, und zwar ernsthaft, täglich lesen? _______ Minuten.

   Welches Buch (Titel) wirst Du ab morgen lesen?

   ____

Welche Bücher (Titel und/oder Sachgebiete) wirst Du garantiert in den nächsten drei Monaten lesen?

____

____

2. Mache Dein Auto zur rollenden Universität! Welche Audio-CDs (Titel und/oder Sachgebiete) hörst Du ab sofort?

____

____

Welche Audio-CDs (Titel und/oder Sachgebiete) wirst Du in den nächsten drei Monaten hören?

____

____

3. Welche Seminare (Sachgebiete und/oder Referent) wirst Du in den nächsten zwölf Monaten besuchen?

____

____

4. Die Menschen, mit denen Du Dich umgibst, sind ein Schlüsselfaktor für Erfolg und Misserfolg. Achtzig Prozent unseres heutigen Verhaltens beruht auf Imitation anderer Menschen. Dies vollzieht sich natürlich unbewusst, aber es ist eine Tatsache. –
Bitte beschreibe Deinen derzeitigen Umgang:

a) Freunde ______________________________

____

____

b) Kollegen ______________________________

____

____

c) Verein ______________________________

____

____

d) Familie ______________________________

____

____

Bitte schreibe jetzt hinter jedem Namen derjenigen Personen, die Du erwähnt hast, ob Du Dich von dem (der) Betreffenden positiv oder negativ beeinflusst fühlst (indem Du Dich fragst, ob er/sie, ganzheitlich betrachtet, ein Gewinner oder ein Verlierer ist).

Welche Veränderungen wirst Du – falls Du es willst – vornehmen, welche Erkenntnisse hast Du, welche Entscheidungen triffst Du?

___

___

___

Ein bodenständiger Bischof

Im 19. Jahrhundert reiste ein berühmter Bischof durch das Land und traf mehrere Male mit religiösen und akademischen Persönlichkeiten des Landes zusammen. Während dieser Reise erhielt er eine Einladung vom Präsidenten eines Colleges zu einem auserlesenen Essen. Nach dem Essen versammelte sich die Gruppe im Kaminzimmer bei Cognac und Zigarren, um über die Zukunft zu diskutieren. Befragt danach, was er denn glaube, was die Zukunft bereithielte, wurde der Bischof augenblicklich ernst, und seine bisher vorherrschende Fröhlichkeit verschwand aus seinem Gesicht: »Meiner Meinung nach sieht die Zukunft düster aus. Wir haben alles entdeckt, alles erfunden, alles geschaffen, was jemals zu entdecken, zu erfinden und zu schaffen war. Nun sehe ich nur noch, dass wir uns auf dem Weg der Selbstzerstörung befinden. Wir gehen unserem eigenen Untergang entgegen.«

Nach diesen Äußerungen wurde es zunächst einmal still in der Gruppe. Schließlich ergriff der Präsident des Colleges das Wort: »Lieber Bischof, ich muss Ihnen zu meinem Bedauern widersprechen. Ich glaube keineswegs daran, dass wir uns vor einem Abgrund befinden, sondern rechne damit, dass eine Phase des Fortschritts, der Weiterentwicklung und des Wohlstandes kommen wird. Ich glaube, dass wir einer Zukunft entgegensehen, wie es sie so positiv noch niemals zuvor gegeben hat. Ich will Sie nicht beleidigen, Eminenz, aber ich glaube daran, dass Dinge, von denen wir heute nur träumen, morgen Wirklichkeit sein werden.«

Der Bischof war erstaunt, denn niemand widersprach ihm normalerweise. »Welche Träume sollten denn noch wahr werden?« –

»Ich glaube, dass der Mensch eines Tages lernt, wie die Vögel zu fliegen … vielleicht wird er sogar zum Himmel fliegen.« – »Sie müssen verrückt sein!«, schrie der Bischof. »Das Fliegen ist alleine den Engeln vorbehalten!« Damit beendete er die Diskussion, verließ wütend das Haus, und die Gesellschaft hatte ein unrühmliches Ende. Der Name des Bischofs: Bill Wright! Ein paar Dekaden später verwirklichten seine Neffen Orville und Wilbur auf den windumwehten Salzseen in Kitty-Hawk den Traum des Fliegens.

Natürlich werden jetzt wieder einige Pessimisten (pardon: Realisten) anführen, dass es sich hier um einen Ausnahmefall gehandelt habe. Doch komischerweise wurden alle großen Leistungen von Menschen gebracht, die Ausnahmen verwirklichten. Mark Twain, der große nordamerikanische Erzähler, erkannte, dass jeder so lange ein Spinner ist, bis er mit dieser Idee erfolgreich ist. Ich ergänze: Dann ist er ein Genie!

> **»Die entscheidende Frage für Erfolg ist nicht, ob etwas machbar, sondern ob es denkbar ist.«**
>
> JÜRGEN HÖLLER

Um grandiose Dinge verwirklichen zu können, bedarf es eines unerschütterlichen Optimismus. Hierzu eine Definition aus einem philosophischen Wörterbuch: »Optimismus (lateinisch »optimum«, das Beste) ist, im Gegensatz zum Pessimismus, diejenige Lebensanschauung oder Gemütsstimmung, welche die Dinge und Geschehnisse von der besten Seite auffasst, in allem einen guten Ausgang erhofft …« Du siehst also, dass es nicht so sehr darauf ankommt, wie die Welt tatsächlich ist, sondern eher darauf, wie wir sie sehen. Dieselbe Situation wird ein Optimist grundlegend anders beurteilen – und sich dementsprechend verhalten – als ein Pessimist. Dies wird vor allem dann deutlich, wenn etwas nicht so läuft, wie es ursprünglich geplant oder angestrebt war. In Indien gibt es hierfür ein passendes Sprichwort: »Jeder sieht die Welt durch die Brille, die für seine Augen passt.«

AUFGABE

Bitte beantworte folgende Fragen spontan, also ohne nachzudenken und ohne zu bewerten.

1. Bist Du glücklich und zufrieden in Deinem Beruf?
   Ja ☐ Nein ☐
   Wenn »nein«, warum nicht?

   ____

2. Bist Du glücklich und zufrieden in Deiner Partnerschaft?
   Ja ☐ Nein ☐
   Wenn »nein«, warum nicht?

   ____

3. Bist Du glücklich und zufrieden mit Deiner Gesundheit?
   Ja ☐ Nein ☐
   Wenn »nein«, warum nicht?

   ____

4. Bist Du glücklich und zufrieden mit Deinem sozialen Umfeld?
   Ja ☐ Nein ☐
   Wenn »nein«, warum nicht?

Es geht mir weniger um denjenigen Optimismus, den, gepaart mit positivem Denken, Traumtänzer an den Tag legen. Optimismus ist, wie positives Denken, nur dann **sinnvoll**, wenn beides auf ein Ziel gerichtet ist. Dieses Ziel muss ein in der Gesellschaft vertretbares, nutzbringendes Ziel sein. Von jenen positiven Denkern, die auf der »rosa Wolke sieben« schweben und den ganzen Tag frohlocken, »alles ist gut«, gibt es mehr als genug. Du solltest deshalb ein positiver Mensch sein, der nicht nur positiv denkt, sondern auch positiv handelt. Habe demnach den Mut, **Großes** für Dein Leben anzustreben – und Du wirst erleben, wie Du dabei mehr und mehr wächst.

Es gibt keine zwei Grashalme, keine zwei Bäume, noch nicht einmal zwei Schneeflocken, die sich bis ins letzte Molekül gleichen. Und so gibt es auch keine zwei Menschen, die absolut identisch sind – selbst eineiige Zwillinge unterscheiden sich voneinander. **Alles ist demnach einzigartig!** Und so wie jeder Mensch von seinem Aussehen her einzigartig ist, so hat auch jeder Mensch seine einzigartigen, individuellen Talente und Begabungen. Jeder Mensch ist von Gott, der Natur, dem Schicksal, dem Universum (wähle selbst aus, was zu Deiner Weltanschauung passt) geschaffen worden, sein Talent zur Entfaltung zu bringen und erfolgreich zu sein. Möglicherweise hat Dich das Leben ein wenig vom Kurs abgebracht, aber Du wirst erstaunt sein darüber, was in Dir steckt wenn Du es glauben kannst! Dieser Glaube ist es, der so stark ist, Dir das in Deinem Leben zu ermöglichen, was Du Dir wünschst.

Der Amerikaner Andrew Weil, Program-Director der University of Arizona, untersuchte die Wirkung von Medikamenten. Er stellte zum Beispiel fest, dass die Nebenwirkungen bei Medikamenten weitgehend ausblieben, wenn den Patienten vor der Einnahme gesagt wurde, sie würden eine Besserung erfahren, und ihnen versichert wurde, das Medikament habe außerdem keinerlei Nebenwirkungen. Bei anderen Tests stellte er fest, dass Versuchspersonen selbst dann einschlafen konnten, wenn sie Amphetamine (Aufputschmittel) genommen hatten, wenn ihnen vorher gesagt wurde, diese Medikamente würden sie beruhigen. Andererseits fühlten sich Patienten angeregt, wenn ihnen vor der Einnahme des Medikaments die Information gegeben wurde, es würde sich um Amphetamine handeln, obwohl sie Barbiturate (Beruhigungsmittel) verabreicht bekommen hatten. Andrew Weil dazu: »Die Wunderwirkung der Medikamente liegt immer im Glauben der Person begründet und nicht unbedingt nur in den Medikamenten selbst.« Eine nicht minder erstaunliche Begebenheit ist die Geschichte von einem Schwarzfahrer ...

Tödliche Illusion

Ein Mann hatte vor, in eine andere Stadt zu gelangen, und wollte die Fahrt dorthin in einem Güterzug machen. Er bestieg heimlich einen Waggon. Kaum hatte er den Waggon bestiegen, wurde der Waggon von außen geschlossen und der Zug setzte sich in Bewegung. Der Schwarzfahrer holte seine Taschenlampe hervor und stellte entsetzt fest, dass er in einen Kühlwagen geraten war. Panik bemächtigte sich seiner, denn er glaubte, beim Verschließen des Waggons hätte man auch die elektrische Gefrieranlage eingeschaltet und er müsse nun rettungslos erfrieren. Verzweifelt schrieb er auf einem Papier, das er bei sich hatte, einen Abschiedsbrief an seine Angehörigen. Er beschrieb darin genau, wie die Kälte zunahm, wie seine Hände, Arme und Beine erstarrten. Als der Waggon am Bestimmungsort geöffnet wurde, fand man die Leiche des Mannes. Die erste Untersuchung ergab, dass der Tote alle Anzeichen eines Erfrorenen aufwies. Merkwürdig dabei war nur, dass die Gefrieranlage überhaupt nicht eingeschaltet gewesen war. Der Waggon hatte kein Frachtgut geladen und war nur wegen der Schwarzfahrer (welche Ironie des Schicksals) geschlossen worden. Während der ganzen Fahrt war die Temperatur nicht niedriger als in allen anderen Waggons gewesen. Der Mann hätte nicht einmal eine Erkältung bekommen können.

Es ist schon erstaunlich, was der menschliche Glaube zu leisten imstande ist. Dieses »**Gesetz des Glaubens**« funktioniert sowohl im Positiven als auch – leider – im Negativen. Was immer Du glaubst, es wird so sein. Und darum: Glaube an Dich. Setze das **GAD-System** in Deinem Leben um. Mach es Dir zu einem Bestandteil Deines Wesens, zu einem Teil Deines Charakters. Denn wenn Du nicht selbst an Dich glaubst, wird es auch sonst keiner tun. Alles, was existiert, auch das Größte, Beste und Mächtigste, hat einmal ganz klein begonnen.

»Die größte Eiche war zu Beginn nur eine kleine Eichel!«

NIKOLAUS B. ENKELMANN

AUFGABE

Nenne bitte drei Bereiche Deines Lebens, die von Deiner Einstellung her positiv geprägt sind:

a) ______________________________

b) ______________________________

c) ______________________________

Welche Ergebnisse sind auf diese Einstellung zurückzuführen?

a) ______________________________

b) ______________________________

c) ______________________________

Nenne bitte drei Bereiche Deines Lebens, die von Deiner Einstellung her negativ geprägt sind:

a) ______________________________

b) ______________________________

c) ______________________________

Welche Ergebnisse sind auf diese Einstellung zurückzuführen?

a) ______________________________

b) ______________________________

c) ______________________________

Welche Veränderungen Deiner Einstellung könnten in Zukunft andere Ergebnisse bringen?

a) ______________________________

b) ______________________________

c) ______________________________

Ich habe im Laufe der letzten Jahre sehr viele erfolgreiche und auch berühmte Persönlichkeiten kennengelernt. Alle hatten sie den positiven Glauben an sich, die Möglichkeiten und die Zukunft adaptiert und in ihrem Leben umgesetzt.

> **»Die entscheidende Frage für Erfolg ist nicht, ob etwas machbar, sondern ob es denkbar ist.«**
>
> JÜRGEN HÖLLER

Wer an sich und seine Ziele glaubt, wird automatisch ein Mensch, der begeistert ist. Begeisterung ist die Energie, die uns antreibt. Begeisterung ist das Benzin für unseren Lebensmotor. Begeisterung ist der Stoff, der letztendlich alles möglich macht. Begeisterung ist gleichzusetzen mit Enthusiasmus, und Enthusiasmus kommt vom griechischen »en theos«, was übersetzt so viel wie »In Gott« heißt. Begeistere Dich also für Deine Aufgabe, für Dein Leben – und für Dich selbst! Sei begeistert – und Du wirst andere Menschen begeistern. Denn das, was Du selber liebst, überträgst Du automatisch auf die Menschen Deiner Umgebung.

Jeder Mensch beeinflusst jeden Menschen, und so beeinflusst auch Du Deine Umgebung. Schon Ernest Hemingway erkannte: »Niemand weiß, was in ihm drinsteckt, solange er nicht versucht hat, es herauszuholen.« Manchmal werden Dir die Umstände negativ erscheinen, ja, die Umstände scheinen sich gegen Dich verschworen zu haben. Und doch ist genau dies die Prüfung für jeden, der letztendlich erfolgreich sein möchte: Schaffst Du es, die Umstände so zu nehmen, wie sie sind, und das Beste daraus zu machen, oder lässt Du Dich von den Umständen beeinflussen? Vielleicht hilft Dir dabei der Gedanke an David und Goliath: David war ein Verfechter des positiven Möglichkeitsdenkens. Er war nicht größer, schneller oder kräftiger als Goliath ganz im Gegenteil! Aber er glaubte an sich, an seine Chancen und an seine Möglichkeiten. Und schließlich besiegte er den – nach den Umständen – übermächtig erscheinenden Goliath durch die Kraft seines Geistes, durch den Glauben an sich selbst, durch die gute Idee, die ihm schließlich aus dieser Geisteshaltung erwachsen war.

Andererseits schaffen es auch viele Menschen nicht, ihre Träume umzusetzen. Der Grund dafür, warum Menschen nichts Großes wagen, ist die Angst zu versagen. Diese Angst hält uns davor zurück, Entscheidungen zu treffen, die unser Leben verändern könnten. Dabei gibt es ja nur zwei Möglichkeiten des Versagens:

- Niemals anfangen!
- Aufgeben!

Auch in meinem Leben gab es immer wieder Punkte, an denen es so aussah, als ob nichts mehr ginge. Wer schon einmal so tief unten war wie ich, dass er von Tag zu Tag von der »Hand in den Mund« lebte und sich das Geld für das Benzin seines Wagens bei seiner Mutter leihen musste, der kann bestimmt nachvollziehen, wie niedergeschlagen ich in dieser Situation war. Sorgen und Kummer ziehen alle Energie ab und durch die fehlende Energie werden wir noch weniger in die Lage versetzt, positiv zu handeln. Doch entscheidend ist, dass Du weitermachst, nicht aufgibst, dass Du weiter **an Dich glaubst!**

Schuhverkäufer in Afrika

Zwei Verkäufer von Schuhen, die bei unterschiedlichen Firmen angestellt sind, werden nach Afrika versetzt, um den Markt zu sondieren. Der erste sieht aus dem Fenster und faxt nach Hause: »Alles Mist hier. Fast keiner trägt Schuhe. Ich sehe hier wenig Chancen für unseren Markt. Morgen fahre ich nach Hause!« Der andere Schuhverkäufer sieht ebenfalls aus dem Fenster und schickt folgendes Fax: »Hallo Leute, ich bin gut angekommen. Hier ist es wirklich super! Keiner hat hier Schuhe an. Ein Riesenmarkt wartet auf uns. Hier bleibe ich wahrscheinlich bis an mein Lebensende. Schickt mir bitte gleich mal morgen fünftausend Paar Schuhe, damit ich möglichst schnell mit dem Verkaufen beginnen kann!«

Diese Geschichte mag vielleicht banal erscheinen. Nichtsdestotrotz zeigt sie exemplarisch auf, wie unterschiedlich sich Menschen in einer exakt identischen Situation verhalten. Der eine hat eine pessimistische Grundeinstellung und sieht deshalb nur Risiken, Probleme, Gefahren und somit Misserfolge. Der Mensch mit der optimistischen Grundeinstellung sieht dagegen Chancen und Möglichkeiten, Aufgaben und Herausforderungen – und findet für jedes Problem eine Lösung ... Für welche der beiden Möglichkeiten entscheidest Du Dich **jetzt?**

In diesem Zusammenhang mögen einige Zitate und Aussagen zum Thema Pessimist und Optimist Deine Entscheidung erleichtern ...

- Ein Pessimist ist ein Mensch, der von zwei Übeln beide wählt.
- Der einzige Mist, auf dem nichts wächst, ist der Pessi-Mist! (Theodor Heuss)
- Pessimisten sind Menschen, die einen Raum sekundenschnell dadurch in Freude versetzen können, wenn sie ihn ... verlassen!
- Ein Optimist ist jemand, der genau weiß, wie traurig die Welt sein kann, während ein Pessimist täglich neu zu dieser Erkenntnis gelangt. (Peter Ustinov)
- Der Pessimist beklagt den Riss in der Hose, der Optimist freut sich über den Luftzug.
- Ein Pessimist ist ein Mensch, der nach dem Sarg Ausschau hält, wenn er Blumen gerochen hat. (Henry L. Mencken)
- Wenn Du einen Kollegen anpumpst, nimm immer einen Pessimisten. Er erwartet nämlich erst gar nicht, dass er etwas zurückbekommt.

Die meisten Menschen, die ich kenne, verhalten sich wie Raupen: Sie können sich nicht vorstellen, einmal ein wunderschöner Schmetterling zu sein.

Vor einigen Jahren hielt ich ein Seminar vor 120 katholischen Seelsorgern, Diakonen und Bischöfen. Selbst praktizierender Christ, hatte ich mir einige Tage Zeit genommen, um mich einmal intensiv mit dem Studium der Bibel zu beschäftigen. Dabei entdeckte ich so viele Aussagen, die mein Erfolgssystem bestätigen, dass ich mich manchmal gefragt habe: Wenn dieses Wissen seit 2000 Jahren bekannt ist und dessen wesentliche Grundzüge im Buch der Bücher stehen, warum setzen es nur so wenige Menschen um?

Vor einigen Jahren hörte ich von der Geschichte eines weißen Siedlers aus Südafrika: Er suchte sein Leben lang überall nach Diamanten, fand jedoch nie etwas und starb einsam, verarmt und verbittert. Der einzige Platz, an dem er nicht gesucht hatte, war sein eigener Grund und Boden. Er erfuhr deshalb nie, dass dort nach seinem Tod eine der größten Diamantenminen der Welt entdeckt wurde. **Fazit:** Das Gute ist sehr nahe bei Dir, aber Du musst daran glauben!

Die meisten Menschen wenden das Wissen, das ja jedem frei zur Verfügung steht, einfach nicht an. Viele verhalten sich wie ein Hamster in einem Hamsterrad: Sie laufen täglich eine bestimmte Stundenzahl (in unserer Sprache heißt das Arbeiten), und zwar derzeit (bei einem normalen Arbeitnehmer) acht Stunden, mit abnehmender Tendenz ... Wer ein eigenes Unternehmen hat oder als Führungskraft tätig ist oder einmal solch eine Stelle bekleiden möchte, der arbeitet oft sogar noch mehr. Doch eines Tages stellt der »Hamster« fest, dass er, obwohl er acht Stunden fleißig läuft, mit dem Ergebnis nicht zufrieden ist. Und so kommt er auf das Nächstliegende: Er läuft statt acht Stunden zehn Stunden. Schließlich bemerkt er, dass er, trotz des gesteigerten Zeiteinsatzes, auch jetzt mit dem Ergebnis nicht zufrieden ist. Er läuft deshalb zwölf Stunden – erneut mit dem Resultat, dass das Ergebnis nicht reicht. Und so laufen manche »Hamster« gar vierzehn Stunden täglich in ihrem Rad, wobei einige auch noch am Samstag laufen, gar sieben Tage pro Woche – und das nahezu 52 Wochen im Jahr.

Mehr als vierzehn Stunden sind selbst für den hartgesottensten »Hamster« unmöglich. Schließlich hat der Tag nur 24 Stunden, und er muss nun mal ein paar Stunden schlafen, etwas essen, etwas Körperpflege betreiben und ab und zu auch einmal bei der Familie anwesend sein, damit nicht eines Tages der Sohn die Tür vor dem Vater zuschlägt, indem er erschrocken ausruft: »Mutti, Mutti, da draußen steht ein fremder Mann!«

Viele »Hamster« kommen schließlich auf die Idee, dass die Zeit womöglich gar nicht der allein ausschlaggebende Faktor ist, sondern dass auch die Geschwindigkeit eine nicht unerhebliche Rolle spielt. Und so steigern sie die Geschwindigkeit. Sie steigern die Geschwindigkeit so lange, bis einige mit Anfang vierzig mit dem ersten Herzinfarkt aus dem Hamsterrad fallen. Einige überleben es und beginnen dann eine Rehabilitation. Nach kurzer Zeit sind sie wiederhergestellt und fangen erneut vorsichtig an zu laufen – zunächst einmal vier Stunden. Das Herz hält, aber das Ergebnis reicht nicht. Sie laufen sechs Stunden. Das Herz hält, aber das Ergebnis reicht noch immer nicht. Sie laufen acht Stunden, zehn, zwölf, vierzehn, wobei sie auch kontinuierlich wieder die Geschwindigkeit steigern – bis zum zweiten und oft entscheidenden Infarkt!

Und hier nun die Strategie, wie sie diesen Zustand verändern können:

1. Zeit nehmen: Aufhören zu laufen und nachzudenken.
2. Ist-Analyse: Wo befinde ich mich?
3. Ziel-Analyse: Wo möchte ich hin?
4. Strategie-Analyse: Bringt mich die derzeitige Strategie zu meinem Ziel?
5. Wenn nein: Ich ändere meine Strategie!

Bliebe der Hamster einmal stehen und stellte er sich die ersten beiden Fragen, würde er konstatieren, dass er sich in einem Hamsterrad befindet. Bliebe er dann immer noch stehen und stellte er sich die dritte Frage, würde er die Antwort erhalten, dass einige Meter von seinem Hamsterrad entfernt das Futter steht, das er gerne haben möchte. Beschäftigte er sich mit der vierten Frage, würde er feststellen, dass er mit dieser Strategie niemals zum Ziel kommen kann, auch wenn er noch so lange und noch so schnell liefe. Vor diesem Hintergrund bitte ich Dich sehr eindringlich darum, dass Du die folgenden Aufgaben äußerst genau durchführst. Diese Aufgaben ergeben zusammen die Beantwortung der ersten Frage. Beantworte Dir bitte die obigen Fragen 2 und 3 zunächst **noch nicht** (da wir auf diese beiden Fragen zu einem späteren Zeitpunkt zurückkommen werden).

AUFGABE

Bitte führe die folgende Selbstanalyse sehr gewissenhaft durch. Sie wird Dir eine gehörige Portion Selbsterkenntnis bringen und Dir zu einem hohen Grad Ehrlichkeit gegenüber Dir selbst verhelfen. Du lernst dadurch die »Entschuldigeritis« zu vermeiden – eine Krankheit, an der viele Menschen leiden. Finde jetzt keine Entschuldigungen mehr dafür, warum Du – möglicherweise – in dem einen oder anderen Bereich Deines Lebens im Hamsterrad bist. Führe einfach diese Aufgabe aus und arbeite das Buch weiter durch. Dann wirst Du schließlich auch Dein Ziel und Deine richtige Strategie finden.

Bitte beschreibe Deinen jetzigen **Ist-Zustand:**

1. Beruflich

____

____

2. Einkommen

____

____

3. Wohlstand

____

____

4. Beziehung zu Deinem Partner

____

____

5. Beziehung zu Deinen Kindern

____

____

6. Beziehung zu Deinen Freunden

____

____

7. Gesundheit

____

____

8. Soziales

____

____

9. Hobby/Abenteuer

____

____

»Die einen sind im Dunkeln, die anderen sind im Licht. Man sieht nur die im Lichte, die im Dunkeln sieht man nicht.«

BERTOLT BRECHT

Du kannst alles erreichen, alles sein, alles tun, alles haben – wenn Du es nur intensiv genug glaubst! Dies ist das »Gesetz des Glaubens«. Du wirst das sein, was Du denkst zu sein!

Es gibt dabei nur zwei Einschränkungen:

1. Es passt nicht in Deinen ursprünglichen Lebensrahmen!
2. Du verstößt gegen wesentliche andere Lebensgesetze!

Was meine ich mit »Es passt nicht in Deinen ursprünglichen Lebensrahmen«? Nehmen wir einmal einen Menschen, der in seinen Genen eine Körpergröße von 1,50 m bereits festgelegt hat. Dann kann er glauben, so viel er will (er kann sogar so fleißig sein wie keine anderer) – er wird es niemals schaffen, Olympiasieger im Hochsprung zu werden. Denn es gibt zahlreiche andere Sportler, die genauso intensiv glauben und fleißig sind wie er selbst – aber schon durch eine 50 oder 60 cm höhere Körpergröße weit vor ihm landen werden. Es ist also wichtig, dass jeder Mensch herausfindet, was seine wahren Talente, Begabungen und geistig/seelischen Aufgaben sind, die die Seele bereits mit in dieses Leben genommen hat.

> **»Wichtiger als die Wege immer richtiger zu gehen ist es erst einmal, die richtigen Wege zu gehen.«**
>
> JÜRGEN HÖLLER

Die zweite Einschränkung betrifft alle übrigen Lebensgesetze: Selbst wenn man intensiv genug glaubt, reicht dies nicht aus, wenn man gleichzeitig gegen andere, wesentliche Lebensgesetze verstößt.

Doch wenn diese beiden Einschränkungen bei Dir nicht gelten, dann kannst Du wirklich alles erreichen, ja, sogar noch mehr, als Du Dir jemals vorgestellt hast.

Auswertung der Aufgabe von Seite 23

Fragen 1, 2, 3, 4, 5, 6, 7, 9, 10, 12: für jedes »Nein« 1 Punkt.
Fragen 8, 11: für jedes »Ja« 1 Punkt.

Ergebnis:

11–12 Punkte:	Du bist für die Erfordernisse unserer Zeit gut gerüstet. Du bist flexibel, geistig beweglich und voller Optimismus.
9–10 Punkte:	Du bist tendenziell eher positiv eingestellt, wenngleich es einige Bereiche gibt, die Dir Angst machen oder in denen Du Dich zu »starr« verhältst. Sei flexibler, habe mehr Mut – und vertraue dem Leben.
Weniger als 8 Punkte:	Dieses Buch ist gerade für Dich überwichtig. Lies es mehrmals durch und setze die beschriebenen Strategien sofort um. Du hast entweder schon Probleme oder könntest sie bekommen, wenn Du nichts änderst!

KAPITEL 2

Das Gesetz von Ursache und Wirkung

»Das, was der Mensch sät, das wird er auch ernten.«

PAULUS

Nachdem wir in Kapitel 1 erfahren haben, welche Kräfte der Glaube freisetzen kann, möchte ich Dir jetzt zeigen, wie wichtig es ist, dass Du Deinen Glauben auch **richtig einsetzt.** Beim **Gesetz von Ursache und Wirkung** geht es im Prinzip nur darum, dass alles, was Du denkst und glaubst, im Laufe der Zeit auch Realität wird. Denn: Jeder Gedanke hat die Tendenz, sich zu verwirklichen.

In meinen Büchern *Sicher zum Spitzenerfolg* und *Alles ist möglich* habe ich bereits ausführlich erläutert, dass die Materie, also die Realität, immer dem Geist folgt, also unseren Gedanken, unseren Ideen. In diesem Kapitel möchte ich erreichen, dass Du vor allem eines verinnerlichst: Alles, was Du heute bist, ist das Resultat Deiner Gedanken und Deines Verhaltens in der Vergangenheit. Demnach ist alles, was Du morgen sein wirst, das Resultat dessen, was Du heute denkst und wie Du heute handelst.

**»Was du dachtest, das bist du,
was du denkst, das wirst du.«**

ALFRED STIELAU-PALLAS

AUFGABE

1. Welche Ängste, mit denen Du Dich gedanklich beschäftigt hast, waren in Deinem Leben die elementarsten?

____

____

2. Was waren Deine größten Ziele und Deine positivsten Gedanken, mit denen Du Dich in der Vergangenheit ständig beschäftigt hast?

____

____

3. Welche Erkenntnisse gewinnst Du aus dieser Übung?

____

____

Alles, was heute existiert, war zunächst einmal nur eine Idee. Dieses Buch, das Du gerade liest, war zunächst einmal nur eine Idee, ehe es dann zur Materie wurde. Der Stuhl (Sessel, Liege), auf dem Du Dich jetzt befindest, war zunächst einmal nur die Idee eines Menschen, bevor er in die Produktion ging. Das Auto, das Du fährst, war zunächst einmal nur eine Idee – es existierte lediglich im Kopf, also im Denken eines Menschen. Auch das Unternehmen, für das Du tätig bist, ist kraft der Idee des Menschen entstanden, der diese Firma gegründet hat und an deren Erfolg er glaubte.

Gedanken haben wahre Verwirklichungskräfte. So habe ich beispielsweise letztendlich all das erhalten, von dem ich mir jemals **wirklich** wünschte, es würde einmal zum festen Bestandteil meines Lebens gehören. Manchmal war der Zeitrahmen zwar knapp, aber alles, an das ich **unerschütterlich** glaubte, ist auch eingetreten. Ob es der Hund war, den ich mir als Kind so sehnlichst wünschte, der tolle Sportwagen, von dem ich immer geträumt habe, oder ob es sich um das wunderbare Traumhaus mit Schwimmbad, riesigem Garten und vielen sonstigen Annehmlichkeiten handelte – alles, was ich wirklich wollte und woran ich glaubte, es einmal in meinem Leben verwirklichen zu können, wurde Realität.

»Das Leben gibt Dir das, worum Du es bittest.«

JÜRGEN HÖLLER

Vor vielen tausend Jahren hat der Mensch von dem gelebt, was er in der Natur vorfand. Damals war er abhängig von der Natur, vom

Schicksal, von der Schöpfung – oder besser ausgedrückt: von den Umständen. Irgendwann hat der Mensch jedoch entdeckt, dass er die Versorgung mit Nahrung selbst in die Hand nehmen kann, hat er erkannt, dass er genau das anpflanzen kann, was er gerne auf seinem Speiseplan sähe. Zu diesem Zeitpunkt hat der Mensch also sein Schicksal – zumindest was die Versorgung mit Nahrungsmitteln betrifft – selbst in die Hand genommen. Und genauso, wie es mit der Nahrung funktioniert hat, funktioniert es auch mit allem anderen im Leben: Wer immer darauf wartet, etwas von außen zu erhalten, wird abhängig von der Schöpfung.

Die zweite Möglichkeit hat eine ganz andere Qualität: Man kann das, was man ernten möchte, selbst aussäen. **Also auch den Erfolg!** Dieses **Gesetz von Ursache und Wirkung** funktioniert immer – leider auch im Negativen. Das, was Du beständig denkst, woran Du tief und fest glaubst, wird Wirklichkeit werden. Dieses Prinzip mussten schon vor Jahrtausenden nicht nur weise Menschen erfahren …

»Das, wovor ich mich am meisten fürchtete, ist über mich gekommen.«

HIOB

Diesen Ausspruch tat Hiob bei der Überbringung einer bestimmten Botschaft und dieser Ausspruch ist noch heute als »Hiobsbotschaft« in unserem Sprachgebrauch gegenwärtig. Wenn Du etwa Angst davor hast, eine bestimmte Krankheit zu erleiden und ständig darüber nachdenkst und grübelst, so löst Du damit eine negative Spirale aus: Mit dem Denken an diese Krankheit konditionierst Du Dein Gehirn. Du bekommst auf diese Weise mehr und mehr Angst vor dieser Krankheit auch deshalb, weil Du Dich über die Maßen mit ihr beschäftigst. All diese Aktivitäten, wie beispielsweise auch das Einholen von Informationen über die betreffende Krankheit sowie das Denken darüber, konditionieren Dich weiter. Die Ängste steigern sich leicht in Panik und durch die verstärkte Konditionierung wirst Du immer öfter über diese Sache nachdenken. Dabei nimmt die Intensität, die Du dabei empfindest, ständig zu. Schließlich wirst Du eines Tages nicht nur darüber nachdenken, Du wirst tief und fest glauben, diese Krankheit zu bekommen. Und das Ergebnis? Wie viele andere, die sich auch so konditioniert haben, wirst Du dann genau mit dieser Krankheit gestraft!

> **»Wer da hat, dem wird gegeben werden,**
> **auf dass er die Fülle habe.**
> **Wer da aber nicht hat, dem wird das wenige**
> **noch genommen werden.«**
>
> JESUS

Dieses Wort von Jesus, das ich beim Studium der Bibel anlässlich meines Referats auf dem Seelsorger-Kongress entdeckt habe, drückt meiner Meinung nach sehr treffend aus, worum es bei dem **Gesetz von Ursache und Wirkung** geht. Ein Mensch, der bereits etwas hat, dessen Leben von Wohlstand geprägt ist, konditioniert sich durch diese bildhafte Vorstellung. Er entwickelt eine Vorstellung, die dieser materiellen Wirklichkeit entspricht. Der Wohlstand, der ihn umgibt, wird sich auf seine Gedanken und Vorstellungen übertragen und in ihm erneut wirksam werden. Das Ergebnis ist – im positiven Sinne –, dass wohlhabende Menschen immer wohlhabender werden, gesunde Menschen immer gesünder, glückliche Menschen immer glücklicher. So ist auch zu beobachten, dass eine reiche Gesellschaft stets ihren Reichtum mehren kann – ein einmal reiches Land wird in der Regel beständig reich sein.

Umgekehrt wird die Gedankenwelt bedürftiger Menschen meist von einer negativen Wirklichkeit geprägt. Eine negative Umgebung, eine negative materielle Welt, also negative Tatsachen, bringen negative Gedanken und Vorstellungen hervor. Auf diesem Wege werden die äußeren Lebensumstände durch die geistigen Vorstellungen immer stärker in eine bestimmte Richtung programmiert. Eine Veränderung des Zustandes ins Positive ist auf diese Weise sehr schwer (jedoch nicht unmöglich, denn alles ist möglich, aber der Betreffende muss damit beginnen, sich »umzuprogrammieren«). Daraus folgt, dass arme Menschen in der Regel immer ärmer werden, kranke Menschen immer mehr Krankheiten bekommen, depressive Menschen immer depressiver werden.

So hast Du vielleicht den Zustand von Armut und Reichtum, Krankheit und Gesundheit, Unglück und Glück noch nie betrachtet, oder? Doch was bedeutet es denn, wenn ein Mensch reich ist? Nun, hier kommen wir zu einem weiteren Lebensgesetz, dem Gesetz von: »**Wie innen, so außen!**«

Wenn ein Mensch aufgrund seiner äußeren Umstände reich ist, dann muss er vorher schon innerlich »reich« gewesen sein, das heißt in seiner Gedankenwelt. Wenn ein Mensch aufgrund seiner äußeren Wirklichkeit krank ist, dann ist er auch innerlich krank. Das heißt in seiner Gedankenwelt, er hat vielleicht Probleme, Sorgen, Konflikte etc. Du siehst schon, warum es oft nicht hilft, etwa bei Krankheiten Tabletten zu nehmen, um wieder gesund zu werden. Tabletten mögen vielleicht die Symptome bekämpfen und sogar zum Verschwinden bringen, doch die geistige Ursache lösen sie nicht.

Die bekannten Autoren Prof. Kurt Tepperwein, Dr. Rüdiger Dahlke und Louise L. Hay gehen davon aus, wie mittlerweile auch ein Großteil der Schulmedizin, dass hinter jeder Krankheit eine geistig-seelische Ursache existiert. Dies heißt natürlich **nicht**, dass ein Kranker sich seine Krankheit **bewusst** »herbeigedacht« hat. Hier stoßen wir auch auf ein Problem, das viele »positive Denker« haben: Wenn ein »positiver Denker« krank wird, macht er sich oft Vorwürfe, nicht richtig gedacht zu haben. Er entwickelt Schuldgefühle und sorgt auf diese Weise dafür, dass seine Probleme nur noch größer werden. Richtiges positives Denken bedeutet nämlich, die Umstände des Lebens anzunehmen und sich etwa zu fragen: »Was will mir diese Krankheit sagen, was steckt dahinter?« Jede Krankheit ist demzufolge immer auch eine »Botschaft der Seele«.

»Alles, worum ihr betet und bittet,
glaubt nur, dass ihr es schon erhalten habt,
dann wird es euch zuteil.«

MARKUS

Worum Du betest und bittest, tritt in Dein Leben ein. Nichts anderes sagt das obige Zitat aus. Und warum tritt es in Dein Leben? Ganz einfach: Weil Du daran glaubst! Das heißt nicht, dass Du nur einfach zu beten brauchst, damit Dir das Gewünschte zuteil wird. Diesem Irrtum sind Millionen von Menschen erlegen. Entscheidend beim Gebet ist es, ob Du auch fest daran glaubst, das Gewünschte zu bekommen! Und wenn Du es glaubst, dann erfüllt sich das »**Gesetz von Ursache und Wirkung**«: Du erhältst es.

An dieser Stelle zurück zum Gesetz, das da heißt: »**Wie innen, so außen!**« Wenn dieses Gesetz stimmt, dann würde es bedeuten, dass Du nur im »Außen« Dein Leben analysieren musst, um zu erkennen, wie es »innen«, also in Dir, aussieht. Wenn Du etwa finanzielle Probleme hast, dann solltest Du darüber nachdenken, welchen Bezug Du zu Geld hast, zu Reichtum, zu Wohlstand. Vielleicht hast Du negative Glaubenssätze konditioniert, die es unmöglich machen, dass Du trotz all des Fleißes, den Du vielleicht einsetzt, finanziell abgesichert, zufrieden und frei bist. Dein »Äußeres« ist immer ein Spiegelbild Deines »Inneren«, Deines Denkens, Deiner Einstellungen, Deiner Konditionierungen, Deiner Programme.

Führe bitte die folgende Aufgabe gewissenhaft durch, damit Du erkennst, in welchen Punkten Du Defizite besitzt. Denn wenn Du Deine Defizite in Deinem Denken, in Deinem Inneren nicht ins Positive wandelst, wirst Du auch im Äußeren immer nur Negatives vorfinden.

AUFGABE

1. Wie sieht Dein finanzielles Einkommen aus? Ist es hoch, ist es zu niedrig? Wie steht es also mit Deinem »Wohl-stand«, Deinem »Reich-tum«? Ist hier alles in Ordnung? Hast Du die richtige Richtung eingeschlagen? Wenn Du Schwierigkeiten hast: Wie sehen Deine inneren Glaubenssätze zu Geld, Reichtum, Wohlstand aus?

   ____

   ____

   ____

2. Wie steht es mit der Partnerschaft? Ist hier alles wunderbar? Hast Du eine harmonische, liebevolle Beziehung? Wenn nein, kannst Du nicht nur lieben, sondern Liebe zeigen, sie ausdrücken? Kannst Du Liebe geistig ausdrücken? Kannst Du Liebe körperlich (auch sexuell) ausdrücken, auf den Partner eingehen?

   ____

   ____

   ____

3. Wie steht es mit Deiner Gesundheit? Alles im Lot? Bist Du voller Vitalität und Energie? Fühlst Du Dich wohl in Deinem Körper? Wenn nein, welche innere Einstellung hast Du zur Gesundheit? Welche innere Einstellung hast Du zur Körperlichkeit, also zu Deinem Äußeren? Hast Du Ängste um die Gesundheit oder bist Du frohen Mutes um Deine Gesundheit?

   ____

   ____

   ____

4. Welche Erkenntnisse, Vorsätze und Umsetzungen hast Du gefunden bzw. wirst Du umsetzen?

   ____

   ____

   ____

Leben ist vor allem verwirklichtes Denken. Darum habe ich schon vor langer Zeit aus meinem Wortschatz verschiedene Wörter gestrichen. So kommt in meinem Wortschatz unter anderem das Wort **Misserfolg** nicht mehr vor. Denn alles, was in meinem Leben existiert, ist ein Erfolg. Erfolg kommt nämlich von »Er-folgen«. Der Erfolg folgt dem Denken. Natürlich nicht nur dem bewussten Denken (welcher Schwachkopf würde sich schon Misserfolge bewusst herbeidenken ...), sondern dem unbewussten Denken. In unserem Unterbewusstsein sind oft z. B. negative, einschränkende Glaubenssätze verankert, die dann zu negativen Ergebnissen führen. Alles, was ich heute bin, allen »Wohl-stand« habe ich mir erschaffen. Ich weiß es, denn ich hatte mir auch den negativen Erfolg selbst erschaffen. Ich machte mich zwar in jungen Jahren selbstständig, aber ich hatte einfach dieses Kleinheitsgefühl und die Angst, den Erfolg gar nicht verdient zu haben – eine Angst, von der ich heute weiß, dass sie sehr weit verbreitet ist.

Viele fleißige Menschen leben in dem Bewusstsein, sie hätten den Erfolg nicht verdient. Und was passiert? Sie haben tatsächlich keinen Erfolg. Dies ist dann natürlich der Beweis dafür, dass ihr Glaubenssatz richtig ist. Und so beweist die Materie ständig das, was ich als Glaubenssatz verankert habe. Darum ist es auch so schwer, Menschen von der negativen zur positiven Spirale zu bewegen. Sie haben sich so an ihre Misserfolge, an ihre Probleme, an ihre Sorgen, an ihren Kummer, an ihren finanziellen Missstand gewöhnt, dass sie sich gar nicht mehr vorstellen können, es könnte anders sein. Einige werden geradezu wütend, wenn man ihnen gute »Ratschläge« gibt (Achtung: Auch Ratschläge sind Schläge). Ich habe es deshalb aufgegeben, mit Menschen über Erfolg und über mein Erfolgssystem zu diskutieren. Entweder glaubt es jemand, dann setzt er es auch um und wird dementsprechend Erfolge haben, oder er glaubt es eben nicht. Stellt sich der Erfolg ein und somit der Beweis, dass mein System richtig ist, wird er sich intensiver damit beschäftigen (und wird noch mehr Erfolg haben). Dieser größere Erfolg gibt ihm weitere Sicherheit, verstärkt den Glauben – und so konzentriert er sich noch stärker auf das System. Das Ergebnis ist noch mehr Erfolg! Genauso verläuft, nur eben umgekehrt, die Misserfolgsspirale.

»Wenn Sie glauben, dass Sie eine Sache tun können, oder wenn Sie glauben, dass Sie eine Sache nicht tun können, so haben Sie in jedem Fall recht.«

HENRY FORD

Paul Watzlawick sagte einmal, dass sich jeder Mensch seine eigene Wirklichkeit konstruiere. Genau so ist es. Was immer Du werden willst, Du kannst es. Was immer Du sein willst, Du kannst es. Deshalb gebe Dich bereits so, wie Du einmal sein willst. Dieses »so geben«, als ob es bereits »so wäre«, sorgt dafür, dass es schließlich so ist. Du musst in Deiner geistigen Vorstellungswelt bereits dort sein, wo Du einmal ankommen willst.

Du kannst zur gleichen Zeit immer nur einen Gedanken haben. Dieser ist entweder positiv und aufbauend oder negativ und destruktiv. Da der negative keinen Nutzen bringt, solltest Du Dich mehr mit positiven Gedanken beschäftigen. Wenn Du merkst, dass Du Angst vor Krankheiten hast, dann ersetze diesen Gedanken durch einen Gedanken, wie Du voller Gesundheit, voller Vitalität und Dynamik bist. Wenn sich etwa der Gedanke einschleicht, Du könntest im nächsten Jahr weniger Kunden haben, so stelle Dir augenblicklich vor, dass Du im nächsten Jahr Deine Kundenanzahl vervielfältigen wirst. Wenn Du zum Beispiel finanzielle Probleme hast und Dir darum Sorgen machst, so stelle Dir vor, dass sich Deine finanzielle Situation bessert.

Dies mag sich für so manchen »Verstandesmenschen«, also für einen Menschen, der stärker in der linken Gehirnhälfte lebt, recht banal anhören – aber genau so verhält sich das alles. Doch Vorsicht: Es reicht noch nicht aus, nur positiv zu denken, sondern Du musst auch positiv handeln (aber dazu kommen wir dann in Kapitel 10: »Der Einsatz für den Erfolg«). Ein Beispiel hierzu: Die von John D. Rockefeller gegründete Standard Oil Company beherrschte Anfang des 20. Jahrhunderts praktisch die gesamte USA. Jene Gesellschaft war so mächtig, dass 1906 von der Regierung Zwangsmaßnahmen eingeleitet wurden, um die Macht des Rockefeller-Imperiums zu beschneiden. Von ihm ist überliefert, dass er auf die Frage, warum er den Grundstein für seinen Erfolg und sein Vermögen in die damals fürchterliche Rezession gelegt hat, geantwortet haben soll: »Ich habe damals keine Zeit gehabt, Zeitung zu lesen, sonst wäre der Grundstein nie gelegt worden!«

Ist es nicht erstaunlich, dass es während jeder Rezession in der Branche, die am schlimmsten betroffen ist, immer noch genügend Unternehmen gibt, die ihren Erfolg ausweiten? Andererseits gibt es in der boomendsten Branche immer noch Unternehmen, die pleitegehen. Du siehst also: Die äußeren Umstände machen es Dir vielleicht leichter oder schwerer, entscheidend aber dafür, ob Du erfolgreich, glücklich und zufrieden lebst, sind sie nicht. Dein Glaube, also die Ursache, die Du setzt, entscheidet darüber, was Du bist, hast, tust. Egal, was Du glaubst – das Leben gibt Dir immer recht! Und weil ein Mensch mit seinem Glauben immer recht hat, erübrigt sich jede Diskussion.

Sehr häufig ist es mir schon passiert, dass es auf einer Party, zu der ich eingeladen war, zur Diskussion über meine Tätigkeit kam. Lange Zeit glaubte ich noch, jeden überzeugen zu müssen, selbst im privaten Bereich. Das Ergebnis? Nun, die letzte Diskussion lief ähnlich ab wie schon so viele zuvor. Ich habe den anderen nicht überzeugt (er mich übrigens auch nicht), und da wir uns deshalb nicht gerade sympathisch waren, war es folglich auch kein besonders toller Abend. Wenn ich bemerke, dass ein Mensch eine festgefahrene Meinung hat von mir aus soll er sie behalten. Ein Mensch, der einen tiefen, festen Glauben für oder gegen eine Sache hat, lässt sich darin nicht beirren und wird genau das ernten, was er glaubt.

Prof. Dr. Bernhard Siegel ist einer der berühmtesten amerikanischen Krebswissenschaftler. Er erforschte unter anderem das Phänomen der »gespaltenen Persönlichkeit«. Das kommt bei Menschen vor, die zwei oder gar mehrere Persönlichkeiten besitzen, die sie auch ständig wechseln. Prof. Siegel hat herausgefunden, dass Menschen mit gespaltener Persönlichkeit beim Übergang von einer zur anderen Persönlichkeit auch körperliche Merkmale wechseln können. So hat er zum Beispiel festgestellt, dass im Augenblick der Veränderung die Augenfarbe wechseln oder ein Muttermal oder gar eine Narbe verschwinden kann. Er hat sogar beobachtet, dass bei einer Persönlichkeit der Körper zuckerkrank war, bei der anderen Persönlichkeit der(selbe!) Körper keinerlei Anzeichen von Zuckerkrankheit aufwies!

Gedanken sind Ursachen, Umstände sind Wirkungen.

Was sagst Du dazu? Ist es nicht vollkommen erstaunlich, dass eine körperliche Krankheit innerhalb von wenigen Augenblicken verschwindet, wenn sich die Persönlichkeit verändert? Aber ja, es stimmt: **Wie innen, so außen!** Ändert sich also innen die Persönlichkeit, so verändert sich auch außen der körperliche Zustand. Vielleicht ist Dir die lateinische Weisheit bekannt, die da heißt: »Mens sana in corpore sano.« Die Übersetzung lautet: »In einem gesunden Körper steckt ein gesunder Geist.« So zumindest ist es uns überliefert worden. Tatsächlich ist die Bedeutung jedoch eine andere: Ein gesunder Geist bringt einen gesunden Körper hervor!

AUFGABE

1. Schreibe einen Deiner größten Erfolge auf. Was waren, im Nachhinein betrachtet, die **genauen, konkreten** und **spezifischen** Ursachen – mental und physisch – für Deinen Erfolg?

___

___

___

2. Schreibe einen Deiner größten Misserfolge (eines Deiner größten Versagen) Deines Lebens auf. Was waren die **genauen, konkreten** und **spezifischen** Ursachen – mental und physisch – Deines Misserfolgs?

____

____

____

3. Schreibe einen oder mehrere Bereiche Deines Lebens auf, in denen Du die Wirkung dieses Gesetzes ebenfalls erkennen kannst (beruflich, finanziell, gesundheitlich, partnerschaftlich usw.). Welches waren die **genauen, konkreten** und **spezifischen** Ursachen – mental und physisch – dieser Ereignisse?

____

____

____

Eine Vision – und der eiserne Wille, sie umzusetzen

Ein 26-jähriger junger Mann gründete 1954 in Zürich ein Unternehmen. Er bot Beratung, neue Praktiken sowie die Entwicklung von Produkten an. Eigentlich eine tolle Idee, doch er war einfach noch zu jung. Ihm fehlte die Erfahrung, die Seriosität, die grauen Haare – zumindest dachten so die potenziellen Kunden. Zu diesem Zeitpunkt war der junge Mann bereits verheiratet und hatte zwei Kinder. Trotz dieser Verantwortung ging er seinerzeit das große Risiko ein, denn er glaubte an sich und seine Vision. Selbst als keine Aufträge hereinkamen, seine Möbel schon lange an die Bank verpfändet waren und sich bereits dreitausend Schweizer Franken auf der Soll-Seite seines Kontos angehäuft hatten, ließ er sich nicht beirren.

Schließlich meldete sich ein Kunde aus Deutschland. Es war ein Industrieller, der Probleme in seiner Fabrik hatte. Bei der Fabrik handelte es sich um eine Gießerei, die große Motorenblöcke für Mercedes-Benz herstellte. Ein neuer Ofen, der für 1,5 Millionen Mark gekauft worden war, funktionierte nicht. Der junge Mann konnte helfen. Da er nun einen Auftrag hatte, ging er zu einem angesehenen Herrenausstatter und kaufte sich einen guten Anzug. Das Geschäft lieferte den feinen Zwirn per monatlicher Ratenzahlung, denn das angespannte Familienbudget ließ es nicht zu, den Anzug direkt zu bezahlen. Mit einer Fahrkarte dritter Klasse (die gab es damals noch) machte er sich mit dem Zug auf den Weg von Zürich ins Bergische Land nach Deutschland. Eine Woche lang arbeitete er rund um die Uhr, doch dann hatte er die Lösung für das Problem und die Produktion von null auf sechzig Prozent hochgefahren.

Glücklich, seinen ersten Auftrag zur vollsten Zufriedenheit des Kunden ausgeführt zu haben und mit einem 10000-Mark-Scheck in der Tasche kam er nach Hause. Er konnte seinen Anzug bezahlen und seine Bankschulden tilgen, verfügte nun sogar über ein geringes Guthaben (denn damals waren 10000 Mark ein kleines Vermögen).

Kurze Zeit später bekam er von seinem ersten Kunden einen weiteren Auftrag. Gage für drei Monate Arbeit: 60000 Mark. Dies war danndie Geburtsstunde eines Beratungsunternehmens, das sich in den folgenden Jahren einen Namen auf dem Gebiet der Produktion des Maschinenbaus machte.

Dieser 26-jährige Mann aus dem Jahr 1954 war Nicolas G. Hayek. Später war er Mitinhaber des Schweizer Uhrenkonzerns Swatch Group, der Mann, der die Swatch-Uhren hundertmillionenfach verkaufte. Das heutige Firmenimperium, dessen größter Aktionär Hayek ist, machte 2016 7,5 Milliarden CHF Umsatz, zu den Marken gehören u. a. Omega, Rado, Longines und Glashütte Original.

Hayek zu seinem Erfolgsgeheimnis: »Offensichtlich braucht es immer einen kleinen Keim im Kopf, nicht mehr, und den unbedingten Willen, diesen Keim des Gedankens zur Blüte zu bringen. Man muss auf sich selbst zählen, man darf nicht auf die Bank, die Regierung oder sonst wen hoffen und nur warten. Man findet immer einen Weg, um sich durchzusetzen.«

Was zeichnete also Unternehmer wie Hayek aus? Es ist wahrscheinlich die Fähigkeit, in der Wüste nicht den Sand, sondern die Möglichkeit, die Chance zu sehen, hier einen blühenden Garten zu schaffen. Und das Wasser dazu? Das beschafft man sich einfach!

AUFGABE

1. Welcher Glaube hat Dir dazu verholfen, dorthin zu kommen, wo Du Dich heute befindest?

2. Welcher einschränkende Glaube könnte heute noch in Dir sein und Dich davon zurückhalten, absolute Spitzenleistungen in allen Bereichen zu erzielen?

3. Dein einschränkender Glaube ist nicht real, sondern nur fiktiv. Er ist entstanden, er wurde konditioniert. Dein Glaube hat also keine reale Basis. Was bedeutet das für Dich? Welche Veränderung könnte das bewirken?

4. In welchen Bereichen Deines Lebens bist Du am optimistischsten und vertrauensvollsten?

5. In welchen Bereichen tendierst Du eher zu Zynismus und Pessimismus?

Erkenntnisse, Vorhaben, Umsetzungen:

Apropos Wasser, zurückkommend auf Hayek. Ja, woher nimmt man denn das Wasser, wenn keines da ist? Zur Beantwortung dieser Frage solltest Du unbedingt das Kapitel »Gesetz der Resonanz« meines Buches *Alles ist möglich* lesen: Wenn Du an eine Sache tief und fest glaubst, wenn Du sie verankert hast, ziehst Du mit jenem »unsichtbaren Magneten«, den jeder Mensch besitzt, automatisch die richtigen Zufälle, Mittel, Menschen, Gegebenheiten, Dinge, ziehst Du all das an, was Du benötigst, um Dein Ziel, Dein Vorhaben zu verwirklichen.

»Ist der Student bereit, erscheint auch der Lehrer.«

ANGLOAMERIKANISCHES SPRICHWORT

Wenn Du meine Strategien umsetzt, wirst Du erleben, auf welch fantastischen Wegen Du die nötigen Mittel findest, um das zu verwirklichen, was Du vorweg gedacht hast. Hier noch einmal die Gesetze der Suggestion nach Emile Coue, dem »Vater der Autosuggestion«:

- Jede Vorstellung, die wir haben, wird für uns wahr und neigt dazu, sich in Handlung umzusetzen.
- Bei einem Konflikt zwischen Vorstellungskraft und Willen trägt immer die Vorstellungskraft den Sieg davon, und in diesem Fall machen wir genau das Gegenteil von dem, was wir wollen.
- Wir können uns ohne jegliche Anstrengung den Gedanken einprägen, den wir haben wollen, denn es fällt uns leicht, zunächst zu denken: »Ich kann nicht«, um dann zu bekräftigen: »Ich kann!«
- Jeder Gedanke hat die Tendenz, sich zu verwirklichen.

Doch was bedeutet »Reich-tum«, was »Wohl-stand«? Die meisten Menschen – in der Regel diejenigen, die nichts oder wenig haben – verstehen unter »Reich-tum« einfach Reichtum an Geld und materiellen Dingen. Doch reich können wir in noch vielen anderen Dingen sein: Wir können reich sein an Gesundheit. Wir können reich sein an Liebe. Wir können reich sein an Freundschaft. Wir können reich sein an Fröhlichkeit. Wir können reich sein an Harmonie. Wir können reich sein an Toleranz. Wir können reich sein an Herzlichkeit. Die Liste ließe sich leicht fortsetzen.

Und wie verhält es sich mit dem Begriff »Wohl-stand«? Die einfache Antwort: Du solltest »wohl-stehen« in Deinem Leben und zwar wieder bezogen auf die unterschiedlichsten Bereiche, von denen ich oben einige angeführt habe. Du siehst also, dass es absolut keinen vernünftigen Grund dafür gibt, warum Du Dich unwohl fühlen solltest, wenn Reichtum und Wohlstand in Deinem Leben vorherrschen sollten – denn: Was wäre denn die Alternative dazu? Bitte wiederhole jetzt laut 25 Mal nacheinander folgenden Satz: »**Ab sofort lebe ich in absolutem Reichtum und Wohlstand in allen Bereichen!**«

Mache Dir vielleicht zur Gewohnheit, diese Autosuggestion zweimal täglich jeweils 25 Mal nacheinander laut und deutlich und mit viel Emotion zu sprechen. Am besten dazu eignen sich die Zeit unmittelbar nach dem Aufwachen sowie der Zeitpunkt unmittelbar vor dem Schlafengehen.

»Der Geist ist es, der das Leben schafft!«

APOSTEL JOHANNES

Ich hoffe, ich konnte Dich in diesem Kapitel dazu motivieren, über die Ursachen Deiner jetzigen Lebensumstände einmal genau nachzudenken. Ich hoffe, Du hast die Übungen bis jetzt schriftlich durchgeführt. Wenn nicht, bitte ich Dich, noch mal zum Anfang des Buches zurückzukehren, um die Aufgaben durchzuarbeiten. Nur wenn Du die Aufgaben durcharbeitest, kann dieses Buch das für Dich leisten, was Du Dir von ihm erhoffst. Alleine das Durcharbeiten der Aufgaben macht bereits fünfzig Prozent des Erfolgs aus. Dabei ist es wichtig, die Aufgaben **schriftlich** und nicht nur »geistig« durchzuführen.

Durch schriftliches Niederlegen wird das, was wir schreiben, in unserem Gehirn verankert und im Laufe der Zeit konditioniert. Und darum schreibe möglichst viel mit, schreibe in dieses Buch hinein, markiere mit Textmarkern, halte Deine beiden Blätter bereit (ein Blatt für Deine Erkenntnisse, das zweite für Deine Vorhaben, die Du umsetzen willst) und führe alle Aufgaben schriftlich durch.

AUFGABE

1. Erinnerst Du Dich an Gelegenheiten, bei denen »glückliche Zufälle« Dir das Gewünschte gebracht haben?

   ____

   ____

2. Erinnerst Du Dich an zwei Entdeckungen oder Gelegenheiten, bei denen Du etwas, was Du benötigt hast, unerwartet gefunden hast bzw. bei denen etwas unerwartet in Dein Leben getreten ist?

   ____

   ____

3. Erinnerst Du Dich an Gelegenheiten, bei denen Dir die richtige Antwort einfiel, die Du für etwas benötigt hast – praktisch wie von selbst?

   ____

   ____

4. Erinnerst Du Dich an sogenannte »Zufalls-Begegnungen« mit Leuten, Dingen, Schriftstücken usw., die Dir geholfen haben, ein Ziel zu erreichen?

   ____

   ____

5. Kannst Du Dich an Situationen Deines Lebens erinnern, in denen Du einen vertrauensvollen Glauben hattest, also offensichtlich genau wusstest, dass alles gutgehen würde?

   ____

   ____

6. Hast Du Dir jemals vorgestellt, einen Parkplatz zur richtigen Zeit an der richtigen Stelle und auf einem »vollbesetzten« Parkplatz zu finden – und hast ihn tatsächlich auch erhalten?

   Ja ☐ Nein ☐

   ____

   ____

7. Erinnerst Du Dich an eine Zeit in Deinem Leben, in der Du Dich physisch und psychisch voller Power fühltest, indem Du die vollkommene Kontrolle über Dich selbst hattest?

____

____

8. Erkläre jetzt bitte das Gesetz von **Ursache und Wirkung** noch einmal in Deinen eigenen Worten:

____

____

9. Erkläre jetzt bitte das Gesetz **Wie innen, so außen** noch einmal in Deinen eigenen Worten:

____

____

10. Was setzt Du nach diesem Kapitel um, was ist das Ergebnis des Gelernten, was machst Du anders?

____

____

»Erfolg ist Glückssache. Frage jeden Versager!«

JÜRGEN HÖLLER

KAPITEL 3

Die Wirkung von Glaubenssätzen

Blumen muss man pflanzen.
Unkraut wächst von alleine!

AUFGABE

Was hältst Du von Dir selbst und was denkst Du, wozu Du in Zukunft fähig sein wirst?

____

____

____

____

____

Du lebst in der Welt, in der *Du* glaubst zu leben. *Ich* lebe in der Welt, in der *Ich* glaube zu leben.

Jeder lebt in der Welt, in der er glaubt zu leben. Die Glaubenssätze, die jeder Mensch hat, beeinflussen sein Leben ganz entscheidend. Dies gilt sowohl für die positiven als auch für die negativen Glaubenssätze. Positive Glaubenssätze bewirken positive Ergebnisse, negative Glaubenssätze negative Ergebnisse.

Einmal angenommen, jemand möchte ein neues Unternehmen gründen. Er hat sich aber fest vorgenommen, dies erst dann zu tun, wenn er wirklich alles, aber auch alles über das Geschäft weiß, wenn er genau herausgefunden hat, was die Kunden bis in alle Details wirklich wollen, wenn er alle Konkurrenten genau analysiert hat und exakt weiß, was jeder Konkurrent für Vorteile, Nachteile, Schwächen und Stärken hat und wenn er herausgefunden hat, wie sich die Anforderungen in der Zukunft darstellen werden. Er hat sich also vorgenommen, erst dann, **wirklich erst dann** das Geschäft zu eröffnen, wenn er alles über das Geschäft weiß, was es zu wissen gibt. Nun, ein löbliches Vorhaben, doch es ist fast unmöglich. Es ist zwar vollkommen richtig, möglichst viel über ein Geschäft herauszufinden (dazu an späterer Stelle mehr), aber alles, **wirklich alles** über ein Geschäft und jedwede Umstände zu wissen, geht einfach nicht. Also treffen wir die Entscheidung, ob wir ein Geschäft gründen, **ob und wie** wir es aufbauen und **welche** Strategien wir verwenden, nicht nur aufgrund unseres Wissens, sondern bauen auch auf unseren Glauben. Um ein erfolgreiches Geschäft zu etablieren, werden wir uns auch Informationen beschaffen – aber den größten Teil der Informationen, die wir benötigen, werden wir nicht erhalten. Wir müssen dem glauben, was uns beispielsweise Universitätsprofessoren gelehrt haben, dem, was wir den branchenbezogenen Fachzeitschriften entnehmen, und dem, was uns Fachbücher inhaltlich unterbreiten. Darüber hinaus müssen wir mit Menschen reden, die bereits Erfahrungen auf diesem Gebiet gemacht haben – und ihnen Glauben schenken. Schließlich müssen wir Statistiken glauben, Marktforschungsinstituten, Zukunfts- und Trendbüros – und was es in dieser Richtung noch alles gibt. Wenn sich dann noch einzelne Informationen gegenseitig widersprechen, dann müssen wir anfangen, der einen Information mehr zu glauben als der anderen.

Du siehst schon: Die Welt ist viel zu kompliziert und durch das sich ständig steigernde Wissen viel zu komplex, als dass wir alles überprüfen könnten. Also müssen wir das Meiste glauben, um überhaupt Entscheidungen fällen und ins Handeln kommen zu können. Als Kind hast Du mehr oder weniger Deinen Eltern geglaubt, dass die Dinge, die Menschen und die Welt so sind, wie sie sie Dir vermittelt haben. Du glaubtest vielleicht an den Klapperstorch, Du glaubtest an den Nikolaus, an den Weihnachtsmann und an viele andere Dinge. Wenn Du beispielsweise geglaubt hast, dass am 6. Dezember der Nikolaus kommt, dann hast Du wahrscheinlich Deinen Stiefel vor die Tür gestellt. So kam aus dem Glauben schließlich eine Handlung zustande. Du glaubst, Du bist heute erwachsen und so etwas könnte heute nicht mehr vorkommen? Hier ein Beispiel dafür, wie Glaubenssätze entstehen ...

Ein Mann kauft sich ein Auto und fährt begeistert los. Kaum hat er es einen Tag gefahren, hat er die ersten fünfzig Kilometer hinter sich, geht die Wasserpumpe kaputt. »Na ja, macht nichts, das kann immer mal passieren«, sagt er sich. Eine Woche später ist die Elektrik defekt, weshalb sein Auto nicht anspringt. Wiederum zwei Wochen später bleibt er auf der Autobahn bei einer dritten Panne liegen. Es regnet in Strömen und er kommt abends völlig durchnässt, durchgefroren und wütend nach Hause.

Was denkst Du, wird unser Mann jetzt glauben? Er hatte mit seinem neuen Auto innerhalb von drei Wochen drei Pannen. Wie wird er nun darauf reagieren? Nun, wir Menschen neigen in diesem Fall zur Überreaktion. Wir machen ein paar Erfahrungen und übertreiben dann durch unser Glaubenssystem. In diesem Fall wird das wahrscheinlich so aussehen:

- Glaubenssatz: Ich habe ein Montagsauto erwischt.
- Glaubenssatz: Alle Topogotschis taugen nichts.
- Glaubenssatz: Mitleidende Ehefrau zu ihrem Mann: »Na, siehst du, ich habe dir ja gleich gesagt, dass die Japaner wenig taugen!«

So mündeten diese drei Vorfälle in einen Glaubenssatz. Ab diesem Zeitpunkt – und das ist sicher – wird er seine Aufmerksamkeit unbewusst nur noch auf Informationen richten (Erfahrungsberichte von Freunden, Fernsehtests, Testberichte usw.), die seinen Glaubenssatz stärken und beweisen. Bei jeder Information, die den Inhalt seines Glaubenssatzes bestätigt, fühlt er sich in dem bestärkt, woran er schon immer glaubte. Aus dem Englischen kennen wir hier die Bezeichnung »**self-fulfilling prophecy**«: die sich selbst erfüllende Prophezeiung. Eine sich selbst erfüllende Prophezeiung ist eine Annahme bzw. Voraussage, die rein aus der Tatsache heraus, dass sie gemacht wurde, das angenommene und erwartete Ereignis Wirklichkeit werden lässt und so ihre »Richtigkeit« bestätigt. Andere Informationen, die jemand erhält, die aber gegen den einmal formulierten Glaubenssatz sprechen, nimmt er gar nicht erst bewusst wahr – nach dem Motto: »Es kann nicht sein, was nicht sein darf.«

AUFGABE

Bitte stelle Dir das nun Folgende deutlich vor, indem Du Bilder (etwa einen Film) siehst, vielleicht sogar Geräusche und Stimmen dazu hörst, möglicherweise auch etwas fühlen, schmecken oder riechen kannst, was ich Dir beschreibe. Mache das Ganze am besten noch einmal mit geschlossenen Augen und konzentriere Dich darauf. Anschließend schreibe bitte sofort auf, was für Gefühle, was für einen Glaubenssatz Du dabei empfindest. Schreibe Deine Emotionen sofort auf!

Stell Dir nun Folgendes vor: In einem weißen Rolls-Royce sitzt ein feiner Herr in einem 5000 Euro teuren, handgenähten Anzug. Seine Schuhe sind ebenfalls handgemacht und kosten 2000 Euro. Der Rolls-Royce fährt vor dem Haus des feinen Herrn vor. Ein Butler öffnet die Tür und verneigt sich. Der Mann steigt aus und betritt seine mehrere Millionen Mark teure Villa mit riesengroßem Garten, mit Teich, Tennisplatz und angrenzendem Gestüt.

Schreibe bitte nun hier Deine Emotionen auf:

____

____

____

Wenn Du diese Aufgabe richtig ausgeführt und spontan Deine Empfindungen beschrieben hast, hast Du nun einen guten Überblick über Deinen Glaubenssatz zum Thema »Reichtum und Geld«. Dieser Glaubenssatz ist rein fiktiv und entspricht nicht der Realität. Solltest Du einen positiven Glaubenssatz zum Thema Reichtum haben, dann behalte ihn bei.

Wenn nicht, dann wird es höchste Zeit, dass Du ihn durch die Strategien und Übungen in diesem Buch wechselst. Sollte er danach weiterhin vorhanden sein, so besuche möglichst schnell meine Seminare, denn hier gibt es einen circa 90 Minuten langen Prozess, mit dem Dein stärkster negativer Glaubenssatz ins Positive gewechselt wird.

Es kann nicht sein, was nicht sein darf

Anfang des 17. Jahrhunderts verteidigte Galileo Galilei die Idee des Kopernikus, dass die Sonne der Mittelpunkt der Himmelskörper sei und nicht die Erde. Obwohl er diese Theorie den Mächtigen der damaligen Zeit mittels eines neugebauten Teleskops beweisen konnte

> und obwohl die Mächtigen (Adlige und Kirchenmänner) durch das Teleskop sehen konnten, dass sich die Erde um die Sonne dreht und nicht umgekehrt, war die Obrigkeit empört. Diese Vorstellung von Sonne und Erde war revolutionär und verstieß gegen das bestehende Weltbild. Galileo wurde Folter angedroht, falls er an seiner Idee festhalten sollte.

Immer wenn ich diese Geschichte erzähle, um die Wirkungsweisen von Glaubenssätzen in der Praxis darzustellen, wird mir vorgehalten, das sei ja alles in früheren Jahrhunderten geschehen, in Jahrhunderten, in denen die Menschen neuen Dingen gegenüber wenig aufgeschlossen waren. Heutzutage, so wird mir eindringlich versichert, sei das doch alles anders. Die Menschen seien aufgeklärter und durch unser Informationszeitalter gebe es solche negativen Glaubenssätze nicht mehr, zumindest nicht mehr in dieser krassen Form. Ist das wirklich so? Ich kann beispielsweise eine Reihe von Thesen nennen, die ebenfalls so revolutionär sind, dass sie von vielen (Meinungsführern) nicht akzeptiert werden. Hier einige Thesen:

- Jeder Mensch kann alles sein, erreichen, tun, was immer er möchte.
- Jeder Mensch ist in der Lage, unermesslichen »Reich-tum« (in allen Bereichen) zu erlangen.
- Es ist möglich, jede Krankheit in Gesundheit zu verwandeln.
- Es steht uns unbegrenzt Energie zur Verfügung, ohne dass wir die Energie von Atomen, von fossilen Brennstoffen nutzen müssten. Das Ganze geht vonstatten, ohne die Umwelt zu schädigen, ohne die Nachwelt zu schädigen. Grenzenlose Energie!

Dies sind einige revolutionäre Thesen, die bestimmt nicht lange unwidersprochen bleiben. Doch wer sagt uns, dass diese Dinge nicht möglich sein könnten? Warum also sollte es nicht möglich sein, dass diese Behauptungen eines Tages zutreffen? Etliche Wissenschaftler werden jetzt Beweise anführen, dass diese Thesen nichts mit der Wirklichkeit zu tun haben. Doch wie ist es wissenschaftlich erklärbar, dass beispielsweise Menschen barfuß 30 Meter im Zeitlupentempo über circa 1500 Grad heiße, glühende Granitfelsen laufen können, ohne sich auch nur eine Brandblase zu holen?

Der Glaubenssatz des Zirkusbären

Ein Bär lebte viele Jahre in einem Zirkus. Die Zeit außerhalb der Vorstellungen verbrachte er in einem kleinen Käfig. In diesem Käfig schritt er immer zehn Schritte vor, kam dann am Ende des Käfigs an, um anschließend wieder zehn Schritte zurückzulaufen. So ging das über Jahre. Eines Tages, als der Zirkus nicht mehr viel einbrachte, beschloss der Direktor, den Bären freizulassen. Er fuhr mit ihm in den Wald, stellte dort den Käfig ab, und bevor er wegfuhr, öffnete er die Käfigtür. Der Bär kam langsam aus seinem Käfig heraus, schaute sich eine Zeitlang um – und dann stapfte er los. Endlich hatte er seine Freiheit gewonnen, konnte er tun und lassen, was er wollte. Er stapfte vier Schritte, sechs, acht, neun, zehn Schritte – drehte um und stapfte wieder zehn Schritte zurück!

Der Bär hatte den Glaubenssatz verinnerlicht, nicht mehr als zehn Schritte laufen zu können – und so lief er auch nur zehn Schritte.

AUFGABE

Nimm Dir jetzt bitte einige Blatt Papier zur Hand. Diese Übung benötigt ein klein wenig Zeit, aber sie ist sehr wichtig, denn durch sie sollst Du Deine negativen Glaubenssätze herausfinden. Nimm Dir mindestens zehn Blatt Papier zur Hand. Ziehe in der Mitte einen Strich und schreibe in die linke Spalte als Überschrift »Gewünschter Glaubenssatz«, in die rechte Spalte »Wirklicher Glaubenssatz«. Schreibe nun den ersten Glaubenssatz, der unten aufgeführt ist, circa 20 Mal auf. Beobachte dabei ganz genau, welche Gefühle sich in Bezug auf diesen gewünschten Glaubenssatz während des Schreibens bei Dir einstellen. Bewerte diese Gedanken nicht, sondern schreibe sie in die rechte Spalte. Diese Glaubenssätze, die aus Deinem Unterbewusstsein kommen, sind die Glaubenssätze, die Du besitzt. –

Beispiel:

Gewünschter Glaubenssatz	*Wirklicher Glaubenssatz*
Ich bin gesund …	aber ich habe jetzt Fieber
Ich bin gesund …	aber ich fühle mich schlecht
Ich bin gesund …	aber ich bin des Öfteren krank

Du merkst bestimmt schnell, wie einfach die Methode ist. Alle Glaubenssätze, die gegen Deinen gewünschten Glaubenssatz und damit gegen die bessere Qualität Deines Lebens sprechen, melden sich umgehend. Wenn Du diese Übung sauber, ordnungsgemäß und aufmerksam durchgeführt hast, wirst Du viele Glaubenssätze herausgefunden haben, die gegen ein glückliches und erfolgreiches Leben stehen.

Hier die einzelnen Glaubenssätze, mit denen Du diese Übung bitte wiederholst:

- Ich bin gesund.
- Ich bin reich.
- Ich bin liebevoll und herzlich.
- Ich habe eine tolle Beziehung.
- Ich habe den besten Beruf.
- Ich fühle mich energievoll.
- Ich habe stets ausreichend Zeit.
- Ich bin ein liebevoller Vater (eine liebevolle Mutter).
- Ich verwirkliche meine Träume.

Die Dynamik unserer Glaubenssätze, in der wir unbewusst unser Bild von der Welt aufrechterhalten, ist überaus mächtig. Aber ich darf Dich beruhigen: Mit unserer »Gutgläubigkeit« sind wir in bester akademischer Gesellschaft. Glaube nur nicht, dass die Naturwissenschaftler alles wissen, was sie uns glauben machen wollen. Nur nennt man das wissenschaftlich dann »Theorie«. Das klingt einfach besser ...

Meinst Du denn wirklich, Dein Arzt wüsste immer genau, was die Ursache Deiner Krankheit ist oder wovon Deine Kopf-, Magen- oder Gliederschmerzen herrühren? Auch ihm bleibt nichts anderes übrig, als auf der Basis seiner medizinischen Erfahrung zu glauben, was Dir fehlt. Oder glaubst Du, ein Physiker weiß immer genau, was er macht? Allerdings gibt es den gravierenden Unterschied zwischen unserem Alltagsglauben und den vielen wissenschaftlichen Theorien: Naturwissenschaftler verfügen über eine weitaus breitere Basis an Referenzerfahrungen, also an Wissen, auf dem ihr »Glaube« gründet. Die meisten Menschen dagegen haben nur extrem wenige Referenzen, die ihren Glauben bestätigen. Leider ist es so, dass bedenklich viele mittlerweile einen Großteil ihrer Glaubenssätze aus dem Fernsehen oder Internet gewinnen ...

Die meisten Menschen wissen oft gar nicht, was sie glauben und warum sie etwas glauben. Aber sie vertreten ihre Meinung standhaft und verwirklichen ihre Glaubenssätze, koste es, was es wolle. Lieber gehen viele Menschen pleite, werden krank, sterben sogar, bevor sie ihre Glaubenssätze wechseln.

Kanntest Du den Schauspieler und Superman-Darsteller Christopher Reeve? Er hatte die Spitze der Top-Schauspieler in Hollywood erreicht und erhielt Millionengagen. Reeve führte ein glückliches, erfolgreiches Leben, ehe es passierte: Eines Tages fiel er bei einem Unfall vom Pferd – und war von diesem Zeitpunkt an querschnittsgelähmt und zwar ab dem Hals. Er musste sogar künstlich beatmet und künstlich ernährt werden. Der Schauspieler lag lange im Koma, und die Ärzte wussten, dass er sein gesamtes Leben in dieser Stellung zubringen müsste. Welch eine grausame Vorstellung: Ein gesunder, kräftiger, erfolgreicher Mann muss vielleicht noch Jahrzehnte vom Hals ab gelähmt in seinem Bett liegen, kann absolut nichts mehr bewegen, muss künstlich ernährt und künstlich beatmet werden. Als Christopher Reeve wieder aus dem Koma erwachte, war sein einziger Gedanke: **Ich werde wieder gehen können!**

Er glaubte einfach daran, dass er in spätestens zehn bis fünfzehn Jahren wieder gehen könnte. Er wollte das Gegebene nicht so ohne Weiteres hinnehmen. Er glaubte an die Kraft des positiven Denkens. Und schließlich war es so weit: Er konnte wieder alleine essen und schließlich alleine atmen. Die Geräte konnten abgestellt werden. Eines Tages dann hatte er wieder ein – minimales – Gefühl in Armen und Beinen. Täglich machte er stundenlang krankengymnastische Übungen und glaubte fest daran, dass sein Geist in der Lage sein werde, wieder Nervenverbindungen in seinem Rückenmark zu schaffen, so dass die Befehle zur Bewegung, die von seinem Gehirn ausgehen, wieder zu den Extremitäten gelangen. Christopher Reeve saß später wieder im Rollstuhl, ja, er wurde weltweit ein gebuchter Gast bei Kongressen und Seminaren und erhielt über 100 000 Dollar pro Auftritt. Er drehte sogar wieder Filme. Als er bei der Oscar-Verleihung in seinem Rollstuhl auf die Bühne fuhr, erhob sich das gesamte Auditorium und den meisten der anwesenden Zuschauer liefen Tränen über das Gesicht. Nicht so jedoch Christopher Reeve, der den Anwesenden klarmachte, dass er fest an das Positive glaubt. Christopher Reeve bemühte sich, jeden Tag positiv zu denken, und hatte dabei zwei Grundsätze:

- Mein großes Ziel: Ich will wieder laufen und ich laufe wieder!
- Das Erreichen kleiner Ziele: Das wäre wieder geschafft! Welches ist der nächste Schritt, den ich jetzt anpeile?

Christopher Reeve starb einige Jahre später, er erreichte sein Ziel nicht. Aber: Hat er es nicht durch seinen unglaublichen Willen und durch seinen festen Glauben geschafft, dass er die Aussagen der Kapazitäten in Weiß verworfen hat? Laut ihren Aussagen hätte er künstlich beatmet und ernährt werden und immer im Bett liegen müssen – während er bereits wieder Filme drehte, 100000 Dollar pro Auftritt auf Kongressen erhielt und weltweit ein Vorbild für viele andere Menschen war, die Probleme hatten und sich an ihm ein Beispiel nehmen konnten.

Glaubenssätze können negativ, aber sie können auch positiv sein. Es gibt negative Glaubenssätze, die uns Dinge nicht ermöglichen, weil wir von deren Nichtrealisierung überzeugt sind. Andererseits gibt es positive Glaubenssätze, die es uns erst ermöglichen, bestimmte Dinge zu tun, eben weil wir an deren Umsetzung glauben. So existierte beispielsweise bis 1954 in der Leichtathletik der Glaubenssatz, dass es unmöglich sei, die Meile unter vier Minuten zu laufen. Generationen von Läufern bestätigten diesen Glaubenssatz immer wieder. Eines Tages kam ein junger Mann namens Roger Bannister, betrat die Aschenbahn und weigerte sich, diesen »Unsinn« zu glauben. Das Ergebnis: 1954 durchbrach der britische Student als erster Mensch die Vier-Minuten-Schallmauer. Diese Tatsache alleine wäre schon sehr erstaunlich, aber hier kommt noch etwas viel Erstaunlicheres: Noch im selben Jahr schafften es weitere 37 Läufer, ebenfalls diese Schallmauer zu durchbrechen – und innerhalb von zwei Jahren waren es sogar über 300. Ja, es scheint wohl doch zu stimmen, dass der Glaube Berge versetzt. Aber halt: nur für den, der daran auch glauben kann.

»Sie können, weil Sie glauben, dass Sie können.«

VERGIL

Meistens ist es doch so: Wenn wir etwa glauben, für etwas noch zu jung oder zu alt zu sein, für etwas keine Begabung zu haben, dafür zu dumm zu sein, dann versuchen wir es erst gar nicht, eine bestimmte Sache anzugehen, um sie erfolgreich umzusetzen. Nehmen wir an, jemand glaubt über sich, er sei in irgendeiner Hinsicht unzulänglich, er sei beispielsweise ein schlechter Verkäufer. Wenn er schon im Vorhinein diese »Erfolgserwartung« hat: Wie viel von seinem Potenzial wird er dann wohl einsetzen? Nicht sehr viel. Mit wie viel Zuversicht, Energie und Kongruenz (innere Übereinstimmung) wird er wohl zum nächsten Kundenbesuch gehen? Nach dem Gesetz: **Wie innen, so außen** wird er im »Außen« genau das ernten, was er innerlich glaubt: Er wird nichts verkaufen, da er innerlich glaubt, ein schlechter Verkäufer zu sein. Sein Handeln (Stimme, Körpersprache, Auftreten, Argumente usw.) werden nicht sein wirkliches Potenzial widerspiegeln, sondern seinen Glauben bestätigen. Denn: **Wie innen, so außen.** Warum sollte sich ein Mensch besonders viel Mühe geben, sein wahres Potenzial zu erschließen und einzusetzen, wenn er sowieso davon überzeugt ist, keinen Erfolg zu haben? Hat man also mit einem limitierten Glaubenssatz begonnen, der das hervorhebt, was man kann, zapft man dadurch nur einen begrenzten Teil seiner Fähigkeiten und seines Könnens an. Das Handeln ist dementsprechend zögerlich und halbherzig. Welche Ergebnisse werden da wohl erfolgen? Und mit diesen negativen, unbefriedigenden Ergebnissen beweist es sich wieder mal von Neuem, was man ja bereits vorher schon wusste: »Ich bin einfach kein guter Verkäufer!«

Gibt es eigentlich einen Unterschied zwischen den einzelnen Glaubenssätzen? Gibt es einige Glaubenssätze, die kraftvoller als andere sind? Ja, diese Unterschiede gibt es. Es existieren drei Ebenen:

1. Ebene: Meinungen
2. Ebene: Glauben (Überzeugung)
3. Ebene: Verinnerlichung

Da Meinungen lediglich auf vorübergehenden Annahmen beruhen, sind sie leicht zu verändern. Laut meiner Kollegin Vera Birkenbihl sind »Meinungen« dabei vielleicht das falsche Wort: Da achtzig Prozent unseres Verhaltens und unserer Glaubenssätze durch Imitation und Nachahmung entstehen, sind »Mein-ungen« eher »Deinungen«...

Die zweite Ebene sind dann die Glaubenssätze, die Überzeugungen. Diese sind schon wesentlich stärker als die »Deinungen«, weil sie wieder auf vielen Erfahrungen basieren bzw. auf Erfahrungen, die mit starken emotionalen Empfindungen verbunden sind. Aber auch Glaubenssätze können natürlich jederzeit verändert werden – insbesondere dann, wenn die richtigen Fragen gestellt werden.

Die dritte Ebene ist die schwierigste: die Verinnerlichung! Sie ist mit so vielen Gefühlen untermauert, dass der Mensch, der daran glaubt, sich nicht nur sicher ist, sondern geradezu in Wut gerät, ja aggressiv wird, wenn sie in Frage gestellt wird. Der Betroffene reagiert dann beispielsweise in Diskussionen nicht mehr rational, sondern nur noch gefühlsmäßig, ja geradezu blind. Nun sind Verinnerlichungen an sich nichts Schlechtes, doch entscheidend ist, ob es sich um positive oder negative Verinnerlichungen handelt. Positive Verinnerlichungen können unglaubliche Kräfte und Energien verleihen, negative dagegen zerstören. Deshalb die Fragen: Welche Deiner Glaubenssätze sind Meinungen? Welche liegen Dir am Herzen? Welche Deiner Glaubenssätze haben sich bereits verinnerlicht?

AUFGABE

Bitte schreibe Deine Meinungen bzw. Glaubenssätze einmal auf:

1. Wie viel wirst Du einmal verdienen?
   Euro ____________________
   Meinung ____________________
   Glaubenssatz ____________________
   Verinnerlichung ____________________

2. Wie alt wirst Du werden?
   Jahre ____________________
   Meinung ____________________
   Glaubenssatz ____________________
   Verinnerlichung ____________________

3. Wie ist es mit Deiner Gesundheit und Deiner Fitness in 20 oder 30 Jahren bestellt?
   Sehstärke ____________________
   Gehör ____________________
   Muskulatur ____________________

Ausdauer ______________________
Hautbeschaffenheit ______________________
Haare ______________________
Beweglichkeit ______________________
Krankheit/Gesundheit ______________________
Meinung ______________________
Glaubenssatz ______________________
Verinnerlichung ______________________

4. Wie stellen sich Deine Beziehungen in fünf Jahren dar?
Partner(in) ______________________
Kinder ______________________
Kollegen ______________________
Mitarbeiter ______________________
Chef ______________________
Soziale Kontakte (Freunde) ______________________
Meinung ______________________
Glaubenssatz ______________________
Verinnerlichung ______________________

Viele Menschen verhalten sich oft wie indische Elefanten. Diese Elefanten werden von ihrem Führer mit einem dünnen Strick an einem Pfosten festgebunden. Der Elefant müsste nur einmal kräftig seine mächtige Beinmuskulatur anspannen – der Strick würde zerreißen und er könnte in die Freiheit laufen. Doch als junger Elefant war er mittels einer schweren Eisenkette angebunden gewesen, die ihm sein Führer um seinen Fuß gelegt hatte. Wenn er dann durch Schleudern seines Beines versuchte, sich von der Fessel zu befreien, scheuerte die Kette auf der Haut. Schließlich blutete der Fuß – was dem jungen Elefanten wiederum Schmerzen bereitete. Ob dieser wahrhaft schmerzhaften Erfahrung probierte es der kleine Dickhäuter nach einiger Zeit gar nicht mehr, sich zu befreien. Von diesem Zeitpunkt an genügt es, den Elefanten mit Hilfe des dünnen Strickes zu befestigen. Da er früh erfahren hat, dass er sich nicht befreien kann, glaubt er das bis an sein Lebensende.

AUFGABE

Wie sehen Deine »Stricke« aus, die Dich gefangen halten bzw. behindern, so dass sich Dein wahres Potenzial nicht zur Entfaltung bringen, nicht zur wahren Größe ausweiten kann?

Was glaubst Du, worin der Sinn eines Glaubenssatzes liegt? Ganz einfach: Er leitet unsere Entscheidungsfindung. Alle Entscheidungen, die wir treffen, sind immer darauf angelegt, Schmerzen zu vermeiden oder Freude zu erreichen (siehe hierzu Kapitel 13: »Die Macht der Motivation«). Aufgrund unserer Glaubenssätze verkürzen wir den Entscheidungsprozess – wir müssen nicht jedes Mal von vorne beginnen. Menschen, die eine »Verinnerlichung« besitzen, widerstehen jeder Information, die das Gegenteil andeuten könnte. Im Extremfall erleiden sie lieber unsagbare Schmerzen (Arbeitslosigkeit, Armut, Depression, Einsamkeit, Krankheit, sogar den Tod), als ihren Glaubenssatz aufzugeben. Und darum überprüfe sorgfältig, welche Verinnerlichungen Dich kraftvoll und welche Dich energielos machen.

Will und die Weizenflocken

Bis zu seinem 46. Lebensjahr arbeitete ein Mann für seinen Bruder, einen Arzt. Der Mann war schüchtern, hatte wenige Freunde, begrenzte Interessen und keine sonderlichen Begabungen. Sein Bruder, ein zwar bekannter, aber ebenso geiziger Arzt zahlte ihm niemals mehr als 87 Dollar monatlich. Als sie Versuche anstellten, Getreidegerichte für Patienten herzustellen, entdeckten die beiden Männer die Schmackhaftigkeit von Weizenflocken. Der Bruder des Arztes versuchte ihn zu überzeugen, die Flocken massenhaft herzustellen. Aber der konnte nicht glauben, dass es dafür einen großen Markt geben sollte, und lehnte das Vorhaben strikt ab. So fasste der 46-jährige Mann den Entschluss, sich selbstständig zu machen. Er trat aus dem Schatten des Bruders heraus, kaufte ihm seinen Teil des Patentes der Getreideflockenherstellung ab und gründete eine eigene Firma. Innerhalb kürzester Zeit wurde Will Kellogg einer der

> reichsten Männer Amerikas. Obwohl er jahrelang im Schatten seines Bruders gestanden hatte, hatte er den Glauben an sich selbst nie verloren. Und obwohl sein Leben nicht besonders aufregend war, hatte er nie aufgehört zu träumen.

Für eine Änderung ist es nie zu spät. An welchem Punkt auch immer Du Dich jetzt in Deinem Leben befindest – es ist noch Zeit, Deine Träume zu leben. Fordere mehr vom Leben, fordere in Zukunft mehr von Deinem Leben, als Du es in der Vergangenheit getan hast. Es ist nicht zu spät für niemanden, jemand zu sein. Es ist immer Zeit für etwas Neues. Jeder kann es schaffen! Du musst lediglich den Glaubenssatz verinnerlichen, dass Du es schaffen kannst. Glaube den Glaubenssatz, dass Du ein von Gott (oder vom Universum oder ...) verliehenes einzigartiges Potenzial besitzt, das nur darauf wartet, entfaltet und zur Größe entwickelt zu werden. Und jetzt schreibe den vielleicht wichtigsten Satz Deines Lebens auf ...

AUFGABE

Schreibe jetzt das auf, von dem Du ab sofort glaubst, dass es der wichtigste Satz in Deinem Leben ist, der, der Dich zur Größe und zum Erfolg führt. Schreibe den Satz auf, der Dich zu einem absoluten Gewinner macht, zu einem Menschen, der »Reich-tum« und »Wohl-stand« in seinem Leben verwirklicht.

Meine positivste Verinnerlichung:

____

____

____

Kannst Du Dich erinnern, einen Augenblick in Deinem Leben gehabt zu haben, in dem Du Dich absolut glücklich fühltest? Frei, voller Energie? Du blicktest optimistisch in die Zukunft. Du sprudeltest über vor Energie. Du warst flexibel und tolerant. Du warst freundlich zu jedem Menschen, zu jedem Tier. Dein Körper war stark und elastisch, entspannt und lebendig. Du hattest keine Hemmungen, warst frei und offen. Keine negativen Glaubenssätze belasteten Dich. Du warst einfach vollkommene Liebe, eins mit Deiner Umwelt, dem Universum.

Du glaubst, diesen Augenblick hätte es nie gegeben? Doch, diesen Augenblick gab es. Es war Dein normaler Zustand als Baby! Erst die Gesellschaft hat dann mit der entsprechenden Programmierung und der (oftmals) unheilvollen Konditionierung begonnen, hat dafür gesorgt, dass Du die Glaubenssätze hast, die Du heute besitzt. Doch diese Glaubenssätze sind rein subjektiv. Glaubenssätze sind niemals objektiv, obwohl sie für jeden Einzelnen stimmen. Was immer Du glaubst, es wird sich erfüllen! Verändere Deine Glaubenssätze und Du veränderst die Umstände Deines Lebens. **Wie innen, so außen!** Leider haben viele Menschen ständig Ausreden für ihren Misserfolg parat. Doch viel erfolgreichere Menschen hätten weitaus bessere Gründe für ihren Misserfolg gehabt (wenn sie ihn denn gehabt hätten) ...

- Demosthenes stotterte – und wurde der größte Redner des griechischen Altertums.
- Marilyn Monroe stotterte als Kind ebenfalls – und wurde eine der bekanntesten Schauspielerinnen der Filmgeschichte!
- Napoleon wurde an der Militärakademie als Dummkopf angesehen – und wurde einer der größten Feldherren aller Zeiten.
- John D. Rockefeller war Bauer – und wurde Begründer der Rockefeller-Dynastie.
- Beethoven war in späten Jahren taub – doch die Werke, die in dieser Zeit entstanden, gehören zu seinen besten. Er selbst gilt als einer der größten Komponisten in der Geschichte der Menschheit.
- Abraham Lincoln war als Geschäftsmann schlichtweg eine Katastrophe – und wurde mit 52 Jahren Präsident der Vereinigten Staaten von Amerika.
- Fjodor M. Dostojewski war Epileptiker – und nahm als Schöpfer des psychologischen Romans enormen Einfluss auf die Weltliteratur.
- Ray Kroc war 54 – erst dann eröffnete er die erste McDonald's-Filiale.
- Bill Gates feierte seinen 20. Geburtstag – zu diesem Zeitpunkt hatte er schon Microsoft gegründet.
- Walt Disney ging zweimal pleite – heute ist die Firma, die er gründete und die seinen Namen trägt, der weltweit erfolgreichste Medienkonzern.

- Arnold Schwarzenegger war Sohn eines kleinen Dorfpolizisten und begann als Bodybuilder – heute ist er eine der bekanntesten Persönlichkeiten des Erdballs und kassiert bis zu 30 Millionen Dollar pro Film.
- Wilma Rudolph hatte Kinderlähmung – 1960 wurde sie in Rom dreifache Olympiasiegerin im Sprint.

Nein, es gibt keine Ausrede für Misserfolg. Du kannst nicht zu jung oder zu alt, zu schlau oder zu dumm, ausgebildet oder ungebildet sein, um erfolgreich sein zu können. Jeder Mensch – **wirklich jeder Mensch** – wird ursprünglich als Gewinner geboren. Wir müssen uns erst wieder darauf zurückbesinnen, dass wir selbst der Schöpfer in unserem Leben sind. Wir müssen unsere negativen Meinungen, Glaubenssätze und Verinnerlichungen auf den Prüfstand stellen und sie schließlich in positive Glaubenssätze umwandeln. Wie lange willst Du noch mit Deinen negativen Glaubenssätzen weiterleben, ehe Du endlich bereit bist, Dich davon zu lösen – und somit eine neue Qualität in Deinem Leben Einzug halten kann?

»Wer seine Fehler ständig wiederholt, wird bald perfekt darin sein.«

JÜRGEN HÖLLER

Viele Menschen haben einen negativen Glaubenssatz zum Thema »Erfolg«. Vor einiger Zeit fand eine eineinhalbstündige Sondersendung im Fernsehen statt, bei der mehrere Experten über die heimliche Sehnsucht des Menschen nach Erfolg diskutierten. Während der Sendung wurde ein circa zehnminütiger Zusammenschnitt von einem meiner Seminare mit 2000 Teilnehmern gezeigt. Anschließend diskutierten die Experten gar nicht mehr über das Thema Erfolg, sondern die restlichen 75 Minuten über Jürgen Höller ... Doch um was es mir dabei geht: Die Talkrunde war natürlich absichtlich so ausgesucht worden, dass die eine Hälfte »pro« und die andere Hälfte »anti« Erfolg eingestellt war. Die Antworten der »Anti-Erfolgs-Talker« lauteten dabei:

- Ich war erschrocken über so viele Erfolgswillige.
- Wo soll das hinführen, wenn die alle erfolgreich sein wollen?
- Was kommt da auf uns zu, wenn sie rücksichtslos ihren Erfolg verwirklichen?
- Mich würde interessieren, wie sich dieser Erfolgswillen auf die Menschen ihrer Umgebung (Angehörige etc.) auswirkt.
- Mir wird angst um diejenigen in unserer Gesellschaft, die von diesen Erfolgsmachern erdrückt werden, weil sie selber nicht so stark, so energievoll handeln können.

Wohlgemerkt, ich habe hier absichtlich nur die negativen Antworten wiedergegeben. Aber ist es nicht erstaunlich, was Menschen zum Thema Erfolg doch für ablehnende Glaubenssätze haben? Da tauchen folgende negativen Inhalte auf: Rücksichtslosigkeit, Ellenbogenmentalität, Egoismus, Raffgier usw. Sicherlich erstaunt es Dich auch nicht, dass diejenigen, die diese Antworten gegeben haben, der Fraktion der »Nichterfolgreichen« zuzuordnen waren, während diejenigen, die den Filmausschnitt gut fanden, die sich für den Erfolg einsetzten und »pro« Erfolg sprachen, gleichzeitig selbst erfolgreich in ihrem Leben waren. Logisch: Denn alles, was Du glaubst, verwirklicht sich.

Erfolg heißt Leben, Leben heißt Wachstum. Seit dem Urknall hat das Universum nicht aufgehört zu wachsen, sich zu verändern, zu wachsen, sich zu verändern, zu wachsen ... Noch heute entstehen täglich neue Sterne, ja, neue Galaxien, während andere verglühen. Das Universum hört nicht auf, sich ständig neu zu schaffen. Wenn wir die Natur betrachten, sehen wir die Pflanzen, wie sie wachsen (und blühen) wollen. Eine Pflanze, die nicht mehr weiter wächst, stirbt. Wenn aber das gesamte Universum, wenn jede kleinste Pflanze wachsen, gedeihen, blühen möchte, also erfolgreich sein möchte – wie kommen da Menschen auf die Idee, **Erfolg sei etwas Schlechtes?** Sollen wir uns demnach **nicht weiterentwickeln?**

Nein, Erfolg ist ein Naturgesetz! Und was wir benötigen, das sind nicht Versager und erfolglose Menschen, sondern was wir benötigen, das sind mehr erfolgreiche Menschen, die im Leben »wohl-stehen« und etwas für die Gemeinschaft leisten. Nur erfolgreiche Menschen arbeiten und zahlen Steuern. Nur erfolgreiche Unternehmen machen Gewinne, können expandieren, können Mitarbeiter einstellen, Investitionen tätigen, Steuern zahlen und damit den gesamten Wirtschaftskreislauf fördern. Wechsle deshalb Deinen negativen Glaubenssatz bzw. verinnerliche Deinen positiven noch mehr. Lass Erfolg, »Reichtum« und »Wohl-stand« in Dein Leben einziehen und sei ein Beispiel, ein Vorbild für viele andere.

Ich persönlich hatte mit dem negativen Glaubenssatz, dass großer Reichtum und Erfolg schlecht sei, einen Großteil meines Lebens zu kämpfen. Wo immer er auch herkommt – er hat mich nicht nur behindert, er hat mein Leben fast zerstört. Ich kenne das Gefühl, ganz am Boden zu sein und darüber nachzudenken, ob sich das Leben wirklich noch lohnt. Und all dies passierte nur, weil ich diesen negativen Glaubenssatz zum Thema Erfolg und Reichtum in mir hatte. Heute arbeite ich dafür, auch selber ein Vorbild für andere zu sein – ein Vorbild für das, was möglich ist. Ich freue mich, wenn mir Menschen schreiben, dass mein Beispiel, nie aufzugeben, Ansporn für sie ist, wieder aufzustehen, weiterzumachen und durchzuhalten, und wie wichtig es für sie ist zu sehen, dass jemand, der ganz am Boden war, wieder ganz nach oben kommen kann. Und deshalb arbeite ich dafür, ein Vorbild für diese Menschen sein zu können. Ich möchte ein Vorbild sein an Erfolg, ein Vorbild an Ausdauer, ein Vorbild an Disziplin, ein Vorbild an Beharrlichkeit, ein Vorbild an Konzentration, ein Vorbild an Zielstrebigkeit, ein Vorbild an Freundlichkeit, ein Vorbild an Energie – und vieles mehr.

Ich habe meinen negativen Glaubenssatz abgelegt – und mein Leben hat sich dadurch verändert. Ich habe innerhalb kürzester Zeit daran geglaubt, dass es vollkommen in Ordnung ist, wenn ich erfolgreich bin. Ich nahm es an, dass es gut ist, viel Geld zu verdienen. Ich nahm es an, dass es okay ist, »wohl-zu-stehen« in den verschiedensten Bereichen meines Lebens. Und weißt Du, was passiert ist? Dadurch, dass ich selber »reicher« geworden bin, mehr »Wohl-stand« in mein Leben eingetreten ist, konnte ich Zehntausende von Menschen dazu motivieren, ebenfalls durchzustarten und an ihren Erfolg zu glauben. Sei auch Du ein Vorbild – und sei erfolgreich.

AUFGABE

1. Schreibe jetzt Deine negativsten Glaubenssätze auf, die Dich bisher in der Vergangenheit bestimmt haben:

2. Schreibe Dir jetzt zu jedem dieser negativen Glaubenssätze auf, was er Dich bereits bisher an Schmerz, an Leid, an Kummer, an Misserfolg gekostet hat:

3. Schreibe Dir jetzt zu jedem dieser negativen Glaubenssätze auf, welchen Schmerz, welches Leid, welchen Kummer, welche Sorgen, welchen Misserfolg Dir diese Glaubenssätze in Zukunft bereiten werden, wenn Du sie jetzt nicht ablegst:

4. Wechsle jetzt, in diesem Moment, von Deinen bisherigen negativen Glaubenssätzen zu Deinen neuen positiven Glaubenssätzen – und schreibe Letztere sofort auf:

An dieser Stelle soll Dir eine kleine Situation deutlich machen, wie festgefahren, wie konditioniert, wie programmiert wir Menschen sind ...

Stell Dir vor, Du sitzt in einem Café. Aus den Augenwinkeln siehst Du einen Herrn, der an einem der Nebentische sitzt. Plötzlich, nach einigen Minuten, beginnt dieser laut und herzhaft zu lachen, obwohl sich niemand mit ihm unterhält oder an seinem Tisch sitzt. Einige Menschen werden jetzt verstohlen zu ihm hinüberschauen, andere werden vielleicht über ihn lächeln. Sollte dieser Mensch eine Minute später wiederum völlig »grundlos« anfangen zu lachen, schauen einige bereits pikiert hinüber, andere vielleicht ärgerlich. Wenn derselbe Mensch nach einigen Minuten erneut aus vollem Herzen anfängt zu lachen, wird wahrscheinlich der erste aufstehen, zum Telefon laufen und den Krankenwagen rufen, weil er sich durch das Verhalten dieses Mannes, eines »Ver-rückten«, weil vom normalen »Weggerückten«, irritiert und bedroht fühlt.

Diese Geschichte macht uns so wundervoll deutlich, welchen Verhaltensnormen wir unterliegen. Warum? Ganz einfach: Weil es unseren Glaubenssätzen nicht entspricht, dass wir grundlos, alleine, aus vollem Herzen einfach fröhlich sein dürfen (warum eigentlich nicht?). Genauso durfte es vor einiger Zeit nicht sein, dass in einem Seminar Metaphern wie Feuerlauf, Scherbenlauf, Stangenverbiegen usw. eingesetzt werden. Genauso durfte es nicht sein, dass in einem Seminar statt einer gesundheitsschädlichen Kaffee- und Nikotinpause ein Power-Energie-Break gemacht wird, bei dem mit fröhlicher und positiver Musik ein paar Bewegungsübungen durchgeführt werden, um wieder für die nächste Stunde fit zu sein. Merkst Du, was hier abläuft? Lass nicht zu, dass auch Du Dich diesen allgemeinen negativen Glaubenssätzen unterwirfst.

In diesem Zusammenhang eine wunderbare Geschichte zum Thema Glaubenssatz ...

Ein Kind hilft der Mutter beim Kochen und schneidet beide Enden vom Schinken ab, ehe es ihn in den Backofen schiebt. In diesem Moment stutzt das Kind und fragt sich, warum eigentlich die beiden Enden abgeschnitten werden. Wie es Kinder nun mal so tun, fragt das Kind seine Mutter. Die Mutter überlegt kurz, weiß aber keine angemessene Antwort. Sie sagt dem Kind, dass sie auch nicht weiß, warum das so sein muss. Da müssten sie einmal die

Großmutter fragen, denn von ihr hatte das die Mutter seinerzeit gelernt. Gemeinsam gehen Mutter und Kind zur Großmutter und fragen sie. Die Antwort war verblüffend. »Ganz einfach: Damals hatten wir einen ganz kleinen Backofen, und der Schinken für die ganze Familie passte nicht hinein, also haben wir immer die Enden abgeschnitten.«

Du magst über diese Geschichte vielleicht schmunzeln, aber oft haben wir uns Glaubenssätze aus den Erfahrungen zu eigen gemacht, die andere gewonnen haben. Daran ist grundsätzlich nichts Schlechtes, doch Achtung: Hinterfrage ganz genau, ob es sich um positive oder negative Glaubenssätze handelt!

Ich kann bereits zu Beginn eines solchen Seminars, ohne dass ich etwas gesagt hätte, an der Körpersprache jedes Einzelnen erkennen, welchen Glaubenssatz er in Bezug auf das Seminar, meine Person und den Vortragsinhalt besitzt. Da gibt es diejenigen, die in den ersten Reihen sitzen, in der Regel gespannt, mit Stift und Papier bewaffnet und voller Erwartung sind, was sie für ihr Leben lernen können. Und da haben wir die in der letzten Reihe, welche die Arme verschränkt haben, deren Mundwinkel ein bisschen hängen und die erst einmal zweifelnd und abwartend sind, was auf sie zukommt.

An dieser Stelle ein paar Glaubenssätze, welche die Menschen in Bezug auf meine Person immer wieder haben:

- Der Mann hat Hunderttausende von Menschen erfolgreich gemacht – toll, dass ich ihn erleben darf.
- Wenn so viele Firmen und Menschen durch ihn erfolgreich wurden, dann werde auch ich in Zukunft durch das vermittelte Wissen erfolgreicher sein.
- Ein Mann, der alles, was er erzählt, selbst erlebt hat, dem kann ich vertrauen.
- Ich vertraue ihm.
- Er hat es geschafft, den Misserfolg in Erfolg umzuwandeln. Diese Erfahrung gibt er jetzt weiter.
- Alles ist möglich.

Es wäre unnatürlich, wenn alle Glaubenssätze positiver Art wären. Deshalb hier die negativen:

- Was ist das für ein … , den Fernsehen und Presse als »Motivations-Guru Nr. 1« bezeichnen?
- Alle laufen ihm hinterher – wie blöde Rindviecher.
- Total banal, das weiß doch jeder.
- Was soll das Geplappere schon bringen? Ich würde jetzt lieber etwas arbeiten.
- Der wird den ganzen Tag nur über Erfolg und Motivation reden. Da läuft mir jetzt schon die Galle über.

Was glaubst Du, wie das Ergebnis des Seminars für jeden einzelnen Teilnehmer aussieht? Nun, jeder erhält das, was er sich vorstellt. Der eine wird zahlreiche Beweise dafür finden, dass ich ein dummer, eitler, viel zu hoch bezahlter Fatzke bin. Der andere, der mit positiven Glaubenssätzen gekommen ist, wird Beweise dafür bekommen, dass er richtig lag mit seiner positiven Einschätzung. Er wird genügend Beweise dafür finden, dass meine Strategien richtig sind, dass sie funktionieren, dass ich ein toller, offener, liebevoller, herzlicher, freundlicher Mensch bin. Und jetzt frage Dich, wie sich die Zukunft der beiden unterschiedlichen Seminarteilnehmer entwickeln wird.

Lass mich noch einmal wiederholen: Wir können nicht alles wissen. Deshalb müssen wir uns **Glaubenssätze** über Dinge, die Menschen und die Welt selbst bilden. Ein Glaubenssatz ist eine subjektive Überzeugung, die nach objektiven Kriterien nicht beweisbar ist, somit also weder falsch noch wahr ist. Die meisten Glaubenssätze sind uns nicht bewusst und werden auf der Basis minimaler Erfahrungen oder der Aussage von sogenannten »Autoritäten« gebildet, die wir dann übergeneralisieren. Jeder Glaubenssatz wirkt wie ein »Wahrnehmungsfilter« und richtet unsere Aufmerksamkeit unbewusst auf die Informationen, welche die »Richtigkeit« unseres Glaubens beweisen. Über diese »sich selbst erfüllende Prophezeiung« wird jeder Glaubenssatz immer stärker. Ein Großteil unseres alltäglichen Tuns und unserer Entscheidungen wird maßgeblich von diesem unbewussten Glaubenssystem beeinflusst. Hier noch ein paar Glaubenssätze zum Schmunzeln, wenn eine neue Idee in einer Firma vorgestellt wird …

Geburtswehen

- So haben wir das noch nie gelöst.
- Niemand macht das so, wie Sie das vorschlagen.
- Das hat sich bis jetzt keiner getraut.
- So etwas haben wir schon einmal versucht.
- Unser Verfahren hat sich seit 25 Jahren bewährt.
- Das funktioniert in einer kleinen (großen) Firma nicht.
- Es läuft doch! Warum sollten wir was ändern?
- Das ist zu utopisch.
- An sich haben Sie recht, aber ...
- So, wie wir's derzeit machen, ist es richtig!
- Mit der Abteilung geht das nicht.
- Das geht unmöglich!

AUFGABE

Bitte führe folgende Aufgabe, die Du bereits zu Beginn dieses Kapitels gemacht hast, nochmals gewissenhaft durch: Was hältst Du von Dir selbst und was denkst Du, wozu Du in Zukunft fähig sein wirst?

____

____

____

____

»Was man sich vorstellen kann, ist wirklich!«

PABLO PICASSO

KAPITEL 4

Wissenschaftliche Hintergründe

**»Man sieht nur mit den Augen des Herzens gut.
Das Wesentliche ist für die Augen unsichtbar!«**

ANTOINE DE SAINT-EXUPÉRY,
»DER KLEINE PRINZ«

Etwas wissenschaftlich zu hinterlegen, zumindest mit Daten, Fakten, Untersuchungsergebnissen usw. zu verdeutlichen, ist im geistig-seelischen Bereich schwierig. Man kann es nicht sehen, hören, fühlen, riechen oder schmecken. Man kann es nicht wiegen, man kann es nicht abmessen, man kann es nicht quantifizieren. Weil dem so ist und weil uns die Wissenschaft über Jahrhunderte hinweg gesagt hat, dass nur das existiert, was wissenschaftlich abgesichert ist, haben viele Menschen verlernt, mit den geistigen Gesetzen des Erfolgs umzugehen. Dieses Kapitel soll dazu beitragen, den »linkshirndenkenden« Lesern Orientierungshilfen zu geben, um an die von mir vorgebrachten Thesen und Strategien glauben zu können.

Wenn ich zu Hause beim morgendlichen Frühstück den Knopf meiner Stereoanlage drücke, ertönt Sekundenbruchteile später Musik aus den Lautsprechern. Der technische Ablauf dabei ist ganz einfach: Von einem Sender aus werden Wellen (etwa Ultrakurzwellen) gesendet, die schließlich ihren Weg in meine Hausantenne finden. In der Stereoanlage werden diese Wellen nun in Musikschwingungen umgewandelt, die ich dann hören kann. Alles ganz einfach und logisch. Das funktioniert seit unserer Kindheit so, und seit unserer Kindheit drücken wir besagten Knopf, ohne groß darüber nachzudenken, wie das Ganze funktioniert. Doch können wir die Radiowellen hören, riechen, schmecken, sehen, tasten, können wir sie quantifizieren, abmessen usw.?

Das Gleiche trifft auf den Fernseher zu. Über riesige Satelliten bzw. über Kabel gelangt das Fernsehprogramm – in einem »normalen« Haushalt sind es mittlerweile über 120 Programme, die empfangen werden können – direkt zu uns ins Wohnzimmer. Von der Grundsache her fantastisch, allerdings auch – vom Programm her – erschreckend. Doch keiner macht sich Gedanken, dass hier ebenfalls Strahlen und Schwingungen im Spiel sind, die wir nicht mit unseren Sinnesorganen aufnehmen können.

Oder denken wir an unsere Smartphones: Wir befinden uns irgendwo auf dieser Welt und können mit jedem anderen Menschen auf dieser Erde, der auch ein Telefon besitzt, kommunizieren. Wir befinden uns irgendwo an einem Punkt dieses Planeten und können uns meist in das WLAN einloggen und im Internet alle Informationen abrufen. Verstehe ich, wie alle Informationen, während ich Bergsteige, zu mir kommen? Habe ich das technische Verständnis dafür, wie ich am Strand in mein kleines Smartphone alle Daten und Infos gelangen? Nein, natürlich nicht.

Oder denken wir an die Elektrizität. Seit Thomas A. Edison wird sie mehr und mehr zum Wohle der Menschen genutzt. Der amerikanische Tüftler hatte die Vision einer hell erleuchteten Stadt. Zuvor musste er jedoch die Glühbirne erfinden und zwar eine, deren Faden nicht schon nach kürzester Zeit durchbrennen würde. Edison glaubte tief und fest daran, die richtige Gasmischung für die Glühbirne zu finden, und er unternahm Tausende von Versuchen, um auf jene Mischung zu stoßen. Das »Unternehmen Glühbirne« hat ihn zwar fast in den Ruin geführt, doch letztendlich zeigte sein ausdauerndes Suchen Erfolg: Er fand die richtige Mischung – und heute sind unsere Städte hell, haben wir in den Haushalten die unterschiedlichsten Geräte, die mit Elektrizität angetrieben werden.

Dennoch: Selbst heute kann kein Wissenschaftler wirklich genau erklären, was Elektrizität eigentlich ist. Ich persönlich habe mir darüber noch nicht sehr viele Gedanken gemacht – ich nutze sie einfach! Und ich mache mir auch nicht allzu viele Gedanken über die Ursachen der geistigen Gesetze des Erfolgs. Weitaus wichtiger ist für mich, dass ich diese Gesetze nutzen kann. Sie wirken. So ist das Gesetz des Glaubens für alle Menschen gültig, genauso wie das Gesetz, dass auf den Tag die Nacht folgt, dass nach dem Sommer der Winter kommt, dass eine Stunde 60 Minuten und ein Jahr 365 Tage hat, innerhalb dessen sich die Erde einmal um die Sonne dreht. Das sind unumstößliche Gesetze, die einfach existieren.

Nun kannst Du versuchen, gegen einige anzugehen. Du kannst etwa sagen, Du magst an die Gesetze des Lebens nicht glauben und wirst deshalb im Winter in Badehose und im Sommer im dicken Wintermantel herumlaufen, doch letztendlich machst Du es Dir durch ein solches Verhalten im Leben nur schwerer. Genauso verhält es sich mit den geistigen Gesetzen des Erfolgs: Du kannst sie nutzen und dadurch den Erfolg in Deinem Leben vergrößern, oder Du kannst dagegen ankämpfen und Dir das Leben schwermachen – es ist Deine Entscheidung!

Der Mensch kann nur einen sehr kleinen Teil des elektromagnetischen Spektrums mit seinen Sinnesorganen wahrnehmen. Tiere dagegen haben wieder ein anderes wahrnehmbares Spektrum. So können beispielsweise Hunde wesentlich besser hören, können Katzen wesentlich besser sehen als der Mensch. Wenn es aber alleine im Bereich des elektromagnetischen Spektrums nur ein Bruchteil ist, was wir von dem, was tatsächlich existiert, auch bewusst wahrnehmen können – was glaubst Du, wie viele Dinge es zwischen Himmel und Erde noch geben mag, die wir ebenfalls nicht bewusst aufnehmen können, die aber existieren?

In der gesamten Natur ist alles einer Ordnung unterworfen. Jedes Rädchen geht in ein anderes Rädchen über. Trotz des zwischenzeitlichen Chaos, das auf der Erde herrscht, ist doch die ganze Natur bestimmten Gesetzen unterworfen. Dies beginnt mit Dir als einzelner Person: Ist es nicht fantastisch und unglaublich, wie die Natur es eingerichtet hat, dass Du leben kannst, wie jede Deiner Milliarden Körperzellen genau die richtige Arbeit vollbringt, damit alle Zellen als Einheit funktionstüchtig sind? Hast Du einmal darüber nachgedacht, welch unglaubliche Leistung die Natur vollbracht hat, dass Tier und Mensch so existieren, wie sie existieren, und welche ungeheuren chemischen Abläufe stattfinden, um abgestorbene Zellen abzutransportieren und ständig neue Zellen aufzubauen? Dann: Ist es nicht wunderbar, wie sich die verschiedenen Planeten innerhalb unseres Sonnensystems bewegen, genau auf ihrer festgeschriebenen Route? Und wie sich unsere Sonne in das Sonnensystem unserer Milchstraße einfindet? Und wie sich die Milchstraße einfindet in die Galaxie? Und wie sich die vielen Milliarden Galaxien einfügen in den Kosmos ...?

Wer nicht daran glaubt, dass das Leben geistigen Gesetzen unterworfen ist, der glaubt an den Zufall. Glaubst Du wirklich, dass die

Natur sich überhaupt einen Zufall erlauben kann? Das ökologische System ist äußerst ausgeklügelt. Ein Element bedingt das andere – es ist die totale Abhängigkeit voneinander. Wie exakt – bis ins kleinste Detail – das System funktioniert, wird deutlich, wenn der Mensch in dieses System eingreift und glaubt, »Verbesserungen« vornehmen zu müssen (denke nur an die bei uns so beliebten Flußbegradigungen). Nein, der Mensch und sein Leben sind bestimmten Gesetzmäßigkeiten unterworfen. Diese Gesetzmäßigkeiten lernst Du leider nicht in unserer schulischen und beruflichen Ausbildungsphase. Und darum ist es noch wichtiger, ein Leben lang dazuzulernen, sich diese geistigen Gesetzmäßigkeiten, die zu Erfolg und einem glücklichen und zufriedenen Leben führen, bewusst zu machen und in seinem Leben einzusetzen.

Wenn in Psychologie und Medizin vom »Experimentator-Effekt« die Rede ist, dann ist damit, vereinfacht ausgedrückt, Folgendes gemeint: Bei einem Experiment ist der Glaube, also die Erwartungshaltung der durchführenden Person (Experimentator) mit ausschlaggebend dafür, welches Ergebnis bei dem Experiment (Test, Versuch) herauskommt. Menschen verhalten sich im Allgemeinen so, wie es von ihnen erwartet wird. Wenn wir beispielsweise von einer Gruppe erwarten, dass sie freundlich ist, wird sie es auch eher sein, als wenn wir Feindseligkeiten von ihr erwarten und uns entsprechend verhalten.

Psychotherapie-Patienten haben bei einem Analytiker der Freud-Schule eher freudsche Träume und bei einem Analytiker der Jung-Schule eher jungsche Träume. Es gibt unzählige Beispiele aus allen Bereichen menschlicher Erfahrungen, an denen das erwähnte Prinzip sichtbar wird. Hunderte von Experimenten haben bereits gezeigt, dass der Experimentator den Ausgang psychologischer Untersuchungen in der Tat dadurch beeinflussen kann, dass er (natürlich unbewusst) die Probanden unmerklich, aber stetig in die Richtung seiner Erwartungen lenkt. Ein Beispiel: Vierzehn Psychologiestudenten höheren Semesters erhielten ein »Sondertraining« in einer »neuen« Methode, dem Rorschach-Verfahren. Dabei ging es wie immer bei Rorschach-Tests darum, Versuchspersonen Tintenkleckse vorzulegen und zu fragen, was sie darin sehen. Sieben der vierzehn Studenten erhielten allerdings vorher die Information, dass die Versuchspersonen bei erfahrenen Psychologen eher menschliche als tierische Bilder sehen würden. Die anderen sieben Studenten bekamen zwar vorher die gleichen Tintenkleckse, aber die (entgegengesetzte) Information, dass die Versuchspersonen bei erfahrenen Psychologen eher tierische als menschliche Bilder sehen würden. Ergebnis: Bei der zweiten Gruppe waren Tierbilder signifikant häufiger als bei der ersten Gruppe.

Der wohl berühmteste wissenschaftliche Versuch zu diesem Thema wurde gestartet von dem Harvard-Psychologen Robert Rosenthal und seinen Kollegen an einer Grundschule in San Francisco. Den Lehrern an dieser Schule, die vom wahren Grund des Tests keine Ahnung hatten, teilte man Folgendes mit: Man wolle herausfinden, ob intelligente Schüler, die in einer Klasse zusammengefasst werden, größere Leistungsschübe hätten, als wenn sie in gemischten Klassen verteilt wären. Zu diesem Zweck unterzog man alle Schüler der Grundschule einem »Leistungsschwellentest«. Dann fasste man die »intelligentesten« Kinder in einer Klasse zusammen und teilte dem Lehrer mit, diese Klasse sei eine Klasse hochbegabter Schüler. Allerdings sollte das niemand, auch nicht die Schüler, erfahren, da sich ansonsten vielleicht negative Stimmungen bei den anderen Schülern hätten ergeben können. Das wiederum bedeutete: Die Lehrer waren der Meinung, sie hätten eine Klasse mit besonders intelligenten, hochbegabten Kindern vor sich – während keiner der Schüler, weder innerhalb noch außerhalb dieser Klasse, davon wusste.

Nach einem Jahr wurde dann ein Resümee gezogen. Ergebnis: Die »Begabtenklasse« hatte einen deutlich größeren Leistungsschub vollbracht als alle anderen Klassen, wobei die Ergebnisse geradezu verblüffend waren ...

Rosenthal und seine Kollegen berichteten den Lehrern, dass die Schüler gar nicht besonders hochbegabt gewesen seien, sondern nach dem Zufallsprinzip ausgewählt worden seien, also nicht nach dem Ergebnis des »Leistungsschwellentests«. Die Lehrer waren darüber sehr erstaunt, meinten dann aber, es hätte vielleicht an ihnen als Lehrer gelegen. Nun musste man ihnen jedoch mitteilen, dass auch sie selbst nach dem Zufallsprinzip ausgelost worden waren. Dafür hatte dann niemand mehr eine Erklärung ...

Bei einem anderen Test teilte Rosenthal den Lehrern jeder Klasse – nachdem man die Schüler der ganzen Schule ebenfalls einem »Leistungsschwellentest« unterzogen hatte – die Namen jener zwanzig Prozent der Schüler mit, die von ihrer jeweiligen Klasse angeblich am besten abgeschnitten hatten. Tatsächlich hatte es sich um einen gewöhnlichen nonverbalen Intelligenztest gehandelt, und die Namen der Schüler, bei denen angeblich ein gewaltiges intellektuelles Erblühen zu erwarten war, waren auch hier nach dem Zufallsprinzip ausgewählt worden.

Am Ende des Schuljahres wurden alle Kinder wieder demselben Intelligenztest unterzogen. Ergebnis: Im ersten Schuljahr zeigten die »vielversprechenden« Kinder einen im Durchschnitt wesentlich höheren Intelligenzquotienten als die Kontrollkinder, während im zweiten Schuljahr die Differenz immerhin noch 9,5 Punkte betrug. Die »vielversprechenden« Kinder hatten nicht nur bessere Ergebnisse erzielt, sondern die Lehrer hatten sie auch als gut integriert, als sympathischer, positiver, neugieriger und fröhlicher als die übrigen Kinder bezeichnet.

Viele nachfolgende Studien haben diese Ergebnisse bestätigt und vertieft. Kritisch wurde gegen Rosenthal und seine Kollegen vorgebracht, sie hätten unbedingt »Experimentator-Effekte« finden wollen und dadurch ihren eigentlichen Ergebnissen einen entsprechenden Drall gegeben.

Rosenthal konterte, wenn dem so sei, dann sei das doch wohl der stärkste Beweis für die Existenz des Effekts: »Wir könnten eine Untersuchung durchführen, bei der wir die Erwartungsforscher nach dem Zufallsprinzip in zwei Gruppen einteilen: In der ersten werden Erwartungsexperimente wie gewohnt durchgeführt, in der zweiten werden Spezialisierungen eingebaut, die dafür sorgen, dass die einzelnen Experimentatoren nichts von den Erwartungen des Versuchsleiters wissen. Nehmen wir an, der durchschnittliche Erwartungseffekt sei in der ersten Gruppe sieben, in der zweiten null. Wir würden das immer noch als Anzeichen für das Phänomen des Erwartungseffekts werten!«

Auch im Bereich der Medizin hat man mittlerweile die Gesetzmäßigkeit des Glaubens und deren Auswirkungen auf den menschlichen Körper und seine Gesundheit erkannt. Eine Berliner Studie mit zweihundert Unfallpatienten hat gezeigt: Wer mit dem Schicksal hadert, bleibt länger krank. Dazu Psychologie-Professor Dieter Frey: »Die Dauer des Klinikaufenthalts war nur zu zwanzig bis dreißig Prozent durch die Schwere der Verletzungen verursacht. Zu mindestens fünfzig Prozent waren psychologische Faktoren ausschlaggebend.« Patienten, die ihr Los akzeptierten und fest daran glaubten, selbst den Verlauf ihrer Krankheit kontrollieren zu können, wurden schneller gesund. Die positiv Denkenden blieben nur halb so lange in der Klinik wie die Grübler und kehrten im Durchschnitt nach 80 Tagen in ihren Beruf zurück. Patienten, die sich ewig die Frage nach dem »Warum« stellten, waren länger krank und konnten erst nach durchschnittlich 140 Tagen wieder ihre Arbeit aufnehmen.

In einem Interview kurz vor seinem Tod hat der Amerikaner Norman Cousins eine Geschichte erzählt, die zeigt, welch ungeheure Auswirkungen Überzeugungen auf den menschlichen Körper haben können ...

Eine wundersame Heilung

Bei einem Football-Spiel nahe Los Angeles erlitten mehrere Besucher eine Lebensmittelvergiftung. Der behandelnde Arzt, der die Betroffenen sofort untersuchte, gelangte zu dem Schluss, dass Softdrinks, die alle Patienten aus einem bestimmten Automaten erhalten hatten, bevor sie erkrankt waren, schuld an der Erkrankung seien. Daraufhin wurden die Besucher im Stadion über Lautsprecher aufgefordert, den betreffenden Automaten nicht mehr zu benutzen, da einige Leute an Softdrinks, die von dem besagten Automaten stammten, erkrankt seien. Des Weiteren wurden die Symptome der Erkrankung genau beschrieben, damit jeder andere Besucher sofort feststellen konnte, ob auch er erkrankt war. Innerhalb kürzester Zeit brach eine regelrechte Panik aus – massenweise erbrachen sich Zuschauer und fielen in Ohnmacht. Selbst Menschen, die sich nicht einmal in der Nähe des Automaten aufgehalten hatten, entwickelten die gleichen Krankheitssymptome wie die zunächst betroffenen. Das nahe gelegene Krankenhaus kam nicht nach, die vielen eingelieferten Fälle zu behandeln. Mittlerweile hatte man den Automaten untersucht und festgestellt, dass dieser nicht Auslöser der Erkrankung sein konnte – und prompt waren die allermeisten der Zuschauer wieder auf »wunderbare Art und Weise« genesen.

Norman Cousins erzählte auch gerne von der Arbeit mit seinen Patienten. Im Laufe der Jahre stellte er immer wieder fest, dass sich der Zustand seiner Patienten in dem Moment verschlechterte, in dem er ihnen seine Diagnose sagte. Bezeichnungen wie »Krebs«,

»Multiple Sklerose« oder »Herzerkrankung« lösten häufig Panik und eine Schwächung des ganzen Immunsystems aus. Des Weiteren stellte er fest, dass Patienten, sobald er ihnen Mut machte, mit weitaus weniger bzw. mit schwächer ausgeprägten Symptomen zu kämpfen hatten.

Du siehst also, dass auch im medizinischen Bereich der Glaube, die Einstellung des Menschen, eine große Rolle spielt. Schulwissenschaftler geben mittlerweile zu, dass achtzig Prozent aller Krankheiten psychosomatische Ursachen haben. Der Glaube funktioniert.

Wie gehorsam unser Unterbewusstsein ist und bereit, alle »Befehle« auszuführen, ist bei dem US-Forscher Williams nachzulesen ...

Tod durch ›Verbluten‹

Die Gläubigkeit des Unterbewusstseins, einer Suggestion zu gehorchen, wird durch ein außergewöhnliches Ereignis illustriert: Ärzte hatten die Erlaubnis erhalten, Experimente an einem Verbrecher anzustellen, der zum Tode verurteilt war. Dem Gefangenen wurde gesagt, dass er verbluten werde. Er wurde auf einen Tisch gelegt. Die Augen wurden ihm verbunden, und man machte dann kleine Einschnitte auf seinem Arm. Diese waren aber nicht so tief, dass Blut floss. Nur etwas warmes Wasser ließ man über seinen Arm rinnen und in eine Schüssel tropfen. Das fühlte und hörte er jedoch genau. Die danebenstehenden Ärzte machten Bemerkungen über die Zunahme der Schwäche und seinen baldigen Tod. Innerhalb kürzester Zeit starb der Gefangene und wies alle Lähmungssymptome durch Blutverlust auf.

Die Macht des Glaubens kennt man in der Medizin auch als »Erwartungs-Effekt«, der durch Placebos erzielt werden kann. »Placebos« sind Scheinmedikamente, das heißt, es handelt sich um »Medikamente« ohne jeden Wirkstoff. Der Patient nimmt diese Placebos ein – in dem Glauben, er würde Medizin zu sich nehmen.

Den Placebo-Effekt gibt es praktisch überall in der Medizin. Dies hat die medizinische Forschung mittlerweile gezeigt. Der Placebo-Effekt spielt bei vielen Krankheiten und Beschwerden eine Rolle, so beispielsweise bei Angina pectoris, Angstzuständen, Arthritis, Asthmaanfällen, Depressionen, Erkältungen, Fieber, Husten, Kopfschmerzen, Magenbeschwerden, Rheumabeschwerden, Schlaflosigkeit, Seekrankheit, Spannungszuständen, Stimmungsschwankungen, Warzen sowie Schmerzsymptomen verschiedenster Art.

Eine zusammenfassende Untersuchung zahlreicher verschiedener pharmazeutischer Tests hat ergeben, dass Placebos im Durchschnitt ein Drittel bis zur Hälfte der Wirksamkeit spezifischer Medikamente erreichen – eine beachtliche Wirkung für Zuckerpillen, die so gut wie nichts kosten. Aber nicht nur Pillen aus Zucker haben als Placebos Verwendung gefunden, denn es gibt auch »Zucker«-Beratung und sogar »Zucker«-Chirurgie. So wird etwa bei Angina pectoris manchmal ein besonderer Bypass gelegt. Während eines Experiments wurde bei Patienten einer Kontrollgruppe nur ein bestimmter Schnitt gemacht, die Operation selbst aber nicht durchgeführt. Ergebnis: Die Schmerzreduzierung war bei den tatsächlich Operierten und bei den nur scheinbar Operierten gleich hoch.

Francis Galton war Begründer der modernen Erblehre und Entdecker der Fingerabdrücke. Eines Tages machte er seinen berühmten »Gedanken-Versuch«, der ein Ergebnis nach sich zog, das allen psychologischen Lehrbüchern widersprach …

Francis Galton's Famous Walk

Galton stellte sich eines Tages vor, er sei der meistgehasste Mann Englands. Nach einer Autosuggestion mit dieser Vorstellung trat er – wie immer – seinen täglichen Spaziergang an. Schon bald riefen ihm einige Passanten während des Spaziergangs Schimpfwörter zu. Ein Stauer aus dem Hafen rempelte ihn im Vorbeigehen so mit dem Ellenbogen an, dass der Gelehrte in den Dreck fiel. Sogar auf Tiere schien sich die Animosität gegen ihn übertragen zu haben, denn als er an einem Droschkengaul vorbeiging, schlug dieser aus und trat Galton in die Hüfte, so dass dieser hinfiel und sich erhebliche Schmerzen zuzog. Es gab daraufhin einen Volksauflauf. Die Leute ergriffen jedoch keine Partei für ihn, sondern für das Pferd, worauf Galton das Weite suchte.

Einige Leser werden jetzt vielleicht über dieses Beispiel schmunzeln und es in den Bereich des »Zufalls« verbannen. Doch ich glaube nicht an den Zufall im herkömmlichen Sinne. Ich glaube an den »Zu-fall«, das heißt, dass mir zum richtigen Zeitpunkt die Dinge

»zu-fallen«. Über den »Magneten im Bauch« ziehe ich genau die Dinge, Menschen, Umstände und »Zu-fälle« an, die mit meinem Glauben übereinstimmen. Vielleicht kann es ja sein, dass wir Menschen durch unsere Gedanken eine »Art von Schwingungen« aussenden, die wir zwar, wenn sie denn existent sind, mit unseren heute bekannten wissenschaftlichen Methoden nicht feststellen und messen können, die aber dennoch vorhanden sind. Vielleicht schwingt ja genau das in dieser Welt im Gleichklang mit uns, was unserem Denken ähnlich ist, und wird folglich von uns angezogen.

In einem Raum befinden sich Tausende von Klaviersaiten, die von der Decke bis zum Boden gespannt sind. Deine Aufgabe ist es nun herauszufinden, welche dieser Klaviersaiten das hohe C ist. Du darfst jedoch keine der Saiten berühren. Wie gehst Du vor? Nun, Du kannst mit Hilfe eines anderen Instruments das hohe C anschlagen – die dazu passende Klaviersaite des hohen Cs wird automatisch mitschwingen.

Hierzu passt gut die »Heisenbergsche Unschärfe-Relation« aus dem Jahr 1927 des deutschen Physikers Heisenberg, der dafür den Nobelpreis erhielt. Vereinfacht dargestellt, bedeutet diese **Unschärfe-Relation**: Wir können nichts beobachten, ohne es zu beeinflussen. Wenn wir in das Mikroskop schauen, muss sich der Mensch deshalb die Frage stellen: »Wer beobachtet wen? Der Mensch die Mikrobe oder die Mikrobe den Menschen?« Das Fazit von Heisenberg: Der Mensch kann die Materie beeinflussen!

AUFGABE

Schreibe doch einmal all die »Zu-fälle« auf, die Dir merkwürdige Dinge, Erlebnisse, Erzählungen, Vorkommnisse bestätigen, welche das »Gesetz des Glaubens« untermauern, jenes Gesetz also, das im vorherigen Kapitel so ausführlich beschrieben wurde:

Erstaunliche Ergebnisse erhalten wir auch bei Experimenten, die unter Hypnose durchgeführt werden. Ich bin selber ausgebildeter Hypnosecoach® und wende diese Fähigkeiten seit vielen Jahren an. Vor vielen Jahren hat Professor Bahle eine Gruppe von vierzig Menschen in Hypnose versetzt und ihnen dann suggeriert, sie seien gescheitert, sie seien am Ende. Nach diesen hypnotischen Suggestionen hat er sie vierzehn Tage lang klinisch beobachten lassen und musste feststellen, dass alle in der Gruppe Zivilisationskrankheiten entwickelten. Anschließend hat Professor Bahle die gleiche Gruppe wieder in Hypnose versetzt. Jetzt suggerierte er ihnen aber, sie hätten nicht nur große Ziele, sondern sie besäßen auch die Fähigkeiten und die Voraussetzungen dafür, diese Ziele erreichen zu können. Und das scheinbare Wunder geschah! Von einer Stunde zur anderen blühte die ganze Gruppe auf, und alle psychosomatischen Krankheitsbilder, die sich vorher manifestiert hatten, verschwanden.

Bei einem anderen Experiment wurde einem unter Hypnose stehenden Menschen suggeriert, man würde ihm ein brennend heißes, glühendes Fünfmarkstück auf den Arm legen. Der Hypnotiseur nahm ein ganz normales Fünfmarkstück – und legte es mittels einer Zange auf den Arm dieser Person. Der Hypnotisierte schrie und schleuderte das Fünfmarkstück von sich weg. Der Unterarm begann sich zu röten und wenige Minuten später hatte er eine Brandblase in der Größe eines Fünfmarkstücks auf seinem Unterarm.

Der Hypnotiseur Winterrey suggerierte einmal einer Person, ihre Augen seien völlig schmerzunempfindlich. Dann stach er in die empfindliche Bindehaut – mit dem Ergebnis, dass der Hypnotisierte nicht einmal zuckte! Wenn man einem Hypnotisierten suggeriert, er würde große Mengen Flüssigkeit trinken (was er natürlich in Wirklichkeit nicht tut), produziert er bis zu einem Liter mehr Urin als normal üblich.

Ich könnte jetzt unzählige weitere Beispiele aufführen, aber die bereits aufgeführten reichen aus, um Dir zu verdeutlichen, welche Auswirkungen Dein Glaube auf die »Wirklichkeit« hat. Das Dale-Carnegie-Institut hat einmal in einer Untersuchung festgestellt, dass der Mensch nur noch zu 15 Prozent von seinen Erbanlagen und zu circa 85 Prozent von seiner Umwelt beeinflusst wird. Zum allergrößten Teil ist der Mensch also das Produkt seiner Umwelt. Denn das, was den Menschen ein Leben lang programmiert, wird letztendlich seine Glaubenssätze beeinflussen. Das, was der Mensch glaubt, ganz egal, was es ist, wird sich immer erfüllen.

Wenn wir nun wissen, dass ein Kind bis zu seinem 18. Geburtstag bereits hunderttausende Werbespots im Fernsehen gesehen hat, dann sei die Frage erlaubt, ob die daraus entstehenden Glaubenssätze wirklich so positiv sind, dass sie uns zu einem erfolgreichen, glücklichen, zufriedenen Leben führen. Und ob es sich positiv auf einen Menschen auswirkt, wenn das durchschnittliche Kind – als Folge des zunehmenden TV-Konsums – bis zu seinem 14. Lebensjahr bereits 30 000 Morde in seinem Unterbewusstsein gespeichert hat, mag ebenfalls bezweifelt werden.

Vor einigen Jahren beobachteten Wissenschaftler einen Tag lang eine Gruppe von Kindern. Am Ende des Tages hatten sie das Wort »Nein« 17 Mal öfter gehört als das Wort »Ja«. Glaubst Du wirklich, dass wir mit unserer destruktiven, negativen, pessimistischen Einstellung weiter kommen als mit einer lebensbejahenden, optimistischen, positiven? Unser Wortschatz hat im Bereich »Gefühle, die wir spüren« doppelt so viele negative wie positive Wörter. Doch nochmals zur Erinnerung: Alles, was von außen auf uns eintrifft, wird und bleibt in unserem Gehirn gespeichert. Alles, was gespeichert ist, sorgt dann durch entsprechende Verknüpfungen dafür, dass wir bestimmte Glaubenssätze entwickeln.

Dass alles in unserem Unterbewusstsein gespeichert wird und gespeichert bleibt, wissen wir von Dr. Wilder Penfield vom Neurologischen Institut in Montreal. Er stimulierte bei chirurgischen Eingriffen an seinen Patienten mittels einer Metallsonde bei örtlicher Betäubung bestimmte Gehirnzellen. Seine Patienten konnten sich daraufhin an teilweise weit zurückliegende Ereignisse genauestens erinnern und diese intensiv nacherleben. So konnte sich beispielsweise eine 35-jährige Frau in allen Einzelheiten an die Feier ihres fünften Geburtstags erinnern. Sie wusste genau, welchen Kuchen es gegeben hatte, welche ihrer Spielkameraden anwesend gewesen waren, was für ein Kleid ihre Mutter getragen hatte usw. Sie konnte sich sogar an den Geruch und Geschmack der köstlichen Erdbeertorte erinnern, die ihre Mutter gebacken hatte. Dr. Penfield kam dadurch zu dem Schluss, dass jeder Eindruck, der über die Sinnesorgane aufgenommen wird, in unserem Unterbewusstsein gespeichert bleibt.

Erstaunliches aus der Welt der Physik

- Bei seiner Erforschung der Wechselwirkung zwischen Geist und Materie entdeckte Robert Jahn, dass gewöhnliche Leute Elektronikgeräte auf »unmögliche« Art beeinflussen können, und kam letztendlich zu dem Schluss, dass wir »die physikalischen Gesetze neu schreiben« müssen.
- 1970 beobachtete der Physiker und Nobelpreisträger Bryan Josephson, wie sich Stahlstangen bogen, sobald man sie in ungefähr zwölf Fuß Abstand zu einem Jungen aus England plazierte. Dieser Junge, Matthew Manning, wurde (zur Gehirnwellenmessung) an ein EEG angeschlossen. Umringt von einem Dutzend Physikern und Psychologen, wurde er wochenlang getestet. Er war es auch, der Josephson schließlich zu seiner Äußerung veranlasste: »Wir müssen die Gesetze der Physik neu schreiben.«

Wie sich das »**Gesetz des Glaubens**« auswirkt, zeigt ein Beispiel aus der Praxis (kein wissenschaftliches Beispiel, aber es erklärt so vieles) …

Sympathisch oder nicht?

Ein Mann sitzt ohne Begleitung in einem Café. Einige Tische von ihm entfernt bemerkt er eine gutaussehende, sympathische Frau, die ebenfalls alleine ist. Er hat schon ein paar Mal zu ihr hingesehen und sie hat seinen Blick freundlich erwidert. Da er alleinstehend ist und die Dame sehr interessant findet, überlegt er sich, ob er sie nicht ansprechen soll. Während er aber so dasitzt und überlegt, kommt ihm der Gedanke, dass sie möglicherweise ja gar nicht alleinstehend ist. Vielleicht wartet sie ja nur auf ihren Mann oder Bekannten – und dann würde sie ihn abweisen, wenn er sie jetzt ansprechen würde. Aber selbst wenn sie alleine wäre – vielleicht findet sie ihn ja bei weitem nicht so interessant, sympathisch und attraktiv wie er sie. Vielleicht würde sie ihm dann aus diesem Grund einen Korb geben.

Diesen Schmerz stellt er sich also bereits vor, obwohl er gar nicht weiß, ob es der Wirklichkeit entspricht. Eine unserer wesentlichen Antriebsfedern ist jedoch die, Schmerz nach Möglichkeit zu vermeiden (vergleiche hierzu Kapitel 13: »Die Macht der Motivation«).

Während der Mann so dasitzt und überlegt, wird er immer unsicherer. Und schließlich lässt er es bleiben und unternimmt erst gar nicht den Versuch, die Frau anzusprechen. Kurze Zeit darauf steht von einem Nebentisch ein anderer alleinstehender Mann auf. Er ist bei weitem nicht so attraktiv wie unser erster Herr, scheint auch nicht so gut situiert wie der, hat auf jeden Fall weniger Haare und ist um einiges älter. Was er aber hat, das ist ein anderes Glaubenssystem: Er glaubt daran, dass die Frau ihn sympathisch findet und er glaubt (zumindest hofft er es), dass sie vielleicht alleinstehend ist. Er spricht sie an, sie ist einverstanden, dass er sich zu ihr an den Tisch setzt. Sie führen ein Gespräch, beide finden sich sympathisch und verabreden sich zu einem Abendessen. Aus dem Abendessen werden mehrere Theater-, Kino- und Restaurantbesuche und acht Monate später heiraten sie.

Mit einfachen Worten: Wenn ein Mann glaubt, dass eine Frau ihn zurückweisen wird, macht er keinerlei Annäherungsversuche. Solche »Glaubensweisen« ereignen sich tagtäglich tausendfach ...

- Wenn Du glaubst, dass Du keine Arbeitsstelle mehr bekommst, weil Du bereits 45 Jahre alt bist, wirst Du Dir erst gar nicht die Mühe machen, Dich irgendwo zu bewerben, Dich vorzustellen, Dich weiterzubilden, um Dir Kenntnisse anzueignen, die Dir vielleicht noch fehlen.
- Eine Frau erobert derjenige Mann, der von sich geglaubt hat, er könnte sie erobern.
- Das Examen besteht derjenige, der geglaubt hat, er hätte eine Chance, das Examen zu bestehen.
- Den Job bekommt schließlich derjenige, der davon überzeugt ist, dass ihm ein Job zusteht.

Das, was Du glaubst, wird Wirklichkeit. Das Gesetz von **Ursache und Wirkung** erfüllt sich immer wieder. Nehmen wir folgendes Beispiel:

Ein Fußballspieler

1. Ursache: Ein Objekt (Sender) überträgt eine Kraft oder Ähnliches auf ein anderes Objekt (Empfänger): Der Fußballspieler tritt gegen einen Ball.

2. Kraft: Es wird eine Kraft (Energie) übertragen (Trittenergie) oder Materie oder Information.
3. Raum: Die Übertragung erfolgt durch die Dimension des Raumes.
4. Zeitfolge: Die Ursache geht der Wirkung zeitlich voraus. Erst erfolgt der Tritt, danach fliegt der Ball davon.
5. Gesetz: Eine gleiche Ursache löst immer eine gleiche Wirkung aus. Diese erfolgt gemäß einem allgemeinen Gesetz, etwa dem Bewegungsgesetz. Wenn ein Fußballspieler gegen einen Ball exakt so tritt wie ein anderer Fußballspieler, wird der Ball in beiden Fällen die gleiche Flugbahn nehmen.
6. Wirkung: Die Wirkung bedeutet den Schlusspunkt des Kausalprozesses: Der Ball fliegt weg und zwar genau in die Richtung, genau mit der Geschwindigkeit, die der Fußballspieler bei seinem Tritt als Ursache gelegt hat.

So funktioniert es auch mit allen anderen Dingen in Deinem Leben: Du setzt eine Ursache und demzufolge kommt eine Wirkung zustande. Bist Du deshalb momentan mit den »Wirkungen« in Deinem Leben nicht ganz einverstanden (zumindest in einigen Bereichen), dann musst Du die Ursache verändern. Veränderst Du die Ursache nicht, kannst Du so viel Energie (gleich Fleiß) einsetzen, wie Du möchtest: Die Wirkung (das Ergebnis) wird nicht so ausfallen, wie Du es Dir gewünscht hast.

Nachdem Du jetzt in den ersten Kapiteln sicherlich erkannt hast, wie wichtig die Qualität Deines Denkens für die Qualität Deines Lebens ist, werden wir in den folgenden Kapiteln dazu übergehen, dass Du »richtig« denkst und Dein Denken **richtig** einsetzt. Bisher hast Du nur Erkenntnisse darüber gewonnen, warum Dinge so sind, wie sie in Deinem Leben sind. In den folgenden Kapiteln wirst Du erfahren, wie Du die Wirkungen, also die Zustände Deines Lebens schnell, wirkungsvoll und kraftvoll verändern kannst.

»Glaube an Grenzen, und sie gehören dir.«

RICHARD BACH,
»DIE MÖWE JONATHAN«

KAPITEL 5

Die Kraft Deiner Entscheidungen

> **»Es ist besser, unvollkommene Entscheidungen zu treffen, als ständig nach vollkommenen Entscheidungen zu suchen, die es niemals geben wird.«**
>
> CHARLES DE GAULLE

Alles, was Du heute bist, ist letztendlich darauf zurückzuführen, **wofür oder wogegen** Du Dich entschieden hast. Die Qualität Deines jetzigen Lebenszustandes ist also abhängig von der Qualität Deiner Entscheidungen, die Du in der Vergangenheit getroffen hast. Deine **zukünftige** Lebensqualität ist demzufolge abhängig von den Entscheidungen, die Du **heute** triffst. Du bist, hast und tust all das, wofür Du Dich entschieden hast.

So hast Du Dich entschieden für ...

- den Beruf, den Du jetzt ausübst.
- den Partner, den Du jetzt hast.
- den Sport, den Du jetzt betreibst.
- das Musikinstrument, das Du jetzt spielst.
- den Besuch einer Hochschule, um Sprachen zu studieren.
- ein eigenes Haus, in dem Du jetzt wohnst.

Eine Entscheidung zu fällen, löst eine machtvolle Spirale aus: Positive Entscheidungen setzen einen positiven Kettenkreislauf in Gang und zeitigen letztendlich positive Ergebnisse. Negative Entscheidungen setzen einen negativen Kettenkreislauf in Gang und zeitigen letztendlich negative Ergebnisse.

»Nur zwei Prozent aller Menschen können heute eine Entscheidung treffen, ohne vorher ihren Arzt oder Apotheker (Chef, Lehrer, Partner, Tante Lilli ...) zu fragen!«

JÜRGEN HÖLLER

Welche Prozesse machtvolle Entscheidungen auslösen können, sehen wir an den folgenden zwei Beispielen ...

- Eines Tages entschied eine Frau mittleren Alters in Montgomery, Alabama, es sei nicht einzusehen, von ihrem Platz im Bus aufstehen zu müssen und einem Weißen Platz zu machen – nur weil sie farbig war. In diesem Moment traf sie eine Entscheidung: Sie blieb sitzen und setzte sich damit für die Gleichheit aller Menschen ein. Rosa Parks' Einsatz für die Menschenrechte löste eine Bewegung aus, die den Lauf der Geschichte veränderte.
- In Indien beschloss ein kleiner zerbrechlicher Mann namens Mahatma Gandhi zusammen mit anderen Landsleuten, sich der britischen Herrschaft zu widersetzen. Aber er lehnte es ab, brutale Kriege zu führen, in denen viele Menschen ihr Leben lassen müssten. Gandhi bevorzugte stattdessen den gewaltlosen Widerstand. Anfangs wurde er allgemein belächelt. Das britische Weltreich schlagen, ohne einen einzigen Schuss abzugeben? Aber seine Anhänger und Gegner auf der ganzen Welt erkannten die Macht des Geistes in dem Mann, der sich weigerte, Gewalt anzuwenden. Mahatma Gandhis Feldzug für einen gewaltfreien Wandel brachte seinem Land letztendlich die Freiheit und beeinflusste viele Menschen in der übrigen Welt.

Du siehst also, welche Kettenreaktionen Du auslöst, wenn Du Entscheidungen in Deinem Leben triffst. Doch viele Menschen mutieren in unserer Zeit zu jenem sprichwörtlichen Kaninchen, das vor der Schlange erstarrt. Immer mehr Menschen werden handlungsunfähig, weil sie nicht mehr in der Lage sind, Entscheidungen zu treffen. Menschen sind arbeitslos, aber sie treffen keine Entscheidungen, um sich von diesem Zustand zu lösen. Menschen sind unglücklich und unzufrieden mit ihrer Arbeit, aber sie treffen keine Entscheidung, um diesen Zustand zu verändern. Menschen sind unglücklich in ihrer Beziehung, aber sie treffen keine Entscheidung, diesen negativen Zustand in einen positiven zu verwandeln. Und was ist der Grund dafür, dass so wenige Menschen eine Entscheidung treffen? Ganz einfach: Sie haben Angst davor, es könnte eine Fehlentscheidung sein, und sie haben Angst davor, dass ihre Entscheidung die falsche ist und sie auf diese Weise einen Nachteil erleiden.

Hier kommen wir zu einem der zwei machtvollsten Motivations-Antriebsfedern in unserem Leben: Der Mensch versucht immer, sich von Schmerz, Leid und Pein wegzubewegen. Wir alle haben einmal die Erfahrung gemacht, dass wir eine falsche Entscheidung getroffen haben und dadurch einen Nachteil in Kauf nehmen mussten. Diese Erfahrung, mehrmals wiederholt, hat für viele Menschen eine Konditionierung mit sich gebracht: Stets dann, wenn sie vor einer Entscheidung stehen, zögern sie diese möglichst lange hinaus – in dem Bestreben, keine Fehlentscheidung zu treffen. Doch tatsächlich ist es so, dass diese Einstellung erst recht negative Ergebnisse mit sich bringt: Keine Entscheidung zu treffen ist schlimmer, als die falsche Entscheidung zu treffen.

»Entschlossenheit im Unglück ist immer der halbe Weg zur Rettung.«

JOHANN HEINRICH PESTALOZZI

Doch untersuchen wir einmal näher, ob es denn wirklich negativ ist, eine Entscheidung zu treffen, oder ob es lediglich eine subjektive Angst ist, die bei uns konditioniert und programmiert ist. Nehmen wir einmal an, Du stehst an einem bestimmten Punkt in Deinem Leben, einer Kreuzung, und kannst zwei Wege beschreiten. Du musst also eine Entscheidung treffen. Wenn Du Dich überhaupt nicht entscheidest und zwar aus Angst, den falschen Weg zu wählen, bleibst Du immer dort stehen, wo Du Dich befindest oder Du musst den Weg zurückgehen – aber ans Ziel wirst Du in Deinem Leben nicht kommen! Triffst Du aber eine Entscheidung und wählst dabei den falschen Weg, könnte – vordergründig betrachtet – der geneigte Leser zu der Ansicht gelangen, dies sei ja von Nachteil.

Doch was passiert, wenn wir einen Misserfolg erleiden, bildhaft also in ein Loch fallen? Nun, wir haben eine Erfahrung gemacht. In diesem Fall eine negative Erfahrung. Aber: Wenn wir im Laufe unseres Lebensweges wieder an dieser gleichen Kreuzung ankommen, wissen wir jetzt ganz genau, sofort und ohne genau überlegen zu müssen, welchen der beiden Wege wir gehen müssen. Das bedeutet, dass wir vielleicht durch eine Fehlentscheidung kurzfristig Nachteile erleiden, aber durch die gewonnene Erfahrung auf die Dauer doch noch davon profitieren und zwar nicht nur profitieren, denn letztendlich ist dieses Sammeln von Erfahrungen der Grundstock für absoluten Spitzenerfolg.

Je mehr Erfahrungen Du in Deinem Leben machst, desto erfolgreicher wirst Du sein. Es sitzen nur deshalb zehntausend Menschen in einem Seminar vor mir, weil sie die von mir gemachten Erfahrungen für einen Bruchteil dessen, was sie mich gekostet haben, übernehmen wollen. Und darum habe keine Angst davor, eine Fehlentscheidung zu treffen. Es gibt nämlich keine Fehlentscheidung, es gibt nur Entscheidungen, die uns positive oder negative Erfahrungswerte bescheren.

»Misserfolge sind Verkehrszeichen.«

JÜRGEN HÖLLER

Wenn Du dagegen keine Entscheidung an der Wegkreuzung triffst, wie es die meisten Menschen tun, dann quälst Du Dich, indem Du »vielleicht« den einen oder anderen Weg wählst, indem Du »probierst«, den richtigen Weg zu gehen. Doch hast Du schon einmal »versucht«, Dich hinzusetzen? Nein, ich meine nicht hinsetzen, ich meine »versuchen«, Dich hinzusetzen? Du wirst feststellen, dass Du es nicht kannst. Entweder Du bleibst stehen oder Du setzt Dich bequem hin. Und darum sind Nichtentscheidungen immer viel unbequemer als Entscheidungen, denn Du musst dann immer stehen bleiben.

AUFGABE

1. Bitte schreibe einmal all Deine Ängste auf, die Du derzeit hast.

Beruflich ____________________
Finanziell ____________________
Partnerschaft ____________________
Kinder ____________________
Freunde ____________________
Gesundheit ____________________
Sozialer Bereich ____________________

2. Auf welche Weise haben Dich diese Ängste in der Vergangenheit behindert?

Beruflich ____________________
Finanziell ____________________
Partnerschaft ____________________
Kinder ____________________
Freunde ____________________
Gesundheit ____________________
Sozialer Bereich ____________________

3. Was könntest Du anders machen, wenn Du diese Ängste ausräumen würdest?

Beruflich ____________________
Finanziell ____________________
Partnerschaft ____________________
Kinder ____________________
Freunde ____________________
Gesundheit ____________________
Sozialer Bereich ____________________

4. Schreibe nachfolgend bitte die größte Angst auf, die Dich derzeit plagt:

____

____

5. Welche Erkenntnisse hast Du aus dieser Übung gewonnen, und welche Entscheidungen triffst Du jetzt?

Beruflich	______________________
Finanziell	______________________
Partnerschaft	______________________
Kinder	______________________
Freunde	______________________
Gesundheit	______________________
Sozialer Bereich	______________________

Mit jedem Resultat, das Du produzierst, wirst Du als menschliches Wesen reifen und Dich weiterentwickeln. Denn es ist die Erfahrung, die einen Menschen immer wertvoller macht. Können und positive Resultate sind immer das Ergebnis aus Erfahrungen, auch schlechten Erfahrungen. Durch jeden Fehler wirst Du reifer und wächst heran. Wenn Du also aus einem Misserfolg etwas lernst, hast Du ihn schon umgewandelt in einen Erfolg. Und wenn Du dann den wichtigsten Schritt vollziehst aufgrund der Erfahrungen, die Du gemacht hast, indem Du **Neues** in Handlungen und Aktionen zielorientiert einsetzt, so wirst Du neue und bessere Resultate produzieren. Handeln, aus den Resultaten lernen, neu handeln und nicht aufgeben, bis Du Dein Ziel erreichst – das ist enorm wichtig! Es gibt in Wirklichkeit nämlich nur zwei Formen des Versagens:

1. Nie anfangen!
2. Aufgeben!

Wenn ein menschlicher Knochen bricht, so wächst er wieder zusammen. Er fügt sich wieder zusammen, er bildet sich neu, er wächst zusammen und heilt schließlich. Allerdings hat sich eines verändert: An der Stelle, an der der Knochen gewachsen ist, hat der menschliche Körper die unendliche Weisheit, ihn nicht nur wieder zusammenwachsen zu lassen, sondern darüber hinaus zu »superkompensieren«, das heißt, dass er an dieser Stelle dann stärker ist als je zuvor. Wenn Du also einen Misserfolg erleidest, dann wirst Du – vorausgesetzt, Du lernst aus diesen Erfahrungen und setzt eine neue Strategie ein – dadurch um so stärker sein. Diese Fähigkeit, trotz Hindernissen und Fehlschlägen weiterzumachen, ist eine Eigenschaft, die zu Recht am meisten bewundert wird. Es ist vermutlich der wichtigste Charakterzug nicht nur für den Erfolg im Leben, sondern auch für die Freude daran.

> **»Eure Rede sei ja, ja, ja oder nein, nein, nein. Jeder weitere Zusatz ist von Übel.«**
>
> MATTHÄUS

Jeder von uns kann morgen etwas tun oder sein, das er heute noch nicht kann oder ist. Denn alles ist möglich, alles ist erlernbar. Keiner wurde je als Genie geboren. Damit auch Du ein Genie sein kannst, musst Du jedoch **heute** Deine Entscheidungen treffen.

> **»Die Zukunft ist nicht für die Feiglinge. Sie gehört den Mutigen.«**
>
> RONALD REAGAN

Es kostet genauso viel Energie, ein Gewinner wie ein Versager zu sein. Warum entscheidest Du Dich nicht, ab sofort als Gewinner durchs Leben zu gehen? Was hält Dich davor zurück, in allen Bereichen Deines Lebens Spitzenerfolge zu erzielen und glücklich und zufrieden zu sein? Du glaubst, Du brauchst dazu mehr Zeit? Du glaubst, Du hast vielleicht viele Jahre gebraucht, um so zu sein, wie Du heute bist, und würdest viele Jahre benötigen, um Dich zu verändern? Aber das stimmt nicht: Du kannst zu jedem Zeitpunkt Deines Lebens eine Entscheidung treffen, die Dich binnen einer Sekunde verändert.

Wenn Du in den letzten zehn Jahren immer morgens um sieben Uhr aufgestanden bist, musst Du nicht auch die nächsten zehn Jahre zur gleichen Zeit aufstehen. Du kannst Dich jetzt, hier und heute, dazu entscheiden, morgen früh eine Viertelstunde früher aufzustehen, um weiter in diesem Buch zu lesen, Dir eine Audio-CD anzuhören oder ein DVD-Seminar anzusehen. Du musst nicht erst mit einem Psychoanalytiker darüber sprechen, dass Du Dein Leben in dieser Weise veränderst. Du musst in diesem Zusammenhang nichts aufarbeiten, Du musst nicht die Ursache ergründen, warum Du früher erst um sieben Uhr aufgestanden bist.

Alles, was Du für solch eine Veränderung benötigst, ist eine ganz klare Entscheidung, wozu sich dann die dazugehörigen Aktivitäten zu gesellen haben. Damit Deine Vergangenheit nicht Deine Zukunft bestimmt, musst Du Dir erst einmal Gedanken darüber machen, dass Du selbst es bist, der seine Ziele setzt, Deinem Leben eine Richtung gibt, Deine Träume aufbaut oder unterdrückt. Du bist es, der sich für aktives Handeln oder passives Abwarten entscheidet. Du allein bist es, der sich entscheidet, ob Du Dich nach vorn orientierst oder jammervoll zurückblicken möchtest. Du allein entscheidest Dich, ob Du Probleme und Risiken oder Chancen und Möglichkeiten siehst. Du allein bist es, der einen Misserfolg als Chance, als Erfahrung bucht – oder der sich wegen eines vermeintlichen Versagens in Selbstmitleid wiegt.

Da Du der einzige Mensch bist, dem Du in dieser Welt Rechenschaft schuldest, kannst Du jetzt auch aufhören, nach Ausreden für vorangegangenes Fehlverhalten zu suchen. Mach Dir nicht länger etwas vor, da Du weißt, ganz genau weißt, dass ich recht habe. Wenn Du das machst, was Du immer gemacht hast, bekommst Du, was Du immer bekommen hast. Treffe eine Entscheidung, mache etwas anderes – und Du wirst auch etwas anderes erhalten und ein anderes Ergebnis erzielen.

Anders entscheiden ... anders handeln ...
andere Resultate erreichen!

Natürlich wirst Du bei jeder Entscheidung eine ganze Menge Vorwände finden, die dagegen sprechen, ausgerechnet jetzt eine Entscheidung zu treffen. Doch denke daran: »Vor-Wände« sind Wände, die vorgeschoben werden, um sich dahinter zu verstecken!

Der Zweifler besteigt nie einen Berg und deshalb kann er auch nie fallen. Er kann aber auch nie auf dem Gipfel stehen und die Aussicht genießen ...

AUFGABE

Wenn Du jetzt vor einem wichtigen Abschnitt in Deinem Leben stehen solltest, wie entscheidest Du Dich? Wirst Du den Sturm auf den Gipfel wagen oder wirst Du weiter vor dem Berg stehen bleiben und träumerisch und leidvoll nach oben blicken?

____

____

____

Zwei Söhne eines hoffnungslosen Alkoholikers wurden einmal gefragt, worauf sie ihren Werdegang zurückführten. Der eine war mittlerweile glücklich und wohlhabend, der andere lag genauso in der Gosse wie sein Vater. Weißt Du, was beide entgegneten?: »Kunststück, bei so einem Vater!« Während der eine Sohn aufgrund der väterlichen Trunksucht die Entscheidung traf, es ihm gleichzutun, entschied sich der andere entgegengesetzt.

Nicht die Umstände sind es, die das Leben gestalten, sondern wichtig ist, wie Du auf die Umstände reagierst. Siegertypen fischen immer dort, wo die Fische sind. Nimm doch Dein Angelzeug und wechsle den Teich, wenn Du derzeit zu wenig Fische angelst! Aber dies setzt voraus, dass Du eine Entscheidung triffst. Nach dem **Gesetz der großen Zahl** liegt die Erfolgsquote bei sechs zu vier: Wenn Du also zehn Entscheidungen triffst, kannst Du davon ausgehen, dass sechs Entscheidungen einen Erfolg und vier Entscheidungen einen Misserfolg mit sich bringen. Aus Angst vor den vier Misserfolgen treffen die meisten Menschen so wenig Entscheidungen wie möglich. Um jedoch die sechs Erfolge erzielen zu können, musst Du zuvor mindestens zehn Entscheidungen getroffen haben.

AUFGABE

1. Können Dich andere zu etwas bewegen, was Du nicht tun willst?

   ____

2. Überlässt Du wichtige, Dein Leben betreffende Entscheidungen anderen Menschen?

   ____

3. Bist Du der Meinung, dass Dir sowieso alles misslingt und Du nie etwas richtig machst?

____

4. Gehst Du Verantwortung und Herausforderungen aus dem Weg, weil Du Dich vor etwas fürchtest?

____

5. Hast Du den Mut, ab sofort das zu tun, was Du wirklich tun willst?

____

6. Triffst Du ab sofort wichtige Entscheidungen selbst, weil Du sowieso dafür die Konsequenzen trägst?

____

7. Gibst Du bei allem, was Du tust, Dein Bestes?

____

8. Übernimmst Du für Dich und Dein Handeln die volle Verantwortung?

____

Du allein hast die freie und verantwortungsvolle Entscheidung, ob Du »frei« oder »abhängig« sein möchtest. Habe den Mut, Dich von dem zu entledigen, was Dich stört, hindert, ärgert, um Platz zu schaffen für das, was Du Dir wünschst. Entscheide Dich, deine Lebenssituation zu ändern, und handle dann konsequent danach. Wie sagte Patrick Swayze in dem Film *Pointbreak* noch? Er sagte: »Angst führt zu Zögern und das Zögern wird dazu führen, dass deine größten Ängste wahr werden.« Der Wunsch jedoch nach vollständiger Sicherheit und die Angst vor jeder Veränderung sind wie das Leben der meisten Menschen: eine absolute Katastrophe. Der Volksmund sagt: »Der einzige Mensch, der sich auf den Wechsel freut, ist ein Baby mit einer nassen Windel.« Natürlich schließt der Wechsel auch das Risiko zu Fehlschlägen ein. Aber schon US-General Douglas McArthur erklärte: »Es gibt keine Sicherheit auf der Welt; es gibt nur Möglichkeiten.« Und darum befreie Dich von der Vorstellung, Deine Entscheidung könnte so fehlerhaft sein, dass Du Dir dadurch die Chancen Deines Lebens verbaust. Ganz im Gegenteil: Wenn Du Dich **nicht** entscheidest, dann nämlich verbaust Du Dir die Chancen Deines Lebens.

Vom Rasthaustisch auf die Bühnen der Welt

Wir schreiben das Jahr 1939. In einem Rasthaus namens »Rusty Cabin« in New Jersey arbeitet ein 24-Jähriger als Kellner. Er hat gerade erst geheiratet, und seine Frau Nancy arbeitet ebenfalls. Sie verdienen beide 50 Dollar wöchentlich und sind damit nicht gerade wohlhabend. Zu diesem Zeitpunkt sind allerdings 9,4 Millionen Amerikaner arbeitslos und so ist er zunächst einmal zufrieden, überhaupt einen Job zu haben. Außerdem hält ein großer Traum seinen Optimismus aufrecht.

Eines Tages betritt der berühmte Trompeter und Orchesterchef Harry James das Rasthaus. Der junge Mann trifft in diesem Moment eine »verrückte« Entscheidung, eine Entscheidung, die ihn den Job hätte kosten können. Sie war aber auch so verrückt, dass sie schließlich sein ganzes Leben im positiven Sinne veränderte. Er legte seine Schürze ab und sprang auf den nächsten Tisch.

Harry James hat dann später einmal in einem Interview gesagt: »Er hatte erst wenige Takte gesungen, als ich spürte, wie mir ein Schauer über den Rücken lief. Ich wusste, dass dieser Mann dazu bestimmt war, ein großer Sänger zu werden.« James engagierte den jungen Mann für 70 Dollar Wochengage als Leadsänger für seine Band – und bald darauf entdeckte die Welt Frank Sinatra.

Sei deshalb ein Mensch, der entscheidungsfreudig und entscheidungskräftig ist. Viele Menschen treffen eben keine Entscheidung, weil sie ihren Fokus, ihre Aufmerksamkeit nicht auf positive Möglichkeiten richten, die eine Entscheidung bringen könnten, sondern immer nur auf die möglichen negativen Auswirkungen. Es ist Deine Entscheidung, worauf Du Deine Aufmerksamkeit konzentrierst. Doch genau darin liegt die Begründung, ob Du Deinen Erfolg im Leben reduzierst – im Positiven genauso wie im Negativen.

»Erfolg kommt nicht zu denen, die warten, und er erwartet auch nicht von jemandem, zu ihm zu kommen.«

ANON

Vielleicht kennst Du jene Spezies Mensch, die in einem Restaurant sitzt, die Speisekarte aufgeschlagen hat und nun voller Zweifel die vielen Angebote von leckeren Speisen und Gerichten studiert. Je mehr Angebote ein solches Lokal bietet, desto schwieriger wird es für diese Menschen, eine Entscheidung zu treffen. Sie fragen in der Runde herum, wer was bestellt, sie überlegen, sie verwerfen, sie kommen einfach nicht dazu, ihre Karte zu schließen. Letztendlich treffen sie dann, als der Kellner bereits vor ihnen steht, aus der Not heraus eine Entscheidung. Und wie es dann der »Zu-fall« so will: Du kannst sicher sein, dass ausgerechnet sie unter all den tollen, fantastischen Gerichten das ausgewählt haben, was der Koch am schlechtesten zubereitet.

Du kannst bereits bei diesen einfachen Dingen des Lebens erkennen, ob ein Mensch entscheidungsfreudig oder entscheidungsschwach ist.

Entscheidungsunfähigkeit bringt natürlich nichts. Wecke den Mut in Dir, die Entscheidung so zu treffen, dass Du Deinen Traum verwirklichst, dass Du **das** aus Deinem Leben machst, was Dir zusteht. Der Philosoph und Erzieher John Dewey schrieb dazu: »Ein Mensch, der wirklich denkt, lernt von seinen Misserfolgen ebenso viel wie von seinen Erfolgen.«

AUFGABE

Welche Chance hast Du heute, um Deine Lebensqualität sofort zu verbessern? Packst Du die Chance an, die das Leben Dir bietet? Schreibe es jetzt auf und treffe Deine Entscheidung:

____

____

____

____

____

____

____

Der künftige Arbeitgeber

Ein Universitätsprofessor bat einmal seine Studenten, die Hand zu erheben, damit er feststellen konnte, wer sich künftig selbstständig machen wollte. Von den anwesenden 50 Absolventen hoben vier die Hand, worauf der Professor sich an die anderen wandte: »Darf ich Ihnen Ihre künftigen Arbeitgeber vorstellen?«

Diese kleine Geschichte zeigt, wie eine Entscheidung oder Nichtentscheidung Dein Leben beeinflussen kann. Merke daher: Wenn Du nur eine einzige Deiner Ideen realisierst, über die Du nur redest, steigerst Du Deine Aktivität und Deine Chance auf Erfolg um hundert Prozent.

> **»Niemand weiß, was in ihm drinsteckt, solange er nicht versucht hat, es herauszuholen.«**
>
> ERNEST HEMINGWAY

Oft ist es so, dass Menschen sagen, ich will das und das nicht versuchen, während sie stattdessen meinen: »Ich traue mir das nicht zu.« Und die Redewendung: »Das ist nichts für mich« meint in den überwiegenden Fällen nichts anderes als: »Das kann ich nicht.« Können setzt Wollen und Selbstvertrauen voraus. Doch ich sage Dir: Ich bin überzeugt, dass Du alles tun kannst, wenn Du es nur **wirklich** möchtest. Versuch es doch einmal, und wenn Du es schon versucht hast, dann versuche es noch einmal. Du kannst sein, was immer Du willst. Vergiss Deine Vergangenheit und baue jetzt in der Gegenwart Deine glückliche, herrliche, fantastische, wunderbare und zufriedene Zukunft auf. Beim Studium der Bibel habe ich bei Lukas folgende Passage gefunden: »Niemand, der die Hand an den Pflug gelegt hat und dann noch rückwärts blickt, ist für das Reich Gottes tauglich!« Und darum entscheide Dich und schau nicht mehr zurück, sondern nur noch nach vorne. Wenn Deine Entscheidung zum Erfolg führt, dann freue Dich darüber. Wenn Deine Entscheidung zum Misserfolg führt, dann freue Dich ebenfalls, denn diese gewonnene Erfahrung wird Dir in der Zukunft noch viel helfen.

AUFGABE

Stell Dir vor, heute wäre Deine Beerdigung (was natürlich keiner von uns will).

1. Was hättest Du verpasst?

   ____

   ____

2. Was wolltest Du noch tun?

   ____

   ____

3. Wem wolltest Du noch danken?

   ____

   ____

4. Welche Ziele, welche Träume hättest Du Dir gerne noch erfüllt?

   ____

   ____

5. Welchen Streit wolltest Du noch schlichten?

   ____

   ____

6. Welchen Traum hast Du noch nicht gelebt?

   ____

   ____

Du willst doch bestimmt nicht einer sein, der im Sarg liegt und über den die Menschen, die der Beerdigung beiwohnen, sagen: »Er war wirklich ein wunderbarer Mensch. Er hatte so viele Talente und Begabungen. Er hatte immer wunderbare Ideen und großartige Träume. Und er war liebevoll. Doch irgendetwas stellte sich ihm immer in den Weg. Irgendwie hat er nie das getan, was er eigentlich hätte tun wollen und wovon er träumte.« Ist es wirklich Dein Bestreben, ein solcher Mensch zu sein? Willst Du, dass Deine Freunde von Dir sagen »Er hat's nicht einmal versucht!«?

AUFGABE

1. Was würdest Du noch tun, wenn Du nur noch drei Jahre zu leben hättest?

____

____

2. Was hindert Dich daran, es jetzt zu tun?

____

____

3. Welche Vorteile hätte es, wenn Du Dich jetzt entscheiden würdest?

____

____

Sich zu »entscheiden« heißt, sich von etwas wegbewegen, nämlich von dem Ausgangspunkt Deines Lebens. Wenn Du kraftvolle Entscheidungen triffst, wirst Du erleben, wie schnell und wie unglaublich Du Dinge in Deinem Leben realisierst, von denen Du früher nicht zu träumen gewagt hättest. Aber **wie** willst Du Dich entscheiden? Wenn Du **große Entscheidungen** treffen musst, dann solltest Du diese in einem Moment treffen, in dem Du Dich in einem starken, kraftvollen Zustand befindest. Dies bedeutet, dass Du sehr weitreichende Entscheidungen nicht in einem persönlichen Gefühlstief treffen solltest – sonst triffst Du möglicherweise die negative Entscheidung. Unter großen, weitreichenden Entscheidungen verstehe ich die Entscheidungen, welchen Aufgaben und welchen Zielen Du Dich in Deinem Leben verpflichtet fühlst.

Mittlere und kleinere Entscheidungen dagegen sind etwa Entscheidungen hinsichtlich einer Strategie, die Du anwenden bzw. durch eine andere ersetzen wirst. Dennoch solltest Du auch derartige Entscheidungen in einem **kraftvollen Zustand** treffen. Versetze Dich deshalb unbedingt in einen starken, powervollen körperlichen Zustand, ehe Du Entscheidungen triffst. Du kannst dafür bestimmte Musikstücke in einer gewünschten Lautstärke hören, die Dich in eine positive Stimmung versetzen, kannst auch eine bestimmte Körperhaltung einnehmen (etwa die berühmte »Becker-Faust«), um diesen Zustand zu verstärken. Denke an eine Situation in der Vergangenheit, in der Du Dich kraftvoll, energiegeladen gefühlt hast. Dann versetze Dich mehr und mehr in diesen Zustand. Sehe Dich, höre Dich, fühle Dich ... wie damals. Du kannst riechen und schmecken, was damals in diesem kraftvollen, energiegeladenen Moment war. Und dann, wenn Du Dich auf dem Höhepunkt fühlst, dann triff die Entscheidung.

Wenn Du Dich entscheiden musst, dann nimm ein Blatt Papier, ziehe einen senkrechten Strich in der Mitte und oben einen waagerechten Strich. Schreibe über die linke Spalte »Vorteile«, über die rechte Spalte »Nachteile«. Schreibe jetzt alle Vor- und Nachteile auf, die Dir diese Entscheidung kurz-, mittel- und langfristig, materiell und immateriell bringen könnten. Was wäre zu tun, was wäre zu lassen, was könnte schlimmstenfalls geschehen? Kostet es Dich das Leben? Suche Vorteile, suche Nachteile. Was überwiegt? Wie stark möchtest Du es? Bist Du bereit, Dich mit aller Konsequenz zu entscheiden und zu handeln? Wie wirst Du Dich belohnen? Wenn Du diese Übung durchgeführt hast, dann versetze Dich noch einmal in diesen kraftvollen Zustand, wie ich ihn oben beschrieben habe und triff dann **aus dem Bauch heraus** die Entscheidung. Dieses »aus dem Bauch heraus« bedeutet, dass Du Dein Unterbewusstsein, Deine Intuition »anzapfst«. Es bedeutet, dass Du Deiner inneren Führung vertraust. Entscheide Dich jetzt, und es wird die richtige Entscheidung sein.

AUFGABE

1. Schreibe drei Entscheidungen auf, die Du früher getroffen hast und die – im positiven Sinne – die Qualität Deines Lebens dramatisch veränderten:

   a) ______________________________

   b) ______________________________

   c) ______________________________

2. Schreibe drei Entscheidungen auf, die Du möglicherweise schon lange vor Dir herschiebst:

   a) ______________________________

   b) ______________________________

   c) ______________________________

3. Wie gut wirst Du Dich fühlen, welche positiven Veränderungen werden erfolgen, wenn Du Dich entschieden hast?

   a) ______________________________
   b) ______________________________
   c) ______________________________

4. Wie wird die negative Konsequenz aussehen, wenn Du diese Entscheidungen weiterhin vor Dir herschiebst? Welchen Schmerz, welches Leid wird das noch verursachen?

   a) ______________________________
   b) ______________________________
   c) ______________________________

5. Triff jetzt die entsprechenden Entscheidungen:

   a) ______________________________
   b) ______________________________
   c) ______________________________

6. Was tust Du, wann tust Du es, wie tust Du es, um diese Entscheidungen ins Positive umzusetzen?

   a) ______________________________
      ____
   b) ______________________________
      ____
   c) ______________________________
      ____

»Du allein triffst die Entscheidung, ob Du Dich glücklich oder unglücklich fühlen möchtest.«

JÜRGEN HÖLLER

KAPITEL 6

Warum Ziele?

> **»Wer im Leben kein Ziel hat,
> der verläuft sich.«**
>
> ABRAHAM LINCOLN

In diesem Kapitel geht es darum, **was** Du im Leben **wirklich** willst. Es geht darum, dass Du Dir Gedanken machst, warum Du lebst, wofür Du lebst, was der Sinn Deines Lebens ist und wo Du einmal ankommen möchtest.

Es ist für mich sehr erstaunlich, dass sich so wenige Menschen Gedanken um diese Fragen machen. Als in einer Talkshow mein Buch *Alles ist möglich* präsentiert und darüber gesprochen wurde, hat man im Vorfeld (die Talkshow war im Dezember) eine Umfrage in einer Fußgängerzone durchgeführt. Die Frage an die Passanten lautete: »Was haben Sie nächstes Jahr für Ziele?« Die Antworten darauf waren erschütternd: Vom Achselzucken und verlegenen Lächeln über »Ich weiß nicht« bis hin zu solch vagen Äußerungen wie »Ich möchte gesund sein« oder »Ich möchte, dass das Jahr gut wird« reichten die Antworten.

Die Statistik sagt, dass nur vier Prozent aller Menschen konkrete Ziele und darüber hinaus nur ein Prozent aller Menschen ihre Ziele auch schriftlich formuliert haben. Bei diesen Zahlen ist es nicht verwunderlich, wenn circa 96 Prozent aller Menschen zu den Zuschauern und Verlierern zählen (siehe hierzu auch Kapitel 2 des Buches *Sicher zum Spitzenerfolg*).

Immer wieder stoße ich in meinen Seminaren auch auf Teilnehmer, die der Meinung sind, sie würden keine Ziele benötigen. Sie glauben, das Leben würde sie schon dahin führen, wo sie dann am richtigen Platz seien. Dies ist der eher östliche Weg, wie er zum Beispiel in Indien noch immer gelebt wird. Ist es deshalb verwunderlich, wenn gerade in Indien die Not besonders groß ist?

Vor einiger Zeit sagte mir ein Seminarteilnehmer, der anscheinend sehr stark in die esoterische Richtung tendiert, dass er eben **kein** Ziel als Sinn seines Lebens ansieht. Er möchte nicht Zielen »nachlaufen«, sondern er möchte Gott, der »Erleuchtung« näherkommen. Ich antwortete ihm, dass ich diese Meinung durchaus akzeptiere, und fragte ihn, wie er sein Vorhaben »Ich möchte Gott und der Erleuchtung näherkommen« denn bezeichnen würde. Er dachte kurz nach, dann huschte ein kleines Lächeln über sein Gesicht – und er hatte verstanden: Auch für Gott zu leben und Gott näherzukommen **ist** ein Ziel! Und wenn er dies wirklich möchte, wenn er das zur Aufgabe seines Lebens macht, dann muss er bestimmte Prinzipien und Lebensgesetze anwenden und einsetzen, um schließlich dort anzukommen, wohin er möchte.

Es ist erstaunlich, dass viele Menschen mit Zielen so ihre Probleme haben. Das hat wohl damit zu tun, dass diese Menschen generell Probleme mit dem Erfolg haben. Erfolg scheint etwas Schlechtes, Negatives an sich zu haben, weil ihn so viele Menschen ablehnen, ja sogar fürchten. Doch es gibt keinen guten oder schlechten Erfolg, es gibt nur schlechte oder gute Ziele. Eine Missionsschwester in Afrika hat Erfolg, wenn sie ihre geplante Krankenstation gebaut hat. Ein Topmanager hat Erfolg, wenn er den Umsatz seines Unternehmens gesteigert hat. Ein Lehrer hat Erfolg, wenn die Noten seiner Schüler gut sind. Ein Anwalt hat Erfolg, wenn er die Probleme seiner Mandanten löst. Ein Arzt hat Erfolg, wenn er Menschen zu einer besseren Gesundheit verhilft. Ich habe Erfolg, wenn ich es schaffe, Menschen dahin zu führen, dass sie **selbstverantwortlich und unabhängig** ihr Leben so gestalten können, wie sie es sich wünschen. Deshalb:

Erfolg ist sicherlich nicht alles,
aber ohne Erfolg ist alles nichts!

AUFGABE

Bitte notiere Dir einmal spontan die ersten Gedanken, die Dir zu dem folgenden Thema einfallen: Was ist für Dich Glück?

___

___

___

___

Professor Mihaly Csikszentmihalyi von der Universität Chicago hat eine Untersuchung durchgeführt, welche die Frage beantworten sollte, wann und warum Menschen Glück verspüren. Er bezeichnete dabei das Gefühl, das wir in Momenten besonderen Glücks empfinden, als **Flow**. Zu diesem Zweck notierten mehrere tausend Probanden die Momente, in denen sie **Flow** verspürten. Sie schrieben sich den Zeitpunkt auf und sie schrieben auf, was sie gerade taten, welches Umfeld gerade vorherrschte, was gerade war. Es ging also darum, herauszufinden, was wir tun müssen bzw. was existieren muss, damit wir dieses Gefühl des Glücks, den **Flow**, verspüren. Das Ergebnis war ebenso eindeutig wie verblüffend: **Glück ist die unbeabsichtigte Nebenwirkung einer großen Aufgabe, die man verfolgt!**

Diese Aufgabe wird in den allermeisten Fällen durch den Beruf ausgelebt. Laut Csikszentmihalyi erleben die Menschen während der Arbeit am meisten **Flow** – aber sie sehen die Arbeit, paradoxerweise, genau gegenteilig: **Bewusst** befragt, ob sie bei der Arbeit Glück empfinden würden (im Vorfeld der Untersuchungen), ergaben die Antworten, dass die Arbeit nur in geringem Maße zu Glück führt. Tatsächlich aber, genauestens Buch geführt und ausgewertet, ergibt sich das genau gegenläufige Bild. In diesem Zusammenhang erscheint mir auch das »Rezept« von Sigmund Freud einleuchtend: Er verschrieb seinen Patienten Liebe – und vor allem Arbeit – zum Glücklichsein. Allerdings stellte Csikszentmihalyi einen wesentlichen Unterschied fest: Ob jemand sein Leben genießt oder nicht, entscheidet sich dadurch, ob er Herausforderungen jeglicher Art als **Bedrohung** oder als eine **Handlungsmöglichkeit** sieht. Im normalen Sprachgebrauch werden Herausforderungen ja sehr gerne als Probleme bezeichnet. Deshalb beschäftigt sich dieses Buch auch in Kapitel 11 mit dem Thema »Probleme und deren Bewältigung«.

Erfolg liegt nicht darin, dass ich tue, was ich mag, sondern darin, dass ich mag, was ich tue!

AUFGABE

Was hättest Du geantwortet auf die Frage, wann Du Dich am meisten glücklich fühlst? Ist Dein Beruf, den Du hast, ist Deine Tätigkeit, die Du ausübst, darunter? Wenn nein, warum nicht?

____

____

____

Viele Menschen sehnen sich geradezu danach, ihren Arbeitsplatz zu verlassen, um nach Hause zu gelangen. Dort wollen sie dann ihre »schwerverdiente« Freizeit gut nutzen, aber nur all zu oft haben sie keine Ahnung, was sie damit anfangen sollen. Hobbys, die eine gewisse Geschicklichkeit erfordern, Gewohnheiten, die Ziele und Grenzen setzen, persönliche Interessen und besonders die Selbstdisziplin, die Freizeit zu dem zu machen, was sie eigentlich sein soll – all das hilft uns und ist eine Chance zur Erholung. Doch allgemein versäumen die Menschen in ihrer Freizeit die Gelegenheit zum Genuss noch gründlicher als bei der Arbeit. Dazu der amerikanische Soziologe Robert Park: »Ich vermute, dass in der sorglosen Nutzung der Freizeit die größte Verschwendung des amerikanischen Lebens stattfindet.«

Die meisten Menschen sind bemüht, in der Freizeit das Glück zu bekommen, das sie anscheinend während der Arbeit vermissen, und deshalb ist eine riesige Freizeitindustrie entstanden, die darauf abzielt, uns die Mußestunden mit erfreulichen Erfahrungen zu füllen. Doch statt dass die Menschen aktiv sind, verbringen sie viele Stunden damit, anderen Menschen bei der Aktivität zuzusehen. Statt selbst Sport zu betreiben, schauen sie Wettkämpfern auf der Mattscheibe zu; statt selbst zu musizieren, hören sie Musik, die millionenschwere »Goldkehlen« aufgenommen haben; statt selbst Kunst zu produzieren, bestaunen sie lieber Gemälde im Museum. Um selbst Abenteuer, Liebe und ungewöhnliche Dinge zu erleben, verbringen wir wöchentlich 21 Stunden (in Deutschland, in den Vereinigten Staaten wesentlich mehr) damit, hoch bezahlten Schauspielern zuzusehen, die »so tun«, als erlebten sie Abenteuer. Diese Tätigkeit – ich bezeichne sie einfach als Zerstreuung – kann natürlich vorübergehend die Leere der verschwendeten Zeit füllen. Doch sie ist nur ein sehr blasser Ersatz für die **Flow-Erfahrungen**, die wir fühlen, wenn wir selbst aktiv sind.

AUFGABE

Was würdest Du tun, wenn Du genügend Geld und Zeit hättest?

____

____

____

Csikszentmihalyi hat bei seiner Untersuchung herausgefunden: Wir fühlen Glück, wenn wir etwas tun, das Spaß macht – ganz egal, was es auch ist. Zu dieser Aufgabe kommen dann die erforderliche **Konzentration** und ein entsprechendes **Ziel** hinzu. Wenn diese drei Punkte zusammenkommen, dann erleben wir jenen Zustand des **Flows**, jenes herrliche Glücksgefühl.

Glück = Aufgabe + Konzentration + Ziel

Dem Oxford-Professor Michael Argyle gelang es zu widerlegen, dass Reichtum glücklich macht. Seine Untersuchungen zeigten, dass mit höherem finanziellem Verdienst die persönliche Zufriedenheit nicht automatisch ansteigt. Einhundert amerikanische Millionäre waren nach eigenen Angaben auf einer objektiven Glücksskala nicht höher angesiedelt als einhundert zufällig ausgewählte Durchschnittsamerikaner. Und die Forschungen des »Happylogen« Ed Diener konnten aufzeigen, dass sich häufigere Glückserlebnisse zu einem starken Glücksempfinden verdichten. Wie anders könnten wir auch ständig immer wieder größere Glücksgefühle empfinden als bei der Erreichung eines Etappenziels nach dem anderen – ehe wir schließlich unser großes Ziel erreicht haben! Der Ablauf, um glücklich sein zu können, ist letztendlich immer der gleiche:

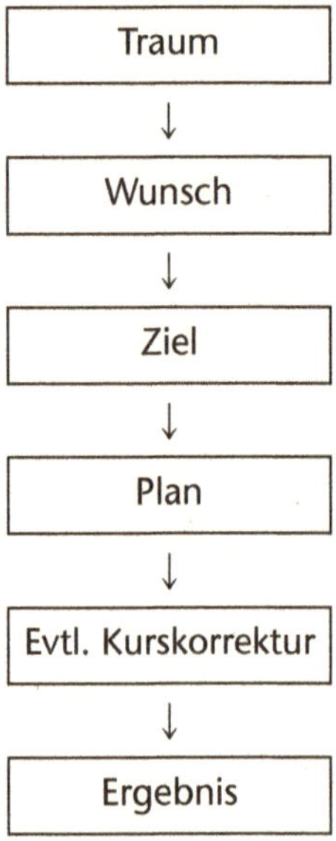

- Am Anfang von allem steht der Traum. Der Traum beginnt immer mit dem Satz: »Schön wär es ja, wenn ich ...«
- Nach dem Traum kommt dann der Wunsch: »Ich würde gerne, ich hätte gerne ...«
- Danach kommt dann die konkrete, terminierte Formulierung eines Zieles: »Am 00.00.2040 habe ich das und das erfüllt, erreicht!«

Abschließend wird eine Strategie erstellt, **wie** ich dieses Ziel in Etappen erreichen kann. Manchmal muss man dann seinen Plan, seine Strategie korrigieren, es neu, anders probieren. Und schließlich und endlich wird dann genau das Ergebnis eintreten, das ich ganz am Anfang geträumt habe. Die meisten Menschen kommen jedoch über Phase eins, das Träumen, oder auch die Phase zwei, das Wünschen, nicht hinaus.

Ein Wunsch erweckt keine Energie!
Erst durch klare Zielsetzung beginnt sich der Wunsch zu manifestieren.

An dieser Stelle ein Beispiel aus der Praxis, wie so etwas aussieht ...

1. Traum: Schön wär's ja, wenn ich hundert Jahre alt werden könnte.
2. Wunsch: Ich möchte gerne hundert Jahre alt werden und zwar in guter Gesundheit!
3. Ziel: Was genau bedeutet für mich gesund?
4. Strategie: Was muss ich tun, bis wann und wie, um meine Gesundheit zu erhalten und um dadurch in guter Gesundheit hundert Jahre alt zu werden?
5. Ergebnis: Ich werde sicherlich älter und gesünder, als wenn ich dieses System nicht umsetzen und vielleicht viel Alkohol trinken, rauchen, mich wenig bewegen, mich schlecht ernähren würde ...

AUFGABE

1. Was würdest Du unternehmen, wenn Du wüsstest, dass Du absolut nichts dabei verlieren und nur gewinnen könntest?

   ____

   ____

2. Einmal angenommen, Du hättest definitiv nur noch fünf Jahre zu leben. Was würdest Du tun?

   ____

   ____

3. Einmal angenommen, Du würdest nur noch ein Jahr leben. Was würdest Du tun?

   ____

   ____

Was hast Du geantwortet? Wenn Du diese Aufgabe nicht durchgeführt haben solltest, führ sie bitte jetzt **unbedingt** durch, ehe Du weiterliest. Wir kommen vielleicht zum wichtigsten Punkt dieses Buches. Hast Du Deine jetzige Tätigkeit dort aufgeschrieben, kommt Dein jetziger Beruf darin vor? Wenn nicht, dann muss ich Dir sagen, dass Du derzeit einer Tätigkeit nachgehst, die nicht Deiner wahren »Beruf-ung« entspricht.

Als ich diese Aufgabe vor einigen Jahren durchführte, habe ich aufgeschrieben, dass ich all mein zuvor verdientes Kapital einsetzen würde, um vor einem großen Auditorium, vor zweitausend Menschen zu sprechen, um ihnen mein Wissen weitergeben zu können. Nachdem ich diese Aufgabe beantwortet habe, habe ich mich sofort darangemacht, mein Vorhaben umzusetzen. Denn das ist der Sinn dieser Übung: Das, was Du bei dieser Aufgabe niedergeschrieben hast, das sind die Dinge, die Dir **wirklich** wichtig sind. Wenn darin der Beruf nicht vorkommt, ganz egal, was Du unter »Beruf-ung« verstehst, dann verschwendest Du derzeit den größten Teil Deines Lebens. Der normale Arbeitnehmer arbeitet acht Stunden pro Tag. Damit verbringt er 50 Prozent seiner bewussten, wachen Zeit mit seinem Beruf. Eine Führungskraft, egal, ob angestellt oder selbstständig, verbringt vielleicht zehn oder gar zwölf Stunden mit ihrer Tätigkeit. Das heißt, dass sie bis zu 75 Prozent ihrer wachen, bewussten Zeit in ihren Beruf investiert. Wenn dieser Beruf keinen Spaß macht, wenn dieser Beruf keine Erfüllung ist, wenn dieser Beruf nicht die Aufgabe ist, die das Leben, das Schicksal, die Natur, die Gott (suche Dir das heraus, was für Dich passend ist) Dir gestellt hat, dann beantworte Dir die nun folgende Frage (die Du bitte nur dann beantwortest, falls Dein Beruf nicht in obiger Aufgabe vorkommt) ...

AUFGABE

Arbeitest Du wirklich in einem Beruf, den Du Dir selbst ausgesucht hast oder in einem, den Dir Dein Vater, Deine Mutter, Dein Partner, das Arbeitsamt, der Nachbar etc. empfohlen bzw. vorgeschlagen hat?

____

____

____

____

Vor einiger Zeit lernte ich einen Seminarteilnehmer abends beim Essen kennen. Er war Arbeiter und hatte sich das Seminar mit seinen eigenen Mitteln finanziert. Schließlich holte er seine Gitarre hervor und spielte erst einmal zahlreiche bekannte Lieder. Er sang dazu, und er hatte wirklich eine fantastische Stimme. In kürzester Zeit zog er uns in seinen Bann, und unsere Stimmung verbesserte sich schlagartig. Ist er nun ein Musiker, der in der Fabrik arbeitet oder ist er ein Fabrikarbeiter, der ein wunderbarer Musiker sein könnte? Vielleicht hat dieser Mann nie erkannt, welches Talent er in sich hat. Vielleicht hatte er nie den Mut, daran zu glauben, dass eine Aufgabe in ihm steckt, die er erfüllen muss. Vielleicht sollte er einmal damit beginnen, ein Verständnis für die Vielfalt der Begabungen, Talente und Fähigkeiten aufzubauen, die jeder Mensch – **auch er** – besitzt.

Und welches Verständnis hast Du für Deine Talente, Fähigkeiten und Begabungen? Es spielt dabei keine Rolle, **was** Du tust. Viele Menschen eifern ihren vermeintlichen Idolen nach und wollen das tun und so sein wie ihr Idol, das sie als Vorbild genommen haben. Doch das Leben hat für jeden Menschen seinen eigenen Plan. Bei einem Interview, das ich mit Siegfried und Roy in Las Vegas führte, sagte Siegfried: »Wir wurden Zauberer, weil wir die Berufung in uns spürten. Wir hatten schlechte Voraussetzungen, aber wir glaubten daran, dass alles möglich ist. Und wenn wir nicht die Berufung als Zauberer gehabt hätten, dann wären wir halt etwas anderes geworden. Aber egal was, ich hätte immer danach gestrebt, gut darin zu sein. Wenn ich zum Beispiel Fahrstuhlführer geworden wäre, dann hätte ich mich bemüht, der beste Fahrstuhlführer weit und breit zu sein. Ich hätte mich **einmalig** gemacht. Ich wäre so gut gewesen, dass jeder von mir erzählt hätte: ›Das ist der beste Fahrstuhlführer weit und breit.‹«

Ist das nicht eine fantastische Erklärung für das, was ich Dir klarmachen möchte? Wie viele Menschen laufen beispielsweise einem vermeintlichen Traum nach und wechseln immer wieder ihren Arbeitsplatz. Doch weil sie es in keinem Job lange aushalten, erreichen sie niemals den Punkt, Spitzenleistungen erbringen zu können. Denn wer ständig nur wechselt, wer immer etwas anderes macht, der wird niemals wirklich gut sein. Man kann wechseln, man kann einen Beruf aufgeben, wenn man dafür seine wahre »Beruf-ung« wählt, aber doch nicht jedes Jahr aufs Neue!

AUFGABE

Ist-Analyse. Diese Ist-Analyse bezieht sich immer auf einen Zeitpunkt vorher (beispielsweise heute im Vergleich zu zwölf Monaten vorher).

Beruf

1. Ist mein Einkommen heute deutlich höher?

___

2. Habe ich heute größere Ziele oder bin ich meinen großen Zielen deutlich nähergekommen?

___

3. Bin ich ein besseres Vorbild für meine Mitarbeiter (meine Kollegen, meinen Chef)?

___

4. Lobe ich meine Mitarbeiter (meine Kollegen, meinen Chef) mehr oder weniger?

___

Familie

1. Ist meine Familie heute glücklicher?

___

2. Ist der Lebensstandard meiner Familie gestiegen?

___

3. Verbringe ich mehr Zeit mit meiner Familie?

___

4. Wenn nicht, verbringe ich die Zeit mit ihr sinnvoller?

___

5. Haben wir gemeinsame Pläne für die Zukunft?

___

Gesundheit

1. Bin ich heute gesünder?

2. Bin ich heute leistungsfähiger?

3. Mache ich mehr Sport?

4. Ernähre ich mich gesünder?

Freunde

1. Habe ich mehr Bekannte und Freunde gewonnen?

2. Verbringe ich mehr Zeit mit meinen Freunden?

3. Wenn nicht, gestaltet sich die Zeit mit ihnen intensiver?

4. Habe ich gemeinsame Pläne hinsichtlich meiner Freundschaften?

Nehmen wir einmal an, ein Chinese wird per Zeitmaschine aus dem 12. Jahrhundert in das heutige Zeitalter versetzt. Dann könnte sich zwischen ihm und uns vielleicht folgendes Gespräch entwickeln ...

Von der Zeit und der Arbeit

»Lass uns ein Taxi nehmen, um in die Innenstadt zu fahren.« Der Chinese schaut verwundert: »Und warum?« – »Ganz einfach: Damit wir Zeit sparen.« – »Zeit sparen? Wie willst du Zeit sparen? Habt ihr etwa heute auch schon eine Erfindung, um die Zeit irgendwo aufzuheben, vielleicht in irgendeinem Gefäß?« – »Nein, das haben wir natürlich noch nicht. Man kann keine Zeit in irgendeinem Gefäß aufbewahren.« – »Na, dann frage ich mich aber, wie du Zeit sparen willst.« – »Nun, mein Freund, wir sind dann schneller da und könnten die Zeit für etwas anderes nutzen.« Darauf der Chinese: »Wofür zum Beispiel?« – »Wir könnten dann mehr arbeiten.« – »Gut, aber dann hast du doch keine Zeit gespart, weil du sie doch nur für etwas anderes nutzt. Du wirst in der gleichen Zeit einfach etwas anderes tun. Wenn ich also laufe, dabei die frische Luft genieße, mir die Stadt anschaue, mich durch die Bewegung besser fühle, dann steigst Du bereits wieder aus Deinem Auto und musst schon wieder arbeiten.« – »Aber genau das meine ich ja.« – »Aha, dann bedeutet für Dich also Zeit sparen mehr arbeiten?«

Dieses Gespräch hat nie stattgefunden, aber es würde wahrscheinlich so ablaufen. Es wäre aber genauso typisch wie die folgende Geschichte …

Von der Zeit und dem Nichtstun

Ein erfolgreicher Geschäftsmann macht Urlaub und fliegt auf eine herrliche Insel. Er sieht dort einen Mann neben einem Ruderboot am Strand liegen. »Ist das Ihr Boot?« – »Si, Señor.« – »Kann ich es mieten?« – »No, Señor.« – »Wenn Sie Ihr Boot vermieten würden, könnten Sie sich aber schon bald ein zweites leisten. Und dann vielleicht ein drittes und viertes … und alle vermieten. Sie würden sehen, das wäre ein großartiges Geschäft.« – »Und warum sollte ich das tun?« – »Na ja, dann hätten Sie eine Menge Geld … und könnten beispielsweise die ganze Zeit am Strand liegen!«– »Aber das tue ich doch jetzt schon!«

Bitte erschrick nicht: Ich möchte Dich nicht dazu anleiten, ab sofort den ganzen Tag am Strand zu liegen, aber ich möchte Dich dazu anregen, Dir einmal Gedanken zu machen, was denn der Sinn Deiner Tätigkeit, letztendlich der Sinn Deines Lebens ist. Je mehr Seminare Du besuchst, je effektiver und effizienter Du arbeitest, desto mehr wirst Du in der gleichen Zeit bewältigen. Doch die Frage ist: Wirst Du dadurch glücklicher? Durch die Anzahl und Größe Deiner Ziele findest Du nämlich nicht automatisch auch den Sinn Deines

Lebens. Aber erst wenn Du einen Sinn gefunden hast, lässt er Dich Arbeitszeit nicht nur als angenehm empfinden, sondern erfüllt Dich mit **Flow**, also mit Glück. Wenn Du also bei aller Zielsetzung, bei allem Fleiß, bei allem beharrlichen und disziplinierten Durchhaltevermögen den Sinn aus dem Auge verlierst, dann kannst Du nur noch darauf warten, bis sich Deinem (Deiner) Partner(in), Deinen Kindern oder Dir eines Tages die Frage stellt: »Wozu das Ganze? Was soll das eigentlich?« Nein, ich möchte, dass Du Dir über den Sinn Deines ganzen Tuns Gedanken machst. Dazu führe bitte die folgende Aufgabe durch ...

AUFGABE

1. Wofür arbeitest Du eigentlich?

   ____

2. Wenn Du alle Zeit der Welt hättest, unbegrenzte finanzielle Möglichkeiten und tatsächlich frei wählen könntest, wenn es das Risiko eines Fehlschlages nicht gäbe – was würdest Du tun wollen, welche Art von Leben würdest Du führen wollen, an welcher Aufgabe würdest Du arbeiten, welche Spur würdest Du auf der Welt hinterlassen wollen?

   ____

   ____

   ____

3. Bitte schreibe in den folgenden Satz das fehlende Wort ein, das Dir als Erstes einfällt:
   Wenn ich ______________, bin ich derart versunken, dass ich vollkommen die Zeit vergesse, und verspüre den Flow.

Wenn Dir zu der ersten Frage »Wofür arbeitest Du eigentlich?« keine Antwort eingefallen ist, dann wird in sehr kurzer Zeit auch kein Sinn in Deiner Arbeit sein. Denn eine grundsätzliche Zielorientierung, die Dir zu jedem Zeitpunkt klarmacht, warum es für Dich sinnvoll ist, Dich anzustrengen, Dich zu verändern, Dich zu bewegen, ist der einzig dauerhafte Grund, mit Motivation und Begeisterung, Schwung und Elan, Disziplin und Ausdauer tätig zu sein. Die Antwort auf die zweite Frage zeigt Dir auf, wo vielleicht Deine wahre »Beruf-ung« liegen könnte. Wenn Du diese Antwort ausleben würdest, dann würdest Du wahre **Leidenschaft** empfinden für das, was Dir zusteht.

Denke doch einmal über die Vorbilder, die Berühmtheiten unserer Zeit nach – über Sportler, Fernsehstars und erfolgreiche Unternehmer. Arbeiten diese Menschen zehn, zwölf, vierzehn Stunden täglich fürs Geld oder ist ihr Beruf nicht vielmehr eine Möglichkeit, ihre Persönlichkeit zu entfalten?

Wer sein einzigartiges Talent herausfindet und mit diesem der Menschheit Nutzen gibt, kann alles erschaffen, was er sich vorstellt!

Nein, diese Menschen suchen nicht nach einem Job, sie suchen nach einer Chance. Arbeit hat nichts mit Begeisterung, Enthusiasmus, Kreativität, Motivation, Fantasie zu tun. Arbeit hat wenig mit Herz zu tun, und deshalb wird Arbeit auch so schlecht bezahlt. Arbeit ist kein Weg zu »Reich-tum« und »Wohl-stand«. Wenn Du wirklich (ganzheitlich) reich sein möchtest, dann hast Du die Wahl zwischen zwei Alternativen:

- Entweder Du entscheidest Dich für eine Tätigkeit, die Dir Selbstverwirklichung ermöglicht.
- Oder Du änderst Deine jetzige Lage so, dass Du Dich mit dieser Tätigkeit selbst verwirklichen kannst.

Die Antwort auf die dritte Frage der letzten Aufgabe könnte der Schlüssel zu Glück, »Wohl-stand« und Zufriedenheit bedeuten. Ich habe beispielsweise bei dieser Übung einmal das Wort »reden« eingefügt – mit dem Ergebnis: Dieses Wort und die damit verbundene Tätigkeit hat mir alles ermöglicht, was sich ein Mensch in seinem Leben erträumen kann. Bitte führe diese Übung jetzt mehrmals durch, um herauszufinden, welche Talente und Begabungen Du besitzt, denn die wenigsten Menschen besitzen nur eine Begabung – die meisten besitzen sogar mehrere ...

AUFGABE

Wenn ich ____________, bin ich derart versunken, dass ich vollkommen die Zeit vergesse, und verspüre den Flow.

Hier einige Antwortbeispiele – und die in ihnen liegenden Möglichkeiten, sie umzusetzen und somit Geld zu verdienen und erfolgreich zu sein …

Was Dir Spaß macht:	*Möglichkeiten dazu:*
Tanzen	Tanzlehrer werden
	Eine Tanzschule eröffnen
Sport betreiben	Als Fitness-Trainer arbeiten
	Sportlehrer werden
	Einen Fitness-Club eröffnen
Spielen	Kinderbetreuer werden
	Eigene Spielsachen erfinden und vertreiben
Musik hören	Musizieren
	Musikunterricht geben
	Konzertkarten verkaufen
	Konzertreisen veranstalten
	Musik-Ereignisse organisieren

Dies sind nur einige Beispiele, die zeigen: Deiner Fantasie sind keine Grenzen gesetzt. Vielleicht überprüfst Du ja auch, ob Du das, was Du wirklich gerne magst und machst (und auch gut machst), in Deinem jetzigen Unternehmen schon einsetzt (oder in Zukunft einsetzen könntest). Hier einige Fragen, die Dir helfen werden …

AUFGABE

1. Was wäre, wenn ich erfolgreich und glücklich dadurch sein könnte, dass ich einige der Aktivitäten, die mir Spaß machen, zu meinem Beruf mache (vielleicht auch erst einmal zu einem Nebenberuf)?

   ____

2. Wie würde ich mich dabei fühlen?

   ____

3. Wie würde dies meine Einstellung zum Leben und zu den Menschen verändern?

___

4. Wie wäre es, wenn Du alle negativen Glaubenssätze einmal über Bord werfen würdest und von diesem Thema träumen könntest?

___

5. Wie wäre es, wenn Dir diese Tätigkeit dazu verhelfen würde, Dir auf diese Art und Weise den »Wohl-stand« zu schaffen, den Du Dir wünschst – und den Du Dir verdient hast?

___

6. Wie erfolgreich könntest Du sein, wenn Du das tust, was Dir wirklich Spaß macht?

___

7. Könntest du es wirklich schaffen?

___

8. Was könntest Du bewegen?

___

Ich hoffe und wünsche Dir wirklich, dass Du bisher bereits einer Tätigkeit nachgehst, die Dich glücklich und zufrieden macht. Ich wünsche es Dir so sehr, dass Du in einem Unternehmen arbeitest, in dem Du Dich verwirklichen kannst. Es ist mein größtes Bestreben, Dich dazu anzutreiben, Deine Ziele, Deine Leidenschaft, Dein Engagement für Dein jetziges Unternehmen und Deinen jetzigen Beruf einzusetzen. Doch wenn Dein jetziges Unternehmen, Dein Produkt oder Dein Chef Dir nicht die Möglichkeit lassen, das zu tun, was Deinen Talenten und Begabungen entspricht, wenn Dein Unternehmen oder Dein Chef Dich nicht fördern und Dir keine Möglichkeiten geben, Dich zu Deiner wahren Größe zu entfalten, dann musst Du Dir Gedanken machen. Vielleicht solltest Du dann ein Gespräch mit Deinem Chef oder Vorgesetzten führen und ihm die Problematik Deines Konflikts verdeutlichen. Wenn dies immer noch nichts nützt, Dein Chef Dich vielleicht sogar begrenzen, ja bremsen möchte, dann solltest Du auch in Betracht ziehen, Dich zu verändern.

Als ich diese Problematik in meinen Seminaren die ersten Male ansprach, habe ich Ärger mit dem einen oder anderen Chef bekommen. Er befürchtete, dass seine Mitarbeiter, die er auf das Seminar mitbrachte, dadurch angeregt würden, die Firma zu verlassen. Doch ganz im Gegenteil: Wenn das Unternehmen bereits vor dem Seminar dem Mitarbeiter Möglichkeiten und Perspektiven eröffnet hatte, dann wird diese Art der Fragestellung den Mitarbeiter nur noch festigen und an das Unternehmen binden – und wenn nicht, dann wird der Mitarbeiter die Chance ergreifen, um **nach** dem Seminar ein Gespräch mit seinem Chef zu führen. Und jetzt mal ganz ehrlich: Wenn das Unternehmen **weder vor noch nach** dem Seminar seinen Mitarbeitern Möglichkeiten und Chancen bereithält: Wie kann der Chef oder das Unternehmen dann erwarten, dass die Mitarbeiter für alle Zeiten bei diesem Unternehmen bleiben? Gute Mitarbeiter haben immer die Chance, das zu tun, sich so zu verwirklichen, wie sie es sich vorstellen und wünschen. Und ein Unternehmer hat nur die Möglichkeit, sich dieser Herausforderung zu stellen, um letztendlich dann ein so schlagkräftiges Team zu bekommen, das sich voller Enthusiasmus und Begeisterung, voller Leidenschaft und Einsatz für das Unternehmen und das Produkt einsetzt, wie es nur in sehr wenigen Unternehmen tatsächlich der Fall ist.

AUFGABE

1. Warum habe ich meinen jetzigen Beruf gewählt?

   ____

2. Warum kann ich froh und glücklich darüber sein, dass ich diesen Beruf gewählt habe?

   ____

Ich kann von mir wahrhaftig behaupten, mein Hobby zum Beruf gemacht zu haben. Nichts macht mich glücklicher, als auf der Bühne zu stehen und reden zu dürfen. Und dafür werde ich noch ganz gut bezahlt ... Auch Du solltest Dich darauf **programmieren**, dass Du Deine Arbeit gerne tust, dass Du glücklich bist und froh darüber, sie tun zu dürfen. Denn wenn Du grundsätzlich positiv und lösungsorientiert bist, dann wirkt sich dies stressmindernd auf

Dein Handeln aus. Sei Dir darüber klar, dass Du es bist, der sich seinen Beruf ausgesucht hat. Mach das Beste daraus. Wenn es aber nicht geht, wenn es wirklich nicht geht, wenn es nach vielen Gesprächen, vielen Versuchen keine Möglichkeit für Dich gibt, diesen Beruf auszuüben oder in diesem Unternehmen glücklich und erfolgreich zu sein, dann triff die Entscheidung zur Veränderung möglichst schnell. Auch das Unternehmen kann sich glücklich schätzen, wenn Du diese Entscheidung möglichst schnell triffst. Vordergründig betrachtet, verliert es einen Mitarbeiter, doch in Wirklichkeit verliert es einen Mitarbeiter, der sich noch nie leidenschaftlich für das Unternehmen und das Produkt eingesetzt **haben kann**. Und wenn dieser Mitarbeiter nun den Platz räumt, lässt dies dem Unternehmen die Möglichkeit, einen neuen Mitarbeiter einzustellen, der von Anfang an voller Leidenschaft, Enthusiasmus und Begeisterung seiner Tätigkeit nachgeht. Und schon wenige Wochen danach werden sich sowohl Du als auch das Unternehmen, das Du verlassen hast, glücklich schätzen. In den allermeisten Fällen ist es jedoch nicht notwendig, seinen Job zu wechseln. Denn es hat ja einen ganz bestimmten Sinn, wenn Du Dir diesen Job einmal gewählt hast. Du hast ihn aus freien Stücken gewählt – und nur wenn Du absolut unglücklich bist, nur wenn es irgendetwas gibt, zu dem es Dich unabänderlich hinzieht, solltest Du die Entscheidung treffen zu wechseln. Es gibt ein paar tausend Berufe, in denen Du tätig werden kannst. Du kannst Dir also genau das heraussuchen, was Dich interessiert und wo Du Spitzenleistungen erbringen kannst.

Träume werden wahr ...

Ein sechsjähriger Junge träumte davon, Hühnereier schneller zum Ausbrüten zu bringen. Als Lösung setzte er sich selbst auf die Eier. Dies ist ein erster Schimmer seines Genies und der Beginn von Ideen, welche die Welt veränderten. Der Junge war kein Geringerer als Thomas Alva Edison (Erfinder unter anderem der Glühbirne und des Phonographen).

Von klein auf berührte ein kleines Mädchen das Gesicht anderer Menschen und kämmte sie. Sie half auch anderen gerne, sich schön zu machen. Während sie ihrem Onkel zusah, wie er auf dem Gasherd der Mutter Cremes anrührte, träumte sie davon, sich auf Hautpflege zu spezialisieren. Das Mädchen hieß Estée Lauder (Kosmetik- und Hautpflegeprodukte).

Zwei Bastler richteten sich in einer Garage eine Werkstatt ein. Sie träumten davon, einen technologischen Vorteil auszutüfteln. Eine ihrer ersten Erfindungen war ein Stimmer für eine elektrische Harmonika. Heute ist das Unternehmen zu einem der weltgrößten Computerkonzerne geworden. Die Bastler waren William Hewlett und David Packard (Informationsanlagen).

Ein Arzt träumte davon, eine von allen für unmöglich gehaltene Operationsmethode einzusetzen. Er wollte diesen Traum verwirklichen, bevor ihn ein rheumatisches Leiden am Operieren hinderte. Sein Name: Dr. Christiaan Barnard (Herztransplantation).

(Diese Beispiele sind u. a. entnommen aus: Arthur L. Williams, *Das Prinzip gewinnen,* Landsberg mvg 1996.)

Ich kann mir vorstellen, was Du denkst: »Das sind wieder so Beispiele von großen Menschen. Aber ich bin nicht so groß, ich kann das nicht.« Andererseits: Du solltest großartige Träume haben, Du kannst aber auch Deinen »kleinen« Traum jederzeit erweitern. Fange einmal mit kleineren Träumen an. Und denke daran: Lasse Dich nicht entmutigen!

»Das Recht auf Träume ist das letzte Menschen-Recht.«

FRIEDENSREICH HUNDERTWASSER

Wer nicht isst, der stirbt nach kurzer Zeit. Wer sich nicht bewegt, wird eines Tages krank werden. Und wer aufhört, nach Zielen zu streben, stirbt geistig! Und vergiss nicht: Langweilige Ziele erzeugen langweiliges Verhalten. Leidenschaftliche Ziele erzeugen demnach automatisch ein leidenschaftliches Verhalten! Ich kann mich noch gut daran erinnern, als ich mein erstes Seminar abhielt. Es handelte sich um ein Verkaufstraining. Es fand im Nebenzimmer eines Restaurants statt. Es kostete 195 Mark pro Person für zwei Tage. Als ich zurückfuhr, wartete zu Hause eine fantastische Frau – meine Kerstin – auf mich. Sie fragte mich, wie es war, und ich druckste ein wenig herum und meinte: »Ganz gut.« Sie fragte mich, wie viele Leute denn da waren. Ich antwortete: »Fünf.« Daraufhin stutzte sie keinen

Augenblick, sondern machte mir Mut, indem sie mir sagte, dass dies für den Anfang doch gar nicht so schlecht sei. Diese fünf seien bestimmt so begeistert gewesen, dass sie mich weiterempfehlen würden und ich auf diese Weise in Zukunft mehr Teilnehmer hätte. Sie schaffte es, mich wieder aufzubauen.

Ich hatte zu diesem Zeitpunkt bereits meinen großen Traum, einmal in der Dortmunder Westfalenhalle vor vierzehntausend Menschen aufzutreten. Natürlich habe ich niemandem davon erzählt, vor allen Dingen nicht den Seminarteilnehmern. Es hätte ja auch etwas merkwürdig geklungen, wenn ich den fünf Teilnehmern erzählt hätte, dass spätestens am 5. Februar 2000 circa 14 000 Menschen vor mir sitzen würden …

Der einzige Mensch, der meinen Traum kannte und der mich darin unterstützte, mich immer wieder aufbaute und mir immer wieder Mut machte, dass ich ihn erreichen würde, war meine Frau Kerstin, die mir stets zur Seite stand. Meine Frau hat immer an mich geglaubt, selbst zu einem Zeitpunkt, als es mir nicht sonderlich gutging. Auch heute noch baut sie mich nach Rückschlägen immer wieder auf, hilft mir, macht mir Mut, wenn ich Probleme habe – und dafür liebe ich sie und danke ich ihr von ganzem Herzen!

Vier Wochen später fand das zweite Seminar statt, zu dem ich voller Erwartungen fuhr – diesmal waren es vier Teilnehmer. Doch einige Wochen später waren es dann bereits acht Teilnehmer, dann nur sechs, dann zwölf, dann sieben, dann vierzehn usw. Und heute sitzen tatsächlich 10 000 Menschen vor mir und ich kann es selbst im Nachhinein gar nicht mehr nachvollziehen, was sich in kürzester Zeit in meinem Leben doch für eine Veränderung vollzogen hat.

»Was Du heute träumst,
ist morgen schon Wirklichkeit!«

JÜRGEN HÖLLER

Wenn wir Kindern zu ihren Glasmurmeln ein paar glänzende Diamanten schenkten, würden diese gar nicht erkennen, welchen Schatz sie in Händen hielten. Möglicherweise würden sie die kostbaren Steine für schönere Glasmurmeln eintauschen. Ähnlich verhalten wir Erwachsenen uns, denn wir haben ungeahnte Talente, Begabungen und Möglichkeiten in uns – doch wir wissen dies nicht und verschenken oftmals unsere Reichtümer. Viktor Frankl, der Begründer der Logotherapie, sagte einmal, dass wir die Berufung in unserem Leben eher »entdecken« als »erfinden« würden. Ich schließe mich dieser Aussage an, denn ich glaube, dass jeder von uns ein inneres Gespür besitzt, jene Intuition, die uns dazu bringt, unser besonderes Talent zu entdecken.

»Jeder hat in sich seine eigene spezifische Mission oder Berufung!«

VIKTOR FRANKL

Es ist die Aufgabe jedes Menschen, seine spezifische Aufgabe zu erfüllen. Sinn kommt von innen. Dazu noch einmal Frankl: »Letzten Endes sollte der Mensch nicht fragen, was der Sinn seines Lebens ist, sondern erkennen, dass er es ist, der gefragt ist. Jeder wird, in einem Wort, vom Leben befragt. Und er kann nur dadurch antworten, dass er für sein eigenes Leben antwortet. Auf das Leben kann er nur dadurch antworten, dass er verantwortlich ist.« Du bist also verantwortlich für Dein Leben, für Deinen Zustand, für Deine Zukunft.

AUFGABE

Gehe einmal geistig weit in die Zukunft und stelle Dir im hohen Alter Deine Jubiläums-Geburtstagsfeier vor. Es sollen natürlich einige Festreden für Dich gehalten werden. Deine Aufgabe ist es, diese Reden schon **jetzt** einmal auszuarbeiten. Nimm Dir bitte Zeit – diese Übung ist eine der wichtigsten im gesamten Buch.

1. Lobrede: ein Angehöriger aus der Familie.
2. Lobrede: ein guter Freund.
3. Lobrede: ein Vertreter aus Deinem Berufsbereich.
4. Lobrede: ein Vertreter einer Organisation (einer Partei, einer Kirche, eines Vereins etc.), in der Du tätig warst bzw. in der Du Dich engagiert hast.

Was ist Dein Ziel? Warum bist Du hier? Wohl kaum deshalb, um Deinen Lebensunterhalt zu verdienen, die Zeit totzuschlagen und Tag für Tag immer die gleiche Sache zu tun. Es gibt etwas Tieferes, Größeres. Doch wenn Du von früh bis spät immer das Gleiche tust, wirst Du es nicht finden. Du kannst es aber finden, wenn Du darüber nachdenkst. Du gehörst bereits zu den vier Prozent der Menschen, die etwas aus ihrem Leben machen. Du gehörst zu den vier Prozent (wenn nicht, dann in der Zukunft, wenn Du die Strategien dieses Buches umsetzt), die über 64 Prozent des gesamten Einkommens verfügen. Du kannst es erreichen, indem Du nach dem Lesen dieses Buches nicht stehen bleibst, sondern in Bewegung kommst. Du **kannst** und **wirst** es finden und erreichen, wenn Du meine Seminare besuchst, deren Intensität mit dem Lesen eines Buches nicht zu vergleichen ist. Die Seminare bieten Dir Lösungen, wie Du Deine Talente in möglichst kurzer Zeit so entfaltest, dass Du das erreichst, was Du Dir vorstellst. Das Wissen aus über 2500 Büchern, rund 600 Audio-CDs und Dutzenden DVDs sowie weit über 200 Seminaren habe ich zu einem Erfolgs-System komprimiert, das ich Dir in wenigen Tagen vermittle. Es liegt an Dir!

Alle Menschen, die in ihrem Leben erfolgreich waren oder sind, hatten oder haben zwei Dinge gemeinsam: Sie hatten einen Traum und waren ausdauernd genug, diesen Traum auch umzusetzen. So hatte Walt Disney die Idee von seinem Vergnügungspark. Alle Leute – auch sein Bruder Roy – hielten ihn für verrückt. Er jedoch war sich sicher: »Ich werde diesen riesigen Vergnügungspark bauen. Leute aus der ganzen Welt werden kommen, um in diesem Park etwas zu erleben.« Alle Welt hielt ihn für völlig verrückt. Denn bis zu diesem Zeitpunkt bezahlte man die einzelnen Fahrten auf Rummelplätzen – und nicht ein hohes Eintrittsgeld für einen ganzen Tag, der alle Fahrten mit einschloss. Auch die Banken glaubten nicht an seine Idee. Er erleidet 301 Absagen – bis schließlich die 302. Bank Ja sagte zu seinem Vorhaben.

Hältst Du Walt Disney auch für verrückt? Nun, die meisten würden antworten: »Ja«, denn muss nicht ein Mensch schon sehr »verrückt« sein, wenn er über dreihundert Banken ansteuert, ehe er sein Ziel verwirklicht? Und deshalb: Glaube auch Du an Dich, Deinen Traum – und sei einmal ganz und gar unvernünftig. Die Welt wird nämlich geformt von unvernünftigen Frauen und Männern – und nicht von vernünftigen. Du wirst sehen: Sobald Du Deine Aufgabe gefunden hast (hoffentlich hast Du das bereits), beginnst Du Dich zu verändern. Die Lebensvision ist der alles entscheidende Unterschied zwischen dem Gewinner und der Masse der Menschen. So unterschiedlich die Gewinner auch sein mögen – sie haben alle eines gemeinsam: eine klare Vorstellung, eine Vision ihres zukünftigen Lebens. Diese Vision, der sie nachgehen, ermöglicht es ihnen, ihr Leben in den Dienst einer Sache zu stellen, die größer ist als sie, und die ihnen einen Sinn für das Leben gibt.

Wenn aber Ziele eine der Hauptantriebsfedern in unserem Leben sind, wenn die Ziele mitentscheidend dafür sind, welcher Lebensqualität ich mich erfreue, warum setzen sich dann so wenige Menschen Ziele? Diese Frage solltest Du zunächst einmal selbst beantworten:

AUFGABE

Bitte schreibe einmal auf, welche **Nachteile** es haben könnte, sich ganz **klare, konkrete und große** Ziele zu stecken.

____

____

____

Vielleicht hast Du herausgefunden, dass ein Problem bei der klaren Zielsetzung in der Angst besteht, das Ziel nicht zu erreichen. Was passiert mit einem Mitarbeiter, der sich das Ziel gesetzt hat, befördert zu werden, und der die Stelle nicht bekommt? Oder was passiert mit jemandem, der sich vorgenommen hat, zehn Kilogramm abzunehmen, um eine tolle Figur zu bekommen, aber es nicht schafft? Die Antwort lautet: Er erlebt einen Misserfolg, er erntet eine Frustration. Da wir Menschen uns aber immer von Schmerz und Pein wegbewegen möchten (siehe Kapitel 13: »Die Macht der Motivation«), wollen wir diesen Zustand natürlich vermeiden.

Wir alle haben uns in unserem Leben einmal Ziele gesetzt, die wir nicht erreicht haben. Dass wir bei der Zielsetzung und auch bei der Durchführung Fehler begangen haben, die uns daran hinderten, das Ziel zu erreichen, liegt auf der Hand. Nur: Zu diesem Zeitpunkt war uns das nicht bewusst. Wir haben lediglich die Erfahrung gemacht, dass wir uns voller Hoffnung, voller Enthusiasmus, voller Begeisterung Ziele steckten – die wir dann nicht erreichten. Und dieses Nichterreichen hat uns dann Schmerz verursacht. Da wir stets bestrebt sind, Schmerz zu vermeiden, setzen wir uns auf diese Weise immer weniger Ziele. Unser Glaubenssatz geht dabei von folgender Prämisse aus: »Wenn ich mir keine großen Ziele mehr setze, dann ist die Gefahr kleiner, nicht mehr enttäuscht zu werden.« Diese Folgerung erscheint logisch und im Laufe der Zeit setzen wir uns immer kleinere Ziele – und am Ende überhaupt keine Ziele mehr. Nun können wir zwar nicht mehr frustriert und enttäuscht werden – andererseits können wir auf diese Weise aber auch nicht mehr glücklich und zufrieden sein, denn es fehlt das unbändige Glücksgefühl, die Freude, die uns überkommt, sobald wir gesteckte Ziele erreicht haben. Nur: Wenn Frustrationen über das noch nicht Erreichte der Nachteil einer konkreten Zielplanung wären, dann wäre das ungefähr genauso, als würde man sagen: Zum Arzt zu gehen hat den Nachteil, vielleicht zu erkennen, dass man krank ist ...

AUFGABE

Warum sind klare, spezifische Ziele so wichtig?

____

____

____

Große Psychologen haben sich schon immer die Frage gestellt: »Was will der Mensch eigentlich?« Dabei sind sie zu verschiedenen Schlüssen gekommen:

Sigmund Freud: »Das Streben nach Lustbefriedigung.«
Alfred Adler: »Das Streben nach Macht.«
Viktor Frankl: »Das Streben nach Bedeutung.«

Einige der größten Psychologen in der Geschichte der Menschheit haben das, was wir wirklich wollen, mit diesen drei Theorien beschrieben. Erkennst Du, dass Du diese drei Theorien auf optimale Weise durch die konkrete Zielsetzung erfüllst? Wer sich Ziele setzt und sie erfüllt, erhält große Gefühle von Freude. Und wer sich Ziele setzt, die er erreicht, wird sich machtvoll fühlen. Es geht hier ja nicht um die negative Form von Macht, sondern es geht darum, mächtig zu sein. Mächtig über sein Schicksal, mächtig über sein Leben, mächtig über seine Zukunft, mächtig im Geben von Nutzen usw. Und wer sich ständig immer höhere Ziele setzt und diese erreicht, wird letztendlich die Bedeutung bekommen, nach der er sich so sehnt.

Alles Große hat einmal klein begonnen.

Ich will – und ich werde!

Henry Ford, der Automobilkönig, war einer der Menschen, die sich ständig große Ziele zum Nutzen der Menschheit setzen. So lautete eines seiner Ziele: Jeder Amerikaner soll einmal ein eigenes Auto fahren können. Eines Tages beschloss er, einen (seinen später berühmten) V-8-Motor zu bauen. Er dachte dabei an eine Maschine, die alle acht Zylinder in einem Block vereinen sollte. Seine Ingenieure behaupteten, dass es unmöglich sei, einen Acht-Zylinder-Motor in einem Stück zu fertigen. Doch Ford hatte sein Ziel und bestand darauf. Die Ingenieure meinten immer wieder, dass es nicht gehe. »Reden Sie nicht lange«, befahl Ford, »bleiben Sie dran, bis Sie die Lösung haben. Zeit spielt keine Rolle. Punkt. Schluss!«

Nun, die Ingenieure waren Angestellte bei Ford und wenn sie weiter ihren monatlichen Gehaltsscheck haben wollten, mussten sie letztendlich tun, was er verlangte. Sechs Monate vergingen ergebnislos. Nach weiteren sechs Monaten war immer noch keine Lösung in Sicht. Die Ingenieure probierten jede denkbare Möglichkeit aus, doch wie sie es auch anpackten, sie fanden keine Lösung. »Machen Sie weiter!«, entschied Ford. »Ich **will** diesen Motor haben, und ich **werde** diesen Motor haben!« Immer wieder trieb er seine Techniker an und diese stürzten sich in ihre Arbeit. Und eines Tages entdeckten sie, wie durch ein Wunder, des Rätsels Lösung. Das Beharren Fords auf seinem Ziel hatte sich wieder einmal ausgezahlt.

Henry Ford war ein Erfolgsmensch, weil er die Regeln des Erfolgs kannte und anwandte. Und eine davon ist eben die, sich durch nichts, aber auch gar nichts von seinem Ziel abbringen zu lassen. So machte es Henry Ford vor, der durch »Nutzen geben« und Zielstrebigkeit nicht nur Millionen verdiente, sondern darüber hinaus noch ein erfülltes Leben führte und zu großer Bedeutung gelangte.

Wenn ich zu Hause bin, gehe ich gerne laufen. Eines Tages, an einem herrlichen Frühlingsmorgen, blickte ich nach oben und sah in die Bäume. Dabei beobachtete ich Folgendes: Die **hohen** Bäume »kommen« als erste zu den Sonnenstrahlen. Die aufsteigende Sonne bestrahlt zart und weich die obersten Baumspitzen, so dass sie golden erstrahlen. Die weiter unten gelegenen Äste der Bäume dagegen liegen noch im nächtlichen Schatten. Die ersten Sonnenstrahlen treffen auch zuerst die Spitze eines Berges, ehe sie unten im Tal eintreffen. Was kannst Du daraus lernen? Sei ein **Gipfelstürmer!** Ein Gipfelstürmer ist ein Mensch, der von Gipfel zu Gipfel schreitet. Immer wieder setzt er sich neue Ziele und erreicht sie auch. Dadurch bekommt er Selbstachtung. Denn Selbstachtung wächst immer aus Erfolgen. Träume Deinen Traum, wünsche Dir die Erfüllung, glaube an die Erfüllung, entschließe Dich zu handeln, habe den Mut anzufangen, halte durch – und Du wirst das positive Ergebnis ernten, das Du Dir erträumt hast. Sei ein »Gipfel-zu-Gipfel-Stürmer«. Ein »Gipfel-zu-Gipfel-Stürmer« hat eine andere Einstellung, vor allem eine andere Einstellung zu dem angeblich »Unmöglichen«.

Eine der größten menschlichen Schwächen ist es, dass man mit dem Wort »unmöglich« zu schnell bei der Hand ist. Menschen, die so ausgerichtet sind, erscheint auch die sicherste Methode als »undurchführbar«. Dieses Buch ist aber für all diejenigen gedacht, die wissen möchten, wie sie Spitzenerfolge erzielen können, und zwar in den verschiedensten Bereichen ihres Lebens. Wenn Du meine Strategien umsetzt und beharrlich an deren Erfüllung arbeitest, dann wirst Du erleben, wie sich all Deine Träume in Realität materialisieren.

Albert Einstein wurde einmal gefragt, wie er die Relativitätstheorie entdeckt habe. Seine Antwort: »Ich habe einen unumstößlichen Grundsatz in Frage gestellt und in Zweifel gezogen.« Streiche also das Wort »unmöglich« aus Deinem Wortschatz. Wenn Du vor dem nächsten Gipfel stehst und andere Menschen Dir einreden wollen, er könne unmöglich bestiegen werden, dann fange an, einen Plan zu erstellen, erklimm den Berg, steh auf dem Gipfel und beweise so all denjenigen, die Dir prophezeit haben, Du würdest es nie schaffen, dass man es doch schaffen kann. Du musst damit leben, dass Du von anderen auf Deinem Weg kritisiert wirst. Verlierer sind auf Gewinner wütend. Denn das Negative verträgt das Positive nicht. Du wirst dabei vier Phasen im Laufe Deiner Erfolgsentwicklung durchlaufen, jene typischen vier Phasen, wie sie jeder Erfolgreiche durchläuft:

1. Phase: Du hast eine neue Idee umgesetzt, bist damit erfolgreich, wirst aber von vielen »Etablierten« ausgelacht.
2. Phase: Du hast durchgehalten und bist noch erfolgreicher geworden. Nun wirst Du misstrauisch und neidisch beäugt. Man gönnt Dir Deinen Erfolg nicht.
3. Phase: Dein Erfolg steigt weiter an und Du arbeitest beharrlich an der Erreichung Deiner Ziele. Nun hat man Angst vor Dir und die Angst schlägt um in Aggression. Man kritisiert und schließlich bekämpft man Dich. Wenn Du stark bekämpft wirst, dann lasse nicht locker, denn Du bist kurz vor dem absoluten Durchbruch.
4. Phase: Wenn Du weiter durchgehalten hast, wirst Du das Ziel Deiner Träume erreichen. Du wirst mit Deiner verrückten, unmöglichen, ungewöhnlichen Idee erfolgreich sein – und nun werden all diejenigen, die Dich ausgelacht, beneidet und kritisiert haben, Dir auf die Schulter klopfen und sagen: »Bravo! Ich hab ja gleich gesagt, Du schaffst es, aus Dir wird mal was!«

Kümmere Dich also nicht all zu sehr um Deine Kritiker. Denke immer daran:

»Kritikern hat man noch nie ein Denkmal gebaut, den Kritisierten dagegen schon oft.«

GLENN W. TURNER

Ziele und Pläne sind die wichtigsten Grundlagen für Erfolg. Stell Dir doch nur einmal vor, Reinhold Messner und Luis Trenker würden auf dem Gipfel von einem Journalisten gefragt werden, wie sie das denn geschafft haben und diese würden dann antworten: »Och, wir sind einfach mal vorgestern so losgelaufen ...« Nein, alle erfolgreichen Menschen wussten immer, was sie wollten. Allerdings darfst Du dabei nicht zu einem »Erfolgs-Neurotiker« werden. Ein Erfolgs-Neurotiker ist jemand, für den nur noch das Ziel zählt; er glaubt, sein Glück nur noch dann zu finden, wenn er sein Ziel erreicht.

Doch die Erreichung des Zieles bringt ihm nur Glück für eine Sekunde; dann lässt es bereits nach. Dies bedeutet, dass Du **auf** dem Weg glücklich werden musst. Deshalb heißt es ja auch im Buddhismus: »Der Weg ist das Ziel!«

Doch jeder Weg hat einen Anfang, eine Richtung und ein Ende. Ohne Ziel gibt es keinen Weg. Und darum setze Dir klare Ziele, damit Du weißt, wohin Du musst. Gehe aber nicht davon aus, dass Du nur glücklich bist, wenn Du Dein Ziel erreicht hast. Viele Menschen halten die Erreichung ihres Zieles für lebenswichtig. Kaum haben sie dann ein Ziel erreicht, können sie diesen Erfolg gar nicht auskosten, denn sie befinden sich bereits auf dem Weg zum nächsten Gipfel.

Ein Reinhold Messner hat das Ziel, einen bestimmten Berg zu besteigen. Er glaubt daran, er setzt sich einen Termin, er kommt ins Planen. Schließlich kommt er ans Ziel, ist erfolgreich. Und nun wird er sich eine Zeitlang zurückziehen, startet dann eine Vortragstournee, ruht sich danach aus und genießt seinen Erfolg. Doch irgendwann setzt er sich das nächste große Ziel.

Denke daran: Nicht wenn Du Dein Ziel erreicht hast, bist Du glücklich, sondern: Du bist glücklich, an der Erreichung Deines nächsten Zieles arbeiten zu dürfen! Wer nur von einem Ziel zum anderen hetzt, wird zwar in den Augen anderer erfolgreich sein, aber er selbst wird gar nicht glücklich sein können. Nicht jeder »Workaholic« ist jemand, der seine Arbeit liebt – solch ein Mensch ist möglicherweise lediglich davon besessen, abhängig, süchtig. Um es also noch einmal deutlich zu machen: **Zuerst** kommen die Ziele und dann musst Du auf dem Weg zum Erreichen Deiner Ziele Dein Glück finden.

»Wenn man das Ziel nicht kennt, ist kein Weg der richtige.«

AUS DEM KORAN

Eine konkrete und klare Zielsetzung birgt auch die Gefahr in sich, dass Du blind wirst für andere Möglichkeiten. Es kann passieren, dass Du Dich in eine Idee verrennst. Lass es nie dazu kommen, dass Deine Ziele Dich blind machen gegenüber anderen, neueren, vielleicht sogar besseren Möglichkeiten. Stell Dir beispielsweise vor, Du hättest vor vielen Jahren das Ziel gehabt, eine eigene Schallplatten-Stereoanlagen-Produktion aufzubauen. Du hast sie aufgebaut und Dein nächstes Ziel war es, die besten Produkte herzustellen. Auch das hast Du erreicht, und Dein nächstes Ziel war es, der erfolgreichste Schallplatten-Fabrikant zu sein. Und auf dem Weg dorthin kam der CD-Player. Wenn Du jetzt nicht flexibel genug gewesen wärest, auf den »neuen Zug« aufzuspringen, hätte Dir Dein ganzes Ziel nichts genützt. Verstehst Du, was ich meine? Die Konsequenz aus all dem ist, dass Du ständig Deine Ziele überprüfen musst. Stell Dir die Frage, ob Dir Dein Ziel heute noch so wichtig ist wie gestern, als Du es formuliert hast. Falls nein, dann ändere Dein Ziel!

In einem Museum in Florenz kann man heute Michelangelos Meisterwerk, den »David«, bewundern. Doch die wenigsten Menschen kennen seine Entstehungsgeschichte ...

Es war immer schon da

Die Medici, zu ihrer Blütezeit die reichste und mächtigste Familie Italiens, beauftragten eines Tages Michelangelo, eine Statue von außergewöhnlicher Güte zu erstellen. Michelangelo verbrachte zunächst seine Zeit damit, nach einem geeigneten Marmorblock Ausschau zu halten. Eines Tages entdeckte er in einer Seitenstraße einen von Unkraut und Gras überwucherten Marmorblock, der einmal in die Stadt geschafft, aber nicht verwendet worden war. Er blickte ihn eine Zeitlang an und ließ ihn dann von einigen Arbeitern in sein Atelier bringen. Dort begann er mit der zeitaufwendigen und mühsamen Arbeit, den David aus dem Stein zu hauen. Zwei Jahre dauerte es, ehe er die groben Konturen aus dem Stein gehauen hatte. Zwei weitere Jahre benötigte er, bis er durch Schleifen, Polieren usw. das Wunderwerk des David endgültig fertiggestellt hatte.

Bei der Enthüllung des David auf dem Marktplatz strömten die Menschenmassen herbei und bestaunten andächtig und stumm das Meisterwerk. Michelangelo galt ab diesem Zeitpunkt als der größte Bildhauer seiner Zeit, ja, vielleicht gilt er heute noch als größter Bildhauer aller Zeiten. Als man ihn fragte, wie er denn dieses Meisterwerk erschaffen konnte, antwortete er: »Der David war immer schon da. Ich habe ihn im Marmorblock gesehen und musste lediglich noch allen überflüssigen Marmor so lange entfernen, bis der David in seiner Pracht und Einzigartigkeit übrigblieb.«

Und darum geht es: Dein Leben ist das, was Du in dem »Marmorblock« siehst und erschaffst. Wie viele Marmorblöcke gibt es auf dieser Welt, in denen bereits ein einzigartiger David darauf wartet, erschaffen zu werden? Aber auch Du bist ein Meisterwerk. Du musst dieses Meisterwerk jedoch sehen und erkennen. Und dann benötigst Du den Faktor Zeit. Auch Michelangelo benötigte insgesamt über vier Jahre, um seinen »David« zu erschaffen. Viele Menschen glauben, sie setzen sich ein Ziel und sind übermorgen bereits da. Wer sich jedoch große Ziele setzt, wirklich fantastische Ziele, der muss den Faktor Zeit einfach einplanen. Und so wie Michelangelo seinen »David« im Marmorblock sah, »sieht« ein Architekt bereits das Haus, das er baut, »sieht« ein Maler vor seinem geistigen Auge bereits das Bild, das er malen wird.

Viele Menschen haben diese natürliche Fähigkeit des »Sehens« einschlafen lassen. Vielleicht haben auch Gesellschaft und Erziehung dafür gesorgt, dass wir einfach nicht mehr »sehen« können oder, nennen wir es besser, nicht mehr träumen können. Das Bild ist die Sprache des Unterbewusstseins. Du solltest Dir deshalb Deinen erhofften Endzustand, die Erreichung Deines Zieles, immer wieder deutlich vor Augen führen. Dies ist eine der besten Übungen, die es gibt, um an der Erreichung seiner Wünsche und Träume zu arbeiten ...

Nimm Dir jeden Tag, bevor Du mit dem Arbeiten beginnst, einige wenige Minuten Zeit und schließe die Augen. Stelle Dir ganz deutlich vor, Du hättest Dein Ziel bereits erreicht. Sieh Dich dabei selbst in Deinem Ziel vorkommen. Schalte dabei all Deine Sinnesorgane ein:

- Sieh das Bild bzw. den Film.
- Höre die Geräusche und Stimmen, die existieren.
- Fühle und spüre Dein Ziel.
- Vielleicht kannst Du auch etwas riechen.
- Vielleicht kannst Du etwas schmecken.

Wenn Du nicht alle Sinneseindrücke empfinden kannst, ist das vollkommen in Ordnung. Schalte einfach so viele Deiner Sinneswahrnehmungen ein, wie es Dir möglich ist. Auch können die einzelnen Sinneswahrnehmungen unterschiedlich stark ausgeprägt sein. Das ist ebenso vollkommen in Ordnung.

»Jede bildhafte Vorstellung, die uns erfüllt, hat das Bestreben, sich zu verwirklichen.«

ÉMILE COUÉ

Diese Übung ist auch hervorragend dafür geeignet, um zu überprüfen, ob Dein Ziel wirklich Dein »wahres Ziel« ist. »Wahres Ziel« bedeutet, dass es wirklich mit Deinem innersten Wesen übereinstimmt – und nicht ein Ziel ist, das Dir von »außen«, also zum Beispiel von Deinem Partner, von Deinen Eltern, von Deinem Chef aufgezwungen worden ist. Stell Dir einfach zehn Minuten lang Dein Ziel vor. Wenn Du dabei konzentriert und ohne Ablenkung bei der Sache sein kannst, ist dies der beste Beweis dafür, dass Du kongruent bist, das heißt, dass Dein Bewusstsein und Dein Unterbewusstsein mit diesem Ziel übereinstimmen. Der Lösungssatz, der alles im Leben wandeln kann, lautet also: »**Was wäre, wenn es bereits verwirklicht wäre?**«

Und was tust Du, wenn Du am Ziel angekommen bist? Viele Menschen verharren dann, viele steigen dann aus, viele leben in den Tag hinein. Doch der Mensch ist nicht auf dieser Welt, um Müßiggang zu betreiben; er ist auf dieser Welt, um Aufgaben zu erfüllen und beständig zu wachsen, zu lernen, sich weiterzuentwickeln und zwar auf ein immer höheres Niveau. Voller Begeisterung streben wir nach dem Äußersten, um das Möglichste zu erreichen. Der große Dirigent Herbert von Karajan sagte einmal: »Wer behauptet, alles erreicht zu haben, hat sich nie große Ziele gesteckt.«

Du kennst doch das Beispiel von so manchem Ruheständler, der mit 65 Jahren in Rente gehen muss (sein Unternehmen verlangt es so). Dreißig Jahre hatte er täglich zehn bis zwölf Stunden gearbeitet, war dabei nie krank, immer voller Energie, voller Enthusiasmus, voller Zielstrebigkeit. Kaum ist er pensioniert, beginnt er zusehends physisch und psychisch zu »verfallen«, und drei Jahre nach seiner Pensionierung erleidet er einen Herzinfarkt. Deshalb: Was wir benötigen, sind immer wieder neue große Ziele, die uns antreiben. Natürlich darf auch das Genießen des bereits Erreichten nicht zu kurz kommen. Es ist wichtig, nach jedem Erfolg innezuhalten, neue Kräfte zu sammeln – und dann auf: Der nächste Berg ruft.

»Wer meint, er ist am Ziel, der geht zurück.«

LAOTSE

Konnte ich Dich in diesem Kapitel dazu motivieren, dass Du Dir große und konkrete Ziele stecken möchtest? Im nächsten Kapitel wartet der große Ziel-Workshop auf Dich. Die dort investierte Zeit wird die wichtigste in Deinem Leben sein. Denn die Ziele, die Du Dir steckst, bestimmen über Dein Schicksal.

Schau Dir einmal, bevor Du diesen Workshop durchführst, den Himmel an. Wenn es bereits dunkel ist, hast Du vielleicht das Glück und siehst die Sterne am Firmament. Kannst Du dort hoch oben am Himmel Deinen persönlichen Stern sehen? Siehst Du Deinen Glücksstern, Dein großes Ziel? Ich habe vor einigen Jahren nach oben geblickt und habe meinen Stern gesehen. Danach habe ich mir einen Stift geholt und diesen Stern beschriftet: »Dieser Stern gehört Jürgen Höller (also such Dir gefälligst einen anderen Stern).« Und dieser Stern ist es, der mich unweigerlich anzieht. Ich strebe danach und komme ihm immer näher und näher. Wenn Du Dir Deinen Stern herausgesucht hast, anschließend eine Strategie aufstellst, wie Du ihn erreichst, dann wirst Du feststellen, dass Du Dich im ersten Jahr vielleicht nur wenige Zentimeter auf diesen Stern zu bewegst. Solch ein Stern ist Millionen von Kilometern entfernt und dagegen nehmen sich einige wenige Zentimeter geradezu lächerlich aus. Deshalb brechen viele Menschen bereits nach kurzer Zeit wieder ab, kehren zurück in ihr altes Leben, sind frustriert, weil sie sich nicht vorstellen können, ihr Ziel zu erreichen. Doch wer weitergeht, der stellt fest, dass er im zweiten Jahr bereits einen Meter zurückgelegt hat. Das ist immer noch recht wenig und deshalb brechen auch viele im zweiten Jahr ab. Doch die Optimisten sagen, die Geschwindigkeit, mit der ich mich meinem Stern nähere, nimmt zu.

Wenn Du weiter durchhältst, wirst Du im dritten Jahr erleben, dass Du vielleicht bereits zehn Meter zurückgelegt hast ... und im vierten Jahr hundert Meter ... und im fünften einen Kilometer ... und im sechsten Jahr zehn Kilometer ... und im siebten hundert ... und im achten tausend ... und im neunten zehntausend ... und im zehnten Jahr ... und ... und ... und ... Die Geschwindigkeit, mit der Du Dich auf Dein Ziel zu bewegst, nimmt proportional mit der Zeit zu. Du benötigst also die Ausdauer, die Beharrlichkeit, die Disziplin, eine lange Zeit durchzuhalten, um schließlich die Früchte zu ernten, die Du gesät und die Du Dir verdient hast. Habe den Mut zum Erfolg. Glaube an Dich und glaube an Deine Ziele – und Du wirst alles erreichen, was Du Dir vorstellen kannst.

»Wer selbst kein Ziel hat,
arbeitet automatisch für die Ziele anderer.«
JÜRGEN HÖLLER

KAPITEL 7

Großer Ziel-Workshop

Bitte führe diesen Workshop schriftlich durch. Denn nur, was schriftlich festgehalten ist, kann sich materialisieren.

Ich habe im Laufe der Jahre, in denen ich viele tausend Menschen in meinen Seminaren schulte, festgestellt, dass sich die meisten Ziele bereits dadurch erfüllen, dass sie einmal konkret terminiert sowie klar und eindeutig **schriftlich** niedergelegt wurden. Diese Übung dient Dir also nicht nur dazu, Dir über Deine Ziele klarzuwerden, sondern sie im Unterbewusstsein so zu verankern, dass sie sich möglichst schnell und sicher erfüllen. Auch wenn Du also bereits Deine Ziele gefunden hast, führe diesen Ziel-Workshop nochmals durch, um sie in Deinem Unterbewusstsein tief und fest zu verankern.

Bevor Du diesen Workshop durchführst, musst Du Dich in einem absoluten »Höchst-Zustand« befinden. Denn wenn Du Dich in einem kraftlosen, negativen Zustand befinden solltest, kannst Du auch nur kraftlose, negative Ziele formulieren. Um Dich in einen starken, kraftvollen Zustand zu versetzen, empfehle ich Dir folgende Übungen, die nur wenige Augenblicke dauern:

1. Lege eine Musik auf, die in Dir positive, kraftvolle, mächtige Gefühle erzeugt – eine Musik, die Dich größer werden lässt, die Dir Power gibt.
2. Öffne das Fenster und lasse frische Luft herein, sorge also für Sauerstoff. Starte die Musik und führe dabei folgende Übung aus: Nimm den Rand Deiner Ohren am obersten Punkt zwischen Daumen und Zeigefinger und »rolle« Dein Ohr ein. Gehe danach einige Millimeter tiefer, rolle das Ohr wieder ein. Fahre so fort, bis Du am Ohrläppchen angelangt bist. Dann mache die Übung weiter und gehe dabei langsam wieder nach oben. Wiederhole dies zwei- bis dreimal. Danach lege die Innenseite Deiner ausgestreckten Hände flach auf Deine Ohren und »schubbere« jetzt zwanzig Sekunden leicht,

aber ganz schnell mit den Händen auf Deinen Ohren. Der Grund für diese Übung: An den Ohren befinden sich Nervenpunkte von allen Organen Deines Körpers – genauso wie Du von allen Organen einen Nervenpunkt an den Füßen (deshalb auch Fußreflexzonenmassage), an den Händen und Fingern hast. Wenn Du auf diese Weise Deine Ohren rollst, knetest, schubberst, werden alle Organe »eingeschaltet« – und wenige Augenblicke später bist Du voller Energie (maximal für eine Stunde).

3. Lass die Musik jetzt weiterlaufen und balle Deine Hände zu Fäusten. Suche den Mittelpunkt von Deinem Brustkorb und klopfe jetzt – leicht – abwechselnd mit Deinen beiden Fäusten auf Deinen Brustkorb. Dort befindet sich Deine Thymusdrüse. Dieses Organ hat normalerweise die Größe einer Nuss, verkleinert sich jedoch in negativen Situationen des Lebens (Stress, Sorgen, Kummer etc.), bis es nur noch die Größe einer Erbse hat. Durch das mechanische Klopfen von außen – bei einer Dauer von mindestens zwanzig Sekunden – entfaltet sie sich wieder zur vollen Größe. Die Thymusdrüse produziert Abwehrstoffe und bestimmte Hormone, die Dir ebenfalls Energie und Power geben.
4. Strecke Deine Arme nach oben aus. Führe jetzt Deine rechte Hand nach unten, während Du gleichzeitig Dein linkes Knie nach oben führst. Berühre mit Deiner rechten Hand Dein linkes Knie, strecke die Hand wieder nach oben aus und setze den Fuß wieder ab. Mach das Ganze jetzt mit der linken Hand und dem rechten Knie. Führe diese Übung zwanzigmal durch. Durch diese Übung schaltest Du beide Gehirnhälften, linke und rechte, wieder voll ein. Gerade wir Menschen in den westlichen Industrieländern arbeiten zu neunzig Prozent mit unserer linken Gehirnhälfte, während die rechte Gehirnhälfte nur zu zehn Prozent benutzt wird. Aber die rechte Gehirnhälfte ist es, die für Kreativität, Intuition usw. benötigt wird – und deshalb für den folgenden Ziel-Workshop so wichtig ist.

ZIEL-WORKSHOP

1. Wo stehst Du heute?
   a) Beruflich
   b) Finanziell
   c) Gesundheit
   d) Familie
   e) Sozialer Bereich
2. Welche Tätigkeiten kannst Du besonders gut?
3. Welche Tätigkeiten und Fertigkeiten magst Du besonders, führst Du besonders gerne aus?
4. Was waren die größten Erfolge Deines Lebens, in welchen Bereichen hast Du sie erzielt und welche Fertigkeiten musstest Du einsetzen?
5. Warum sind Ziele notwendig für ein erfolgreiches, erfülltes und glückliches Leben?

6. Warum hast Du Dir bisher noch keine konkreten, **schriftlich** festgehaltenen Ziele mit Plänen zu deren Erreichung gesetzt?

____

____

____

7. Was war der tatsächliche Hauptgrund, warum Du Dir bisher noch keine Ziele gesetzt hast?

____

____

____

8. Welche Erkenntnis gewinnst Du daraus und was wirst Du jetzt tun?

a) ______________________________________

b) ______________________________________

c) ______________________________________

9. Schreibe bitte drei Beispiele auf, bei denen die Angst vor dem Versagen Dich daran gehindert hat, etwas zu tun, was Du tun wolltest:

a) ______________________________________

b) ______________________________________

c) ______________________________________

10. Misserfolge sind oft die besten Lehrmeister unseres Lebens. Aus jedem Rückschlag kannst Du etwas lernen und darauf aufbauen. Nenne drei Misserfolge, Enttäuschungen, die Du erlebt hast und schreibe nieder, was Du daraus gelernt hast, was sie Dir gebracht haben.

a) ______________________________________

b) ______________________________________

c) ______________________________________

11. Welches Gebiet bzw. welche Gebiete erregt bzw. erregen Deine volle Aufmerksamkeit?

a) Wenn Du in einen Buchladen gehst – nach welchen Büchern stöberst Du und welche liest Du (Sachbücher, Romane etc.)?

____

____

b) Welche informativen TV-Programme willst Du Dir nicht entgehen lassen?

____

____

c) In welchen Dingen kannst Du regelrecht »aufgehen«?

____

____

d) Über welche Bereiche unterhältst Du Dich sehr gerne im Freundes- und Bekanntenkreis und wann kleben Dir die Menschen förmlich an den Lippen, weil sie von Deinen Ausführungen fasziniert sind?

____

____

12. Welche fünf Dinge haben für Dich den größten Wert im Leben?

a) ____

b) ____

c) ____

d) ____

e) ____

f) ____

13. Wenn Du plötzlich Millionär wärst, was würdest Du anders machen und welcher **Tätigkeit** würdest Du nachgehen wollen?

____

____

14. Was wolltest Du schon immer einmal tun, aber die Angst, es nicht zu schaffen, hat Dich davor zurückgehalten?

____

____

15. Welche Art von Aktivitäten gibt Dir im Leben das größte Gefühl von Bedeutung?

____

____

16. Wenn Du absolut sicher wärst, hundertprozentig sicher, Du könntest nicht scheitern – welche Aufgabe würdest Du Dir stellen, welche Tätigkeit würdest Du in Angriff nehmen?

____

____

17. Schreibe Dir jetzt zu den unten aufgeführten Bereichen all Deine Ziele auf, die Du erreichen möchtest:

a) Beruflich

____

____

b) Finanziell/Materiell

____

____

c) Gesundheit

____

____

d) Familie

____

____

e) Sozialer Bereich/Freundeskreis

____

____

Schreibe Dir jetzt aus jedem Bereich Dein wichtigstes Ziel heraus:

a) Beruflich

____

____

b) Finanziell/Materiell

____

____

c) Gesundheit

____

____

d) Familie

____

____

e) Sozialer Bereich/Freundeskreis

____

____

18. Was ist Dein absolutes Hauptziel, Deine Hauptaufgabe, Dein Lebensziel, was also ist das, dem Du nachgehen möchtest?

____

19. Ziele verwirklichen sich dann am schnellsten und zuverlässigsten, wenn sie den Menschen, also der Welt, einen möglichst großen Nutzen geben.

a) Nutzt Dein Lebensziel anderen Menschen?

____

b) Dient es in irgendeiner Form anderen Menschen?

____

c) Schadet Dein Ziel keinem einzigen Menschen?

____

d) Wirst Du also durch die Erfüllung Deines Hauptzieles zu einem Wohltäter der Menschheit?

____

20. Setze Dir jetzt für das Erreichen Deiner Hauptziele – und zwar in jedem Bereich – einen genauen Termin. Wann also wird das jeweilige Ziel erreicht sein?

a) Beruflich

____

b) Finanziell/Materiell

____

c) Gesundheit

____

d) Familie

____

e) Sozialer Bereich/Freundeskreis

____

21. Formuliere jetzt noch einmal jedes Deiner Hauptziele neu. Achte dabei darauf, dass es folgende wichtige Kriterien erfüllt:

- Klar festgelegt
- Kurz formuliert (maximal acht bis zehn Wörter)
- Eindeutiger Termin
- In der Gegenwartsform (»Es ist ...«; »Ich bin ...« ;
- »Ich habe ...« ; »Ich tue ...«)
- Positiv formuliert (»Ich habe ...« , nicht »Ich werde nicht mehr ...«)

a) Beruflich

____

____

b) Finanziell/Materiell

____

____

c) Gesundheit

____

____

d) Familie

e) Sozialer Bereich/Freundeskreis

22. Setze Dir jetzt für Dein Hauptziel ein Siebenjahresziel:

23. Setze Dir jetzt für Dein Siebenjahresziel das nächste Jahresziel:

24. Setze Dir jetzt für Dein Jahresziel das nächste Monatsziel:

Nimm dieses Blatt auf Wiedervorlage, so dass es automatisch am Ende jedes Monats »zu Dir kommt«. Setze Dir jeden Monat ein neues Monatsziel, so dass Du durch die Erfüllung von zwölf Monatszielen Dein Jahresziel erreichst. Wenn das Jahr vorüber ist, setze Dir ein neues Jahresziel. Deine Jahresziele müssen so formuliert sein, dass Du mit der Erreichung von sieben einzelnen Jahreszielen schließlich Dein Siebenjahresziel erreichst. Deine Siebenjahresziele müssen so angelegt sein, dass Du auf diese Weise ein Lebensziel erreichst (wenn Dein Ziel so weit in die Zukunft reicht).

25. Ist Dein Ziel realistisch? Dies kannst Du herausfinden, indem Du Dir folgende Frage beantwortest: Hat Dein Ziel zu fünfzig Prozent Aussicht auf Erfolg?

26. Falls nein, ändere Dein Ziel jetzt so ab, dass es zu fünfzig Prozent Aussicht auf Erfolg hat!

27. Was fehlt Dir noch? Was musst Du erwerben, was musst Du tun, um Deine Ziele zu erreichen? Welche finanziellen Mittel benötigst Du?

____

____

Wo könntest Du Dir diese finanziellen Mittel besorgen (Bank, Beteiligung, Erspartes, Partner, Sicherheiten, öffentliche Mittel etc.)?

____

____

28. Welches Wissen musst Du Dir aneignen? Welche Ausbildung benötigst Du? Welchen Beruf musst Du ergreifen?

____

____

Welches Können, welche Fertigkeiten musst Du besitzen, um Dein Ziel zu erreichen?

____

____

Wo kannst Du Dir diese Fertigkeiten aneignen?

____

____

29. Gibt es jemanden, der bereits mit der Sache erfolgreich ist, die Du planst? Kannst Du etwas von ihm lernen? Kannst Du seine Erfolgsstrategien übernehmen?

____

____

30. Welche Charaktereigenschaften musst Du besitzen bzw. erwerben, um Dein Ziel erreichen zu können?

____

____

31. Welche Bücher, welche DVDs, welche Audio-CDs willst Du lesen/ hören/ansehen und welche Seminare willst Du besuchen, damit Du auch sicher sein kannst, Dein Ziel zu erreichen?

a) Bücher ____________________

____

b) DVDs ____________________

____

c) Audio-CDs ____________________

____

d) Seminare ____________________

____

32. Welche Hindernisse halten Dich derzeit davon ab, Dein Ziel zu erreichen?

____

____

____

Ordne sie nach Deinen Prioritäten:

a) ____________________
b) ____________________
c) ____________________
d) ____________________
e) ____________________

33. Was ist also Dein Haupthindernis, Dein »Hauptstein«, der Dir im Wege liegt – und den Du entfernen, umlaufen bzw. überwinden musst?

____

KAPITEL 8

Unternehmensziele

Falls Du kein eigenes Unternehmen besitzt, auch nicht anstrebst, irgendwann einmal eines zu besitzen, könntest Du dieses Kapitel überspringen und zum nächsten übergehen. Du kannst es aber auch lesen, denn vielleicht gibt es Dir Erkenntnisse, die für Dich von Belang sein könnten.

»Das Geheimnis all derer, die Erfindungen machen, ist, nichts für unmöglich anzusehen.«

JUSTUS VON LIEBIG

Das dürfte der Grundsatz vor allem der Chemiker sein, von denen der zitierte Autor einer der bedeutendsten war. Das gleiche Anliegen verfolgen – in Zusammenarbeit mit den Pharmazeuten – selbstverständlich auch die Ärzte, vor allem dann, wenn sie auf der Suche nach Medikamenten gegen bisher unheilbare Krankheiten sind. Jene gelang zum Beispiel dem englischen Arzt Edward Jenner, der vor zweihundert Jahren die erste Pockenschutzimpfung durchführte. Diese Impfung hat die Seuche so erfolgreich besiegt, dass in Europa sogar auf die Pflichtimpfung verzichtet werden kann. Doch immer neue Probleme warten in der Medizin darauf, gelöst zu werden. Denken wir nur an die heutigen Geiseln Krebs und Aids. Außer der Medizin bieten auch Sozial-, Umwelt- und Wirtschaftsprobleme einen unermesslichen »Tummelplatz« für potenzielle Erfinder(innen) zum Wohle der Menschheit. Lassen wir uns also nicht abschrecken!

Jede Liebe macht erfinderisch. Für die Liebe gibt es kein »unmöglich«, und die Fantasie des Herzens reicht immer noch weiter als der findigste Verstand. Was hältst Du davon, Dich in Deine Aufgabe zu verlieben, der Du unternehmerisch nachgehst? Was gibt es, das es heute noch nicht gibt, das Dir dazu verhilft, einen absoluten Durchbruch im unternehmerischen Bereich zu erzielen? Es gibt viele Strategien, die Dich erfolgreicher machen. Aus dem Japanischen kam vor einigen Jahren etwa die Strategie des **Kaizen**. Dieses Prinzip besagt, etwas (Produktion, Management, Kundenservice) ständig und kontinuierlich verbessern zu wollen. Deshalb heißt das Kürzel im Deutschen auch KVP, was nichts anders als »Kontinuierlicher Verbesserungsprozess« heißt.

Die Steigerung des Kundennutzens ist toll – sie bringt mehr Erfolg, Spitzenerfolg sogar, doch Marktführer wirst und bleibst Du nur, wenn Du Dir die Zukunft ausdenkst. Du musst Dinge erfinden und, noch wichtiger: Du musst sie vermarkten – weil es diese Dinge heute noch nicht gibt. Alles andere ist ein »Herumdoktern« an bestehenden Dingen. So wurde beispielsweise Bill Gates der reichste Mann der Welt, weil er an den Personal Computer glaubte. Doch die Frage ist natürlich: Wie entwickle ich etwas Neues? Hierzu solltest Du Dir Gedanken machen ...

AUFGABE

1. Welche Bedürfnisse und Probleme hat Dein Kunde, die derzeit Deine Mitbewerber besser lösen?

   ____

   ____

2. Welche Bedürfnisse und Probleme hat Dein Kunde, für die es derzeit überhaupt noch keine gute Lösung gibt – weder von Dir noch von Deinen Mitbewerbern?

   ____

   ____

3. Welche Bedürfnisse und Probleme könnte er haben, die er selbst noch gar nicht kennt? (In dieser Aufgabe geht es darum, Dir Gedanken darüber zu machen, wie die Bedürfnisse Deines Kunden definiert werden könnten. Dein Kunde wird nicht in der Lage sein, diese Bedürfnisse zu benennen – eben weil er sie nicht kennt. Du musst hier die»Nase am Markt« haben und »spüren«, was Du anbieten könntest.)

   ____

   ____

4. Welche Lösungen könntest Du in diesem Zusammenhang anbieten, auch wenn sie derzeit »unmöglich« erscheinen?

____

____

Wenn Du Dir diese Fragen immer wieder in regelmäßigen Abständen stellst, wirst Du ungewöhnliche Antworten erhalten. Diese ungewöhnlichen Antworten werden Dich, wenn Du es möchtest, zu ungewöhnlichem Handeln führen. Und ungewöhnliches Handeln führt zu ungewöhnlichen Ergebnissen. Und ungewöhnliche Ergebnisse werden ungewöhnlich von Deinen Kunden honoriert.

So hatte beispielsweise British Airways kurz nach seiner Privatisierung 1987 den Traum »kreiert«, die »beste Fluglinie der Welt« zu werden. Da British Airways nicht gerade in dem Ruf stand, einen glanzvollen Service zu bieten (wohl ein Stück britischen Understatements), konnte man es den Kunden nicht übelnehmen, dass sie diesem Bestreben mit Skepsis begegneten. Aber bereits im Jahr 1992 war es so weit, dass *Business Traveller* der British Airways den Titel des besten Transatlantik-Carriers verlieh. Vor British Airways landete weltweit nur noch die Singapore Airlines. Wenn British Airways auch nicht die weltbeste Fluglinie wurde, so wurde sie doch innerhalb von nur fünf Jahren zur Nummer zwei. Dies wurde nur möglich, weil British Airways seinen Mitarbeitern eine über die unmittelbare Leistung hinausreichende Richtung gab.

In den meisten Unternehmen gibt man den Mitarbeitern für ihre Bemühungen jedoch keine Richtung vor, so dass sie keine Verantwortung für die Wettbewerbsfähigkeit des Unternehmens besitzen. Kaum einer kann über sich hinauswachsen, das berühmte »bisschen« mehr machen und zwar jeden Tag, solange er nicht weiß, in welche Richtung es geht.

Hier noch einige Fragen, die Dir dazu verhelfen können, der Marktführer an Deinem Ort, in Deinem Gebiet, in Deiner Branche, in Deinem Land, weltweit zu werden …

AUFGABE

1. Bitte schreibe einmal auf, welche Kunden Du heute bedienst:

____

____

2. Welche Kunden wirst Du in fünf bis zehn Jahren bedienen?

____

____

3. Über welche Kanäle erreichst Du heute Deine Kunden?

____

____

4. Über welche Kanäle wirst Du Deine Kunden in der Zukunft erreichen?

____

____

5. Wer sind heute Deine Konkurrenten?

____

____

6. Wer wird in der Zukunft Dein stärkster Konkurrent sein?

____

____

7. Was ist heute die Grundlage für Deinen Wettbewerbsvorteil?

____

____

8. Was wird in fünf bis zehn Jahren die Grundlage für Deinen Wettbewerbsvorteil sein?

____

____

9. Worauf beruhen Deine Gewinne heute?

____

____

10. Worauf werden Deine Gewinne in der Zukunft beruhen?

____

____

11. Durch welche Fertigkeiten oder Fähigkeiten hebst Du Dich heute deutlich ab?

____

____

12. Durch welche Fertigkeiten oder Fähigkeiten wirst Du Dich in fünf bis zehn Jahren deutlich abheben?

____

____

Du musst bei Deiner Zukunftsplanung nicht immer an komplizierteste Dinge denken. Weil die Fehlmeinung herrscht, dass einfache Dinge nicht zum Erfolg führen, machen wir uns an immer kompliziertere Dinge heran. So wurde das Drachenfliegen erst dann erfunden, als wir bereits mit riesigen Jumbojets von einem Kontinent zum anderen übersetzten. Und so wurde das Windsurfen erst dann erfunden, als wir bereits mit riesigen Ozeantankern über die Weltmeere schipperten.

Das Einfache, mit dem Du erfolgreich sein kannst, liegt oft so nahe. Es liegt so nahe, dass Du es sehen kannst. Und weil Du es sehen kannst, erkennst Du, wie einfach es ist. Und weil es so einfach erscheint, kann es keinen Erfolg bringen. Oder warum nehmen viele Menschen ihre Chancen nicht wahr, die direkt vor ihnen liegen?

Die Zukunftsorientierung stellst Du fest, indem Du Dir die Frage stellst: »Wie sieht die Zukunft meiner Branche aus?« In fünf Jahren zählt nicht mehr, mit welchen Strategien und Ideen Du in der Vergangenheit erfolgreich warst. Das, was gestern erfolgreich machte, kann heute gerade eben noch funktionieren, könnte Dich aber morgen möglicherweise in den Ruin treiben. Und darum bleib nicht stehen, sondern mache Dir hier und jetzt Gedanken, wohin die Reise gehen soll. Solltest Du Dich einmal auf dem geschäftlichen Höhepunkt befinden (vielleicht auch schon heute), dann stelle Dein Unternehmen komplett auf den Prüfstand und erfinde die Zukunft neu. Tue so, als ob Du eben ein Unternehmen neu gründen würdest. Was würdest Du tun?

AUFGABE

Stell Dir vor, Dein Unternehmen existiert nicht. Stell Dir weiter vor, Du würdest jetzt vor einem Blatt Papier sitzen und Dir Gedanken darüber machen, wie Du Dir Dein Geschäft aufbauen solltest. Auf welchen Grundlagen gründest Du Dein Unternehmen? Wo willst Du besser sein? Was ist die Revolution, die Innovation, weswegen die Kunden bei Dir und nicht bei den Mitbewerbern kaufen sollen?

____

____

____

____

Von 1970 bis 1991 flogen 60 Prozent der Firmen aus der »Fortune-500-Liste« heraus. Dabei handelt es sich um eine Veröffentlichung der fünfhundert erfolgreichsten Unternehmen in der amerikanischen Wirtschaftszeitung *Fortune*. Von den ehemals fünfhundert sind also nur noch zweihundert vertreten. Die anderen dreihundert haben es nicht verstanden, ihren Erfolg von der Vergangenheit auch in die Zukunft zu transportieren. Sie haben es nicht verstanden – weil sie geglaubt haben, es würde immer so weitergehen. Es geht aber nicht immer so weiter – Du musst Dir neue große Ziele und Visionen setzen. Denn nachdem die Zukunft erdacht ist, kannst Du sie auch erbauen. Dabei geht es mir nicht nur um reine Zahlenziele. Denn eine Vision kann viel machtvoller sein als ein reines Zahlenziel.

»In der deutschen Wirtschaft werden vorsichtige Manager belohnt, mutige, experimentierfreudige dagegen bestraft.«

JÜRGEN HÖLLER

Durch Kaizen, Kostensenkungsprogramme, Reengeneering usw. können Symptome behandelt, aber nicht die Ursachen einer Krankheit beseitigt werden. Die Ursache ist, dass Unternehmen großartige, kraftvolle, mächtige Visionen benötigen, die sie antreiben und nach vorne bringen. Der Beste sein zu wollen, Marktführerschaft zu übernehmen, ein ungewöhnliches Produkt auf den Markt zu bringen und erfolgreich zu vermarkten – all das sind Gedanken, die große Energie in uns hervorbringen. Du glaubst das nicht? Dann solltest Du dieses Buch so oft durchlesen, bis Du vor allem eines verstanden hast: Es sind **Deine Glaubenssätze**, die **Dich begrenzen**, und es sind **Deine Glaubenssätze**, die **Dich befreien**.

»Jedes Ding erscheint zuerst lächerlich,
dann wird es bekämpft,
schließlich ist es selbstverständlich.«

ARTHUR SCHOPENHAUER

Längst selbstverständlich sind U-Bahnen in unseren Großstädten, nachdem die erste Europas vor hundert Jahren in London in Betrieb genommen wurde. Fußgängerübergänge hat man paradoxerweise unter die Erde verlegt. Wie wäre es, Autobahnen und Straßen künftig unterirdisch zu führen? Wie erlöst von Lärm und wohnlich würden dadurch die Städte, wie idyllisch die Landschaft sein! Natürlich lächerlich, Schnapsidee, unmöglich, viel zu teuer, undurchführbar – es geht nicht. Geht es nur deshalb nicht, weil wir es uns nicht **vorstellen** können?

AUFGABE

Nenne mindestens drei »unmögliche« Ideen, die Du einmal hattest – und die Du in die Realität umgesetzt hast.

1. ____________________
2. ____________________
3. ____________________

Reich wie Rockefeller …

John D. Rockefeller (1839–1937) ging ein in die Geschichte als der wohl reichste Mann der Welt. Sein Vater war Hausierer, eine Art Scharlatan und oft Monate von der Familie getrennt. In den ersten Jahren trug er die ärmlichste Kleidung aller Kinder seiner Umgebung. Er hatte schon als Kind den Wunsch reich zu werden. Mit sieben Jahren zog er Truthahnküken groß und verkaufte sie mit Gewinn für den Thanks-giving-Day. Mit neun Jahren kaufte er Süßigkeiten in Großgebinden und verkaufte sie einzeln mit Gewinn an seine Geschwister und die Nachbarskinder. Bereits im Alter von zehn Jahren musste er neben der Schule und seiner Verdienstquelle Holz hacken, Gartenarbeiten erledigen, die Kühe melken, Wasser holen und auf seine Geschwister aufpassen. Mit elf Jahren leiht er einem Bauern 50 Dollar – und verdient im ersten Jahr drei Dollar fünfzig an Zinsen. Diese Erfahrung sorgte bei ihm für folgenden Glaubensatz: »Das Geld soll mir dienen, nicht ich ihm!« Als er im arbeitsfähigen Alter war, zog er sich früh an, um eine Arbeit zu suchen. Sechs Wochen lang stellte er sich von früh bis spät bei allen überhaupt möglichen Arbeitgebern vor. Seine Einstellung war: »Meine Arbeit ist es, Arbeit zu suchen.« Als er nach den sechs Wochen alle möglichen Firmen durchhatte – begann er von vorne …

Bereits seit seinem 14. Lebensjahr spendete er, ein strenggläubiger Christ, zehn Prozent von allem, was er verdiente. Die von ihm aufgebaute Firma Standard-Oil wurde schließlich durch den Staat zerschlagen, weil er quasi ein Monopol besaß. Nach der Zerschlagung durfte er an den dann 34 einzelnen Gesellschaften nur noch weniger als die Hälfte der Anteile behalten. Diese 34 Gesellschaften wurden dann jedoch wiederum so erfolgreich (u. a. die heute mit zu den weltweit größten Unternehmen gehörenden BP und Exxon), dass er als reichster Mann in die Geschichte der Menschheit einging.

Was hätten wohl seine Mutter, seine Geschwister, die Nachbarskinder, die Farmer in seiner Umgebung gesagt, wenn er ihnen im Alter von sieben Jahren erzählt hätte, dass er einmal ein reicher Mann sein würde …

> **»Kein Mensch, kein Land und auch keine einzige Firma hat Geldsorgen, sondern lediglich Ideen-Sorgen.«**
>
> JÜRGEN HÖLLER

AUFGABE

Drei Fragen, die sich jede Firma und deren Mitarbeiter stellen sollten:

1. Was ist der Sinn unserer Firma, unser Ziel? Die Verfolgung unserer Aufgabe, die Erfüllung unserer Vision muss Sinn machen. Denn **Gewinn** kommt vom Sinn eines Unternehmens. Was ist der **Sinn** meines Unternehmens?

   ____

   ____

2. Wenn wir so weitermachen wie in letzter Zeit – werden wir dann unser Ziel erreichen?

   ____

   ____

3. Falls wir unser Ziel erreichen sollten – können wir dann auch stolz darauf sein, wird die Menschheit mit uns stolz sein?

   ____

   ____

Ein Unternehmer oder eine Führungskraft sollte ein Macher sein, ein Problemlöser. Er sollte den Mitarbeitern zeigen, wie sie sich durchs »Unterholz« kämpfen und den Weg freimachen können. Doch oft läuft es in den Unternehmen folgendermaßen ab: Der Führer ist derjenige, der auf den höchsten Baum klettert, die ganze Situation von oben betrachtet und runter ruft: »Hey, Leute, wir sind im falschen Dschungel!« Wir als Einzelne, als Gruppen und Unternehmen sind oft so sehr damit beschäftigt, uns durchs Unterholz zu kämpfen, dass wir nicht einmal merken, dass wir im falschen Dschungel sind – und reagieren folgendermaßen: »Halt die Klappe! Wir machen doch gute Fortschritte!«

Was wir heute in Firmen benötigen, ist also ein Zielpunkt und ein Kompass (einen Satz von Prinzipien, Philosophien oder Richtlinien) und weniger genaue Straßenkarten. Wenn das Machbare, das Wünschbare aus dem Blickfeld verdrängt wird, ist es unmöglich, eine große Vision zu verwirklichen. Politik mag vielleicht die Kunst des Möglichen sein, aber Führung ist die Kunst, das **Unmögliche** wahr zu machen. Mahatma Gandhi, Martin Luther King und Abraham Lincoln waren in erster Linie Führer, dann erst Politiker.

Wenn Du Deinen Mitarbeitern ein großes Ziel vorgibst und sie an der Verantwortung und Ausführung **wirklich** beteiligst, dann wirst Du erleben, wie diese Selbstverantwortung (mit einhergehender Selbstverwirklichung) die Menschen zu Höchstleistungen antreibt. Die meisten Menschen sind mündig, kommunikativ, fleißig, und viele gestalten aktiv ihr Umfeld – leider meist erst nach 17.00 Uhr! Du musst also nur vor 17.00 Uhr das zulassen, was sie nach 17.00 Uhr schon immer tun – und Du wirst gemeinsam mit Deinen Mitarbeitern den Erfolg verwirklichen, den Du Dir wünschst.

Es kann doch nicht wahr sein, dass wir Menschen, die ein Haus gebaut haben, in einer Familie mit drei Kindern erfolgreich leben, jeden Monat Einkommen und Ausgaben genau planen, dass wir solchen Menschen in einem Unternehmen keine Verantwortung zutrauen.

Da gibt es Mitarbeiter, die organisieren als Vorstand des örtlichen Kegelklubs ein Europatreffen mit fünfhundert Teilnehmern, planen ein Turnier, legen die gesamte Logistik für drei Tage fest, klären die Finanzen, teilen viele Helfer ein, entwerfen Orga-Pläne usw. – während wir denselben Menschen am Arbeitsplatz wenig Vollmachten erteilen, weil wir Angst haben, sie könnten der Verantwortung nicht gewachsen sein.

Frage doch einmal Deine Mitarbeiter, was sie so alles in der Freizeit leisten – und nutze dieses kreative Potenzial für das Unternehmen!

Sorge deshalb wenigstens dafür, dass alle Rösser Deiner Kutsche in eine Richtung ziehen – anstatt jedes in eine andere. Denn wenn jedes Ross in seine eigene Richtung zieht, dann wird die Kutsche entweder stehen bleiben und zerreißen, oder das stärkste Ross zieht mit viel Anstrengung und Mühe die Kutsche langsam weiter in seine Richtung.

Und schließlich möchte ich Dich noch daran erinnern, dass es letztendlich bei einem Unternehmen darum geht, dass alle Beteiligten dieser Einrichtung ein Stück Glück und Zufriedenheit finden. Menschen verbringen den größten Teil ihrer wachen und bewussten Lebenszeit mit ihrer Arbeit. Deshalb ist es Deine Pflicht, ist es Deine Schuldigkeit, dafür zu sorgen, dass die Arbeit Spaß macht, dass die Mitarbeiter in einem angenehmen Umfeld arbeiten können, dass die Vision nicht zum Schaden des einzelnen, sondern zum Nutzen der gesamten Gemeinschaft ist. Denke dabei an folgendes Wort:

»Was hülfe es dem Menschen, so er die Welt gewönne, und nähme doch Schaden an seiner Seele?«

MATTHÄUS

KAPITEL 9

Die richtige Strategie

»Nachdem wir unser Ziel aus den Augen verloren hatten, verdoppelten wir unsere Anstrengungen.«

WALT KELLY

Du hast jetzt Deine Ziele gefunden und festgelegt. Die Frage, die sich jetzt stellt, ist: **Wie erreiche ich meine Ziele?** Die meisten Menschen verhalten sich so: Sie setzen sich im Laufe ihres Lebens Ziele, wobei einige sich vielleicht sogar ihren Stern vom Himmel holen wollen. Dabei legen sie sich eine Strategie zurecht und starten. Schließlich bemerken sie nach einiger Zeit, dass sie nie an ihr Ziel kommen können. Als Folge dieser Erkenntnis ändern sie ihr Ziel ab – in der Regel stecken sie sich ein kleineres Ziel. Wenn sie dann nach einiger Zeit bemerken, dass sie auch dieses kleinere Ziel nicht erreichen können, ändern sie ihre Ziele so lange ab, bis sie nur noch Minimalziele haben. Viele gehen dann sogar dazu über, sich überhaupt keine Ziele mehr zu setzen, und kommen zu der bitteren Erkenntnis: Ich bin halt nicht für den Erfolg geboren! Doch das stimmt nicht!

»Es gibt keine falschen, unrealistischen Ziele, es gibt nur falsche Strategien.«

JÜRGEN HÖLLER

Es ist alles eine Frage der richtigen Strategie. Nehmen wir einmal an, Du hast das Ziel, zwanzig Pfund abzunehmen. Im Normalfall wirst Du Dir die Frage stellen: »Wie schaffe ich das?« Du wirst Dir nun etwas überlegen – und wirst starten. In der Regel wirst Du nach kurzer Zeit feststellen, dass Dein Vorhaben nicht funktioniert. Nun bist Du enttäuscht und frustriert. Du hast ein Negativerlebnis erfahren.

Vielleicht wirst Du es noch ein- oder zweimal probieren und dann aufgeben, weil Du im Laufe der Zeit den Glaubenssatz entwickelst: »Ich bin nicht dazu geboren, sportlich, schlank und fit auszusehen.« Aber das ist falsch. Als Baby werden wir mit den gleichen circa sechshundert Muskeln wie alle anderen Menschen auch geboren. Ich bezweifle, dass es genetisch bereits festgelegt ist, ob ich einmal Übergewicht haben werde oder nicht. Möglich, dass der eine oder andere einen bestimmten genetischen Code zum Zeitpunkt seiner Geburt besitzt und somit weniger Kalorien zu sich nehmen kann als ein anderer – aber das ist noch lange kein Grund, keine Ausrede für den Einzelnen, übergewichtig zu sein. Ich habe viele Menschen in meinen Seminaren erlebt, die es geschafft haben, abzunehmen und dadurch energievoller und leistungsfähiger zu sein. Alleine durch diesen Umstand kann sich die Qualität Deines Lebens verändern. Doch viele Menschen gehen meist so vor, dass sie sich eine Strategie zurechtlegen, die sie aus irgendeiner Zeitung haben, und dann beginnen. Nachdem das nicht funktioniert hat, greifen sie immer wieder zu einer neuen Strategie, die sie irgendwo lesen. Doch wer hat den Artikel übers »Abnehmen« geschrieben? Wer steckt dahinter, der diese tolle Diät propagiert? Ein Supermodel, das schon immer schlank gewesen ist und seine Ernährungsgewohnheiten veröffentlicht, ist sicherlich der falsche Ratgeber für jemanden, der erst mal 20 oder 30 Pfund verlieren muss. Der richtige Ratgeber ist jemand, der selbst 20 oder 30 Pfund verloren hat.

Und so ist es auch mit allen anderen Zielen in Deinem Leben: Die einfachste Möglichkeit ist es, wenn Du die Strategien erfolgreicher Menschen übernimmst. Natürlich kannst Du auch den zweiten Weg gehen, den einige angeblich für den besseren halten: deine eigenen Erfahrungen machen. Doch das wäre genauso, als wenn jeder Mensch immer wieder das Rad neu erfinden wollte. Nur weil der Mensch auf die Erfahrungen, das Wissen anderer Menschen aufbauen kann, entwickelt sich die Menschheit fortlaufend weiter. Und deshalb solltest Du Dir Strategien erfolgreicher Menschen zu eigen machen. Wenn Du Bücher liest und Seminare besuchst, dann von und bei den besten Erfolgsstrategen, die es gibt. Es laufen leider viel zu viele »Erfolgspropheten« in meiner Branche herum, die selbst zeitlebens nie ein Unternehmen erfolgreich geführt haben, selbst also nie erfolgreich waren – aber Dir und anderen erzählen, wie es funktionieren soll.

Auch ich habe vor vielen Jahren damit begonnen, die Strategien erfolgreicher Menschen herauszufinden, kennenzulernen und teilweise zu übernehmen. Auf diesem Weg hat sich mein Leben in kürzester Zeit verändert. Ich werde Dir in diesem Kapitel viel Wissen über die richtige Strategie vermitteln, aber es kann natürlich nicht den Besuch eines Seminars ersetzen. Ich empfehle Dir deshalb, über Deinen eigenen Schatten zu springen und ein Seminar bei mir zu besuchen. Du erlebst dann in der Praxis, wie Ziele umsetzbar sind. Dabei ist es völlig gleich, welche Ziele, Wünsche und Träume Du besitzt. Denn wozu Du wirklich fähig bist, ist absolut unglaublich.

AUFGABE

1. Bitte schreibe zuerst einmal Dein Hauptziel auf:

   ____

   ____

2. Was ist der Grund dafür, warum Du nicht schon heute dieses Ziel verwirklicht hast? Was hält Dich zurück, begrenzt Dich?

   ____

   ____

Nehmen wir an, Du hast auf Frage 1 geantwortet: »In drei Jahren habe ich mein Einkommen verdoppelt.« Dann wäre Frage 2, warum Du nicht heute schon doppelt so viel verdienst, wie Du verdienst. Was sind die Gründe dafür? Was ist die Begrenzung, die Dich davor zurückhält? Lies erst weiter, wenn Du diese Fragen beantwortet und wesentliche Erkenntnisse gewonnen hast.

AUFGABE

Schreibe Deine Erkenntnisse auf, die Du aus der obigen Aufgabe gewonnen hast, und schreibe auf, welche Veränderungen Du in Zukunft davon ableitest:

____

____

____

Wenn wir keinen Erfolg produzieren, liegt es daran, dass wir mindestens einen der nachfolgend beschriebenen Punkte nicht beachtet haben ...

1. Ein klares Ziel haben.
   Ja ☐ Nein ☐

2. Die definitive Entscheidung, dass ich dieses Ziel erreichen kann und will.
   Ja ☐ Nein ☐

3. Die Verpflichtung, mich kompromisslos einzubringen, alles zu unternehmen, stets zu handeln, um das Ziel zu erreichen.
   Ja ☐ Nein ☐

4. Mir ständig Feedback einzuholen und die Zeichen des Lebens zu verarbeiten, die ich auf dem Weg zum Ziel bekomme.
   Ja ☐ Nein ☐

5. Flexibilität und Beharrlichkeit zeigen und die Strategie so oft zu ändern, bis ich das Ziel letztendlich erreicht habe.
   Ja ☐ Nein ☐

Bleiben wir bei Punkt 5: Wenn Du bemerkst, dass Du Deinem Ziel noch nicht annähernd näher kommst und es mit Deiner eingeschlagenen Strategie nie erreichen wirst, dann wird es höchste Zeit, die Strategie zu ändern. Verändere niemals Dein Ziel (es sei denn, Du hast ein besseres Ziel gefunden), sondern verändere immer die Strategie und zwar so lange, bis Du Dein Ziel erreicht hast. Bevor Du eine Reise antrittst, solltest Du Dein Ziel bestimmen und die beste Strecke ausarbeiten. Bevor Du einen Garten anlegst, solltest Du Dir ein inneres Bild von ihm machen und das gewünschte Ergebnis notieren. Bevor Du eine Rede hältst, solltest Du sie auf einem Blatt Papier entwerfen. Bevor Du ein Kleid zusammennähen kannst, musst Du es entworfen haben, musst Du wissen, welchen Stoff Du verwenden möchtest, wann Du ihn besorgst, wo Du das Geld dafür hernimmst usw. Neben der Zielfestlegung ist also auch die Planung entscheidend für Deinen Erfolg. Ein wichtiger Schritt dabei ist, dass Du Dein Ziel in Etappenziele unterteilst.

Vielleicht hast Du schon einmal von Hubert Schwarz gehört. Hubert Schwarz hängte mit 36 Jahren seinen sicheren Beamtenjob an den Nagel und wurde Extrem-Ausdauer-Sportler. Er machte solch ungewöhnliche Dinge wie das Race-Across-America-Rennen (fünf Tage lang etwa 21 Stunden täglich auf dem Rad). Er umrundete in Rekordzeit Australien. Und er schaffte 1996 das unfassbare: in achtzig Tagen mit dem Fahrrad einmal um die Welt – insgesamt 23 000 Kilometer auf dem Sattel. Nun, schauen wir uns doch einmal die Strategie von Hubert Schwarz an:

1. **Das große Ziel:** Er setzte fest, dass er in achtzig Tagen mit dem Fahrrad die Welt umrunden wollte.
2. **Termin:** Er setzte sich einen ganz klaren Termin, wann er dieses Vorhaben realisieren wollte.
3. **Planung/Strategie:** Er überlegte sich ganz genau, welche Teilziele er schaffen musste. Er legte eine Route fest. Er rechnete die einzelnen Kilometer aus. Die entsprechenden Flugzeiten über die Meere mussten dem Etappenziel angepasst werden. Hotels mussten angemietet werden. Verpflegung, Begleitfahrzeuge und Begleitpersonal musste eingeteilt werden usw.

Und als er dann gestartet war, setzte er sich jeden Tag wieder einige Etappenziele, nämlich immer die nächste Pause in drei, vier oder fünf Stunden zu erreichen! Diese drei, vier oder fünf Stunden hatte er immer vor Augen. Wenn er dann einmal zwei Stunden unterwegs war und der berühmte »tote Punkt« kam, wenn er glaubte, es würde nicht mehr weitergehen, wenn ihm bei 45 Grad Hitze »das Gehirn dampfte« – dann konnte er sich nur damit motivieren, dass es ja nicht mehr weit sei bis zur nächsten Pause. Auf diese Weise erreichte er jeden Tag mehrere Etappenziele. Und nach achtzig Tagen Etappenziele rollte er, nach erfolgreicher Erdumrundung, rechtzeitig wieder in Berlin ein. Der Weg ist also folgendermaßen: Setze Dir ein großes Ziel und zwar so hoch wie möglich. Und dann unterteile es in viele kleine Etappenziele, um Deine Fortschritte messen und ständig neue Erfolge feiern zu können. Kein Mensch hat ein Limit nach oben, bis er sich selbst eines setzt.

»Greif nach den Wolken, dann nach dem Mond ... und dann nach Deinem Stern!«

JÜRGEN HÖLLER

Diese Etappenziele halten Deine Motivation immer aufrecht. Das Ganze ist wie »spirituelles Gewichtheben«. Wer schon einmal mit Gewichten trainiert hat, weiß: Wenn das Gewicht zu schwer ist, zieht man sich leicht eine Verletzung des Muskels, zumindest einen starken Muskelkater zu. Ist es dagegen zu leicht, dann werden die Muskeln nicht genügend gekräftigt. Setze Dir also Etappenziele, die weder zu leicht noch zu schwer sind. Durch diesen Widerstand wächst Du mehr und mehr, wird Dein »geistiger Muskel« kräftiger, wird schließlich das herauskommen, was Du zu Beginn bereits gesehen hast.

»Es gibt keine unrealistischen Ziele, sondern nur unrealistische Fristen.«

UNBEKANNTER VERFASSER

Da ich es in meinem Buch *Alles ist möglich* bereits ausführlich behandelt habe, möchte ich nicht mehr allzu sehr auf das Gesetz der Konzentration eingehen. Aber dennoch muss ich es erwähnen. Das **Gesetz der Konzentration** besagt: **Das, womit Du Dich am meisten beschäftigst, wächst**. Demzufolge ergibt sich aus diesem Gesetz, dass Du nur dann sehr schnell wachsen kannst, wenn Du Dich mit möglichst wenigen Dingen beschäftigst. Denn Du hast nun einmal nur 24 Stunden täglich Zeit und je mehr Ziele Du gleichzeitig verfolgst, desto weniger Aufmerksamkeit und Beachtung kannst Du dem einzelnen Ziel widmen. Deshalb auch der Tipp von mir im vorangegangenen Kapitel, nicht ständig Deine Ziele zu wechseln (auch wenn das natürlich einmal zwischendurch sinnvoll sein kann). Es ergibt sich schon allein daraus, dass das Wissen der Menschheit sprunghaft ansteigt und es deshalb unmöglich ist, in allen Bereichen Bescheid zu wissen und gut zu sein. Viel wichtiger ist es deshalb, sich **auf einen Bereich** zu konzentrieren und dort die besten Informationen zu besitzen und letztendlich das beste Produkt zu verkaufen (welches Produkt, welche Idee auch immer Du verkaufst).

1. Wer keine genauen Ziele hat, verschwendet Energie und wird zum »Reagierer« statt zum »Agierer«.

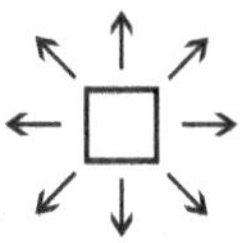

2. Wer ein Ziel hat, konzentriert all seine Vorstellungskraft und all sein Handeln auf dieses Ziel.

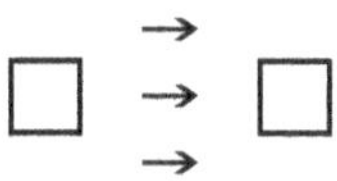

Wenn Du die kleine Grafik betrachtest, dann wirst Du feststellen, dass diese Zeichnung genauso gültig ist für denjenigen, der **viele** Ziele besitzt und diese **gleichzeitig** in Angriff nimmt, als auch für denjenigen, der keine Ziele hat. Nur wenn Du Deine ganze Konzentration auf **ein** Ziel setzt, wirst Du es erreichen. Damit meine ich jedoch nicht, dass Du zum »Erfolgs-Neurotiker« werden sollst und außer Deinem beruflichen Ziel, Deiner Lebensaufgabe nichts mehr in Deinem Leben wichtig sein soll. Damit meine ich vielmehr, dass es eine Hauptlebensaufgabe gibt und dass Du Dir für jeden Hauptbereich Deines Lebens (finanziell bzw. materiell, Gesundheit, Familie, Bekannt- und Freundschaften) jeweils ein Ziel setzt, das Du verfolgst. Sobald Du absehen kannst, dass dieses Ziel so gut wie erreicht ist, kannst Du dann das nächste Ziel in Angriff nehmen.

AUFGABE

Die wahrscheinlich beste Methode, um Ziele umzusetzen, aber auch, um Probleme zu lösen, ist das **Power-Storming**.

1. Wähle Dir ein Ziel aus, das Du im Verlauf des Ziel-Workshops aufgeschrieben hast (Beispiel: »In drei Jahren hat sich mein Einkommen verdoppelt«).

Ziel:

____

____

2. Formuliere Dein Ziel in Form einer Frage, die mit »Wie« oder »Was« beginnt (Beispiel: »Was kann ich tun, damit ich innerhalb der nächsten drei Jahre mein Einkommen verdopple?«).

____

____

3. Schreibe nun (auf einem gesonderten Blatt) 25 Antworten auf, die Dir auf diese Frage einfallen. Lies einfach immer wieder die Frage durch und schreibe dann die Antwort, die »hochkommt«, bitte sofort auf. Dabei darfst Du **unter keinen Umständen** bewerten, sondern musst Dein Unterbewusstsein zur freien Entfaltung kommen lassen. – Es folgen einige Antwortbeispiele (zu dem angenommenen Ziel, der beste Verkäufer Deines Unternehmens zu werden) …

   - mehr arbeiten
   - bessere Abschlüsse erzielen
   - mehr Werbung machen
   - das Verkaufen lernen (gleich Seminar besuchen)
   - begeisterter sein (gleich Seminar von Jürgen Höller besuchen)
   - die Strategie des besten Verkäufers meines Unternehmens herausfinden

4. Wähle jetzt die Deiner Meinung nach fünf besten Antworten aus:

   a) ____________________________________

   b) ____________________________________

   c) ____________________________________

   d) ____________________________________

   e) ____________________________________

5. Nimm jetzt die beste Idee heraus, die Du sofort, augenblicklich umsetzen wirst (bezogen auf das Beispiel, erstklassige Verkaufsabschlüsse zu erzielen) und schreibe sie auf.

____

6. Formuliere diese Antwort jetzt in eine Wie-oder-was-Frage um (Beispiel: »Wie kann ich meine Verkaufsabschlüsse steigern?«):

   ____

7. Schreibe jetzt wieder (auf einem gesonderten Blatt) bis zu 25 Antworten auf, die Dir einfallen. Höre nicht eher auf mit dem Power-Storming, ehe Du möglichst viele Antworten gefunden hast. Schreibe auch alle verrückten, ja »unmöglichen« Dinge auf. – Es folgen wieder einige Antwortbeispiele ...

   - Motivationsseminar von Jürgen Höller besuchen
   - Verkaufsseminar von Jürgen Höller besuchen
   - Telefon-Verkaufs-Seminar von Umberto Saxer besuchen
   - folgende fünf Bücher lesen ...
   - den Top-Verkäufer meiner Firma befragen
   - den Top-Verkäufer meiner Firma eine Woche begleiten
   - die Strategie des Top-Verkäufers meiner Firma auswerten
   - die Strategie des Top-Verkäufers meiner Firma auf mich umsetzen ... und so weiterentwickeln, dass ich in spätestens einem Jahr besser bin als er

8. Schreibe Dir jetzt die mindestens fünf wichtigsten Ideen auf, die Du sofort umsetzt, um Dein großes Ziel zu erreichen.

   a) ____
   b) ____
   c) ____
   d) ____
   e) ____

9. Erstelle nun (wieder auf einem gesonderten Blatt) einen genau terminierten Handlungsplan! Was tust Du wann, wie, mit wem?

   Wann? __________ Wie? ____________________________
   Mit wem? ______________ Wann Ziel erreicht? ____________

10. Das wichtigste: **Tun!**

Die **Power-Storming-Methode** ist die wahrscheinlich beste Möglichkeit, um auf strukturierte Art und Weise das Unterbewusstsein für Dich arbeiten zu lassen. Es gibt natürlich noch zahlreiche andere Möglichkeiten. Viele schwören auf Meditation, auf Eingebung (zum Beispiel die richtige Idee beim Duschen) usw. Da wir aber in Deutschland zu neunzig Prozent mit unserer linken Gehirnhälfte arbeiten, ist die angesprochene Methode **hervorragend geeignet**, um auf einem logisch-abstrakten Weg an das Potenzial unserer rechten Gehirnhälfte heranzukommen. Diese Methode ist übrigens auch unübertroffen, wenn es darum geht, in einem Team eine Problemlösung zu erarbeiten.

Der Optimist sieht in jeder Schwierigkeit eine Chance, der Pessimist in jeder Chance eine neue Schwierigkeit.

WINSTON CHURCHILL

Im Prinzip machst Du als Gewinner nichts anderes als ein Landwirt: Du bereitest zuerst das Feld vor, weil Du etwas anpflanzen möchtest. Anschließend bringst Du das Saatgut aus. Jetzt bewässerst Du das Feld, musst für ausreichend Nährstoffe sorgen, das Unkraut ausjäten usw. Und dann, mit einer zeitlichen Verzögerung, wirst Du im Herbst die Ernte einfahren können. Was Du im Herbst einfährst? Das, was Du im Frühjahr ausgesät hast. Die meisten Menschen jedoch säen Weizen aus – und wundern sich dann, dass sie im Herbst Weizen statt Roggen ernten. Denke an das **Gesetz von Ursache und Wirkung**.

Ein Landwirt braucht alle Eigenschaften, die ein erfolgreicher Mensch besitzt: Er braucht ein Ziel (Was säe ich aus?); er braucht eine Wiese (In welchem Bereich möchte ich tätig sein?); er braucht den Glauben, dass er etwas ernten wird (an das Ziel glauben). Er muss arbeiten, handeln, tun, muss fleißig sein (auch Du musst Deine Strategie umsetzen). Und er erntet schließlich im Herbst das, was er im Frühjahr angelegt hat. Nun gibt es Intellektuelle, die dem Bauern erzählen, dass es nicht möglich sei, Saatgut in Dunkelheit und Feuchtigkeit aufwachsen zu lasen. Es zerfällt dann angeblich in anorganische Substanzen usw. Der Bauer antwortet jedoch: »Sie haben bestimmt recht, schließlich haben Sie ja studiert. Aber ich weiß, dass es trotzdem wächst …« Dann gibt es solche, die Saatgut ausbringen, um dann alle vierzehn Tage den Boden aufzugraben, um nachzusehen, ob es bereits gewachsen ist. Im Herbst sind sie dann ganz enttäuscht, weil auf ihrem Feld nichts zu sehen ist, während der Landwirt, der das Nachbarfeld besitzt, den tiefen und festen Glauben hatte, dass sein Saatgut aufgeht – und er fährt eine reiche Ernte ein.

Wie das Ganze funktioniert, möchte ich Dir noch mal an einem Beispiel darstellen:

Ist-Zustand: Ich bin unsportlich. **Ziel:** Im Tennisspielen bin ich in 24 Monaten so gut wie mein Partner.

Strategie (nach der Power-Storming-Methode):

1. Ich melde mich in einem Tennisclub an.
2. Ich kaufe mir einen Schläger, Tennisschuhe und Tenniskleidung.
3. Ich engagiere einen Trainer und nehme die ersten zehn Trainerstunden.
4. Ich spiele zweimal wöchentlich eine Stunde, um durch Übung immer besser zu werden.
5. Ich suche immer wieder nach Spielpartnern, die etwas besser sind als ich, damit ich an ihnen wachsen kann.

Ergebnis: Wenn ich diese Schritte durchgeführt habe, bin ich meinem Ziel wesentlich näher gekommen.

Und jetzt, wenn dieses Ziel erreicht ist, hast Du vielleicht ein größeres Ziel – vielleicht das Ziel, bei der Vereinsmeisterschaft in drei Jahren den ersten Platz zu erringen. Und wieder wirst Du Dir den Ist-Zustand darlegen, die Ziele schriftlich festhalten und schließlich nach der **Power-Storming-Methode** die Schritte überlegen, mit denen Du dieses Ziel erreichen kannst. Und wenn Du dann nach etwa einem Jahr feststellst, dass Du es mit dieser Strategie niemals erreichen wirst, dann veränderst Du Deine Strategie. Möglicherweise so lange und so oft, bis Du Dein Ziel schließlich erreichst.

»Die meisten Menschen investieren mehr Zeit in die Planung eines Wochenendausflugs als in die Planung ihres gesamten Lebens!«

JÜRGEN HÖLLER

KAPITEL 10

Der Einsatz für den Erfolg

**»Ich habe fleißig sein müssen.
Wer ebenso fleißig ist, der wird es weit bringen können.«**

JOHANN SEBASTIAN BACH

Zu Beginn meiner Laufbahn ist es immer wieder vorgekommen, dass Menschen sich Ziele im Seminar steckten, den Glauben an sich, ihre Zukunft und das Ziel fanden – und dennoch keinen Erfolg erzielten. Eines Tages sprach mich ein guter Freund auf einige seiner Kunden an, die er zu mir in die Seminare schickte. Er sagte, dass es nichts Besseres gebe, als seine Kunden zu Beginn der Zusammenarbeit (er ist Unternehmensberater) erst einmal zu mir zu schicken. Aber dennoch muss er dann bei einigen weitere Energie investieren, damit sie nicht zum »Überflieger« werden, sondern verstehen, dass sie hart für ihren Erfolg arbeiten müssen. Er meinte, dass manche oft nicht verstehen würden, dass sie sich nicht nur große Ziele setzen, sondern pragmatisch und fleißig diese dann in die Tat umsetzen müssten.

Diese Information gab mir zu denken und sorgte dafür, dass ich den in diesem Kapitel behandelten Punkt unter dem Schlagwort »Ins Handeln kommen und beharrlich sein« vehement vertrete. Und tatsächlich war es so, dass viele glaubten, der Jürgen Höller würde sich nur große Ziele setzen und alles würde von alleine in Erfüllung gehen. Viele haben nicht verstanden, dass ich zu Beginn meiner Karriere vier Jahre lang keinen Urlaub machte, keinen einzigen freien Tag hatte, sogar an Heiligabend, Silvester und Neujahr an der Umsetzung meines Traums arbeitete. Das ist nicht ihr Fehler, denn ich hatte vergessen zu erzählen, dass es Zeiten in meinem Leben gab, in denen ich bis zu zweihundert Tage pro Jahr Vorträge und Seminare abhielt. Ich kann mich noch gut an die Zeit erinnern, als ich frühmorgens um Uhr aufstand; 300 Kilometer zum Veranstaltungsort fuhr; mein Auto selbst entlud; mein Seminar vorbereitete; von 9.00 Uhr bis 17.00 Uhr mein Seminar hielt; anschließend Bücher verkaufte und signierte; um 18.00 Uhr alles wieder einpackte; mein Auto belud; wieder 250 Kilometer zum nächsten Veranstaltungsort fuhr; dort um 23.00 Uhr ankam; eine Stunde lang mein folgendes Seminar vorbereitete; dann zwei Stunden bis nachts um 2.00 Uhr an einem neuen Buch, einem neuen Audio- oder Videoprogramm oder an der Verbesserung eines Seminars arbeitete; um 7.00 Uhr wieder aufstand, um dann um 9.00 Uhr das nächste Seminar halten zu können.

Auch heute noch vergeht kein Tag, an dem ich nicht an der Verbesserung meiner Vorträge, Seminare und Bücher arbeite. Zwar mache ich mittlerweile zwölf Wochen Urlaub pro Jahr, genehmige mir auch immer wieder freie Tage für mich und meine Familie, arbeite abends, wenn ich im Büro bin, nicht länger als 19.00 Uhr – dennoch bin ich ausdauernd und beharrlich dabei, an der Verwirklichung meines großen Traums zu arbeiten, um meinen »Stern« vom Himmel zu holen. Jeder, der glaubt, er könne auf leichtem, angenehmem Weg zum Erfolg kommen, den muss ich enttäuschen.

»Selbst im Alphabet kommt Arbeit vor Erfolg.«

DEUTSCHE VOLKSWEISHEIT

Beständigkeit stellt, meiner Meinung nach, sogar das Talent als wichtigsten Bestandteil des Erfolgs in den Schatten. Noch nie hat jemand ein Ziel dadurch erreicht, dass er nur daran glaubte, es erreichen zu können. Du musst **ins Handeln kommen**! Auf dem Gebiet tätig zu sein, auf dem Du Talent besitzt, ist natürlich eine sehr schöne Sache. Aber Du kannst fast auf jedem Gebiet **kompetent** werden und zwar durch bloße Konzentration, Entschlossenheit und Arbeit. Die erfolgreichsten Profis auf dem Gebiet der Leichtathletik, der Schauspielerei, des Rechts, der Medizin und der Wirtschaft schreiben ihren Erfolg immer mehr der »harten Arbeit« als ihrer Begabung zu.

Nehmen wir als Beispiel Franz Beckenbauer. Ohne Zweifel hatte er mehr Talent als die meisten anderen Fußballer dieser Welt. Viele vergessen darüber aber die Tatsache, dass Franz Beckenbauer auch der Spieler war, der hart an sich arbeitete. Schon als Kind spielte er den ganzen Tag Fußball auf den Straßen und Hinterhöfen von Giesing, einem Vorort von München. Später war er der erste, der den Trainingsplatz betrat und der letzte, der ihn abends verließ – ob als Spieler oder später auch als Trainer des FC Bayern München. Von Franz Beckenbauer stammt folgende Aussage: »Du kannst den Erfolg nicht auf Zufall aufbauen. Es muss ein Konzept, eine Strategie dahinterstecken.« Auch folgender Ausspruch aus einem Interview: »Mein Erfolg besteht aus harter Arbeit und harter Planung – was glauben Sie denn?« Dieser Ausspruch impliziert gleich zwei wichtige Erfolgsfaktoren von Franz Beckenbauer: den Willen zur Leistung, ebenso die genaue Planung und eine disziplinierte Durchführung dessen, was er sich vorgenommen hat. Die Überzeugung, durch den nötigen Einsatz und die entsprechende Beharrlichkeit nahezu jedes einmal gesteckte Ziel erreichen zu können, hat Franz Beckenbauer immer wieder eindrucksvoll durch sein Handeln und letztendlich seine Erfolge bewiesen. Franz Beckenbauer hatte immer große Ziele, die durch Disziplin und Konzentrationsfähigkeit in die Realität umgesetzt wurden. Er hatte die Überzeugung, dass hinter jedem Erfolg Beharrlichkeit und harte Arbeit stecken. Disziplin und Ordnung sind Wesenseigenschaften, zu denen er steht und die er in seinem Leben umgesetzt hat. So wurde er erfolgreich – auch wenn er später einige Fehler im Zusammenhang mit der WM 2006 beging …

**»Erfolg hat nur, wer etwas tut,
während er auf den Erfolg wartet.«**

THOMAS A. EDISON

Das wahre Kennzeichen eines Champions ist seine Beständigkeit. Denn wer will nur ab und zu gute Resultate erzielen? Wer möchte sich nur für einen Augenblick gut fühlen, wer nur ab und zu eine Spitzenleistung erbringen? Wie erreichst Du Beständigkeit? Ganz einfach: indem Du tust, was Du tun musst! Indem Du ins Handeln kommst, indem Du beharrlich Dein Handeln immer beibehältst.

**Gewinner sind Menschen, die handeln,
Verlierer sind Menschen, die immer nur darüber reden,
einmal zu handeln!**

Die Welt ist voller Menschen, die reden und nichts tun. Wenn sie das machen, was die Besten der Besten tun, werden sie irgendwann zu ihnen gehören. Aber Du musst es eben auch … **tun**!

Auch Wissenschaftler machen sich immer mehr Gedanken darüber, was Spitzenleistungen ermöglicht. Der Psychologe Anders Ericsson von der Florida State University hat sich der Frage zugewandt, was einen Menschen zur Ausnahme-Erscheinung macht. Ist es eine überragende Intelligenz, die Shakespeare, Beethoven oder Einstein zum Genie reifen ließ? Ericsson ist davon überzeugt, dass er den »Mythos« des Übernatürlichen zerstören kann. Sein Kollege Michael Howe wiederum bemüht sich seit Jahren, die Legenden zu entlarven, die sich um das Leben der Goethes und Picassos ranken. »Bei genauer Betrachtung erweisen sie sich anderen Menschen erstaunlich ähnlich.« So soll selbst Mozart, das Synonym des Wunderkindes, im Alter von fünf Jahren keine besseren Menuette komponiert haben, als es bei irgendeinem anderen Kind bei so intensivem Training zu erwarten wäre.

Howe und Ericsson sind der Meinung, dass ein Mensch weniger durch seinen genialen Geist als vielmehr durch **harte Arbeit** zur Ausnahme-Erscheinung wird. Hunderte von Ausnahme-Musikern und Schachgroßmeistern, Spitzenforschern und medizinischen Koryphäen hat Ericsson interviewt. Sein erstaunliches Fazit: Viele von ihnen zeichnen sich kaum durch besondere geistige Fähigkeiten aus. Weder beim Intelligenzquotienten noch bei Gedächtnistests schnitten sie überdurchschnittlich ab. Was aber ist dann der Unterschied zwischen einer Ausnahme-Erscheinung und einem Durchschnittsmenschen? In fast allen Fällen seien jene Physiker, Pianisten, Schachspieler usw. am erfolgreichsten, die am **intensivsten trainiert und gelernt** hatten, meist seit früher Kindheit. Laut der Untersuchung von Ericsson dauere es zehn Jahre, bis der Mensch durch stetiges Üben auf einem Spezialgebiet zu jenen Leistungen fähig sei, die dann als Beweise schöpferischen Genies gewertet würden.

Die Universität von Marburg stellte bei einem Forschungsprojekt fest, dass hochbegabte Menschen (IQ über 130 – das sind nur zwei Prozent der Bevölkerung) schon früh in ihrer Entwicklung weniger abgelenkt worden sind und sich dadurch beharrlicher ihren Aufgaben widmen konnten. Sie kamen deshalb zu dem Ergebnis, dass ein Genie aus Konzentration und Ausdauer hervorgehe.

> **»Genie ist nichts als eine bedeutende Anlage zur Geduld!«**
> BUFFON, FRANZÖSISCHER GELEHRTER

Ich habe in den letzten Jahren etwa 2500 Bücher und 600 Audio-CDs und Videos durchgearbeitet, darunter zahlreiche Biografien und Beschreibungen von Künstlern, Philosophen, Politikern, Religionsgründern, Sportlern und Wirtschaftsgrößen. Es drängte sich mir unabwendbar der Eindruck auf, dass bei ihnen Ausdauer und die Konzentration aller Kräfte auf das Lebensziel die Hauptgründe für ihre weltbewegenden Wirkungen waren. Ein Mangel an Beharrlichkeit ist jedoch gleichzusetzen mit einem Mangel an Selbstdisziplin. Nur wer sich selbst beherrscht, erlangt Einfluss auf seine Selbstbedingungen. Ja, es ist eine schwierige Aufgabe, Herr seiner selbst zu sein. Mangelnde Selbstdisziplin zeigt sich in folgenden Hauptpunkten:

- Kein Ziel, viele unwichtige Ziele, auch »Laber-Rhabarber-Ziele«.
- Nie zu beginnen.
- Bei den ersten Schwierigkeiten aufzuhören!

Der Optimist arbeitet!

Eines Tages fielen zwei Frösche in einen Krug mit flüssiger Sahne. Der eine der beiden Frösche fing wild an zu strampeln, denn er wollte so schnell wie möglich wieder den Krug verlassen. Nach einigen Minuten verließen ihn jedoch die Kräfte – er ergab sich seinem Schicksal und ertrank. Der andere Frosch war jedoch zum einen ein viel zu großer Optimist, als dass er aufgeben wollte, zum anderen hatte er diese Fähigkeit zur Ausdauer, zur Beharrlichkeit. Er strampelte vielleicht nicht so schnell wie der andere Frosch, aber dafür gab er nicht auf. Er strampelte weiter und weiter, immer weiter und weiter. Schließlich wurde die Sahne langsam dick und dicker, sie wurde fest und fester, sie wurde zu Schlagsahne und schließlich zu Butter, so dass der Frosch jetzt wieder festen Grund unter seinen Füßen hatte und den Krug verlassen konnte.

Wer genügend Ausdauer und Hartnäckigkeit besitzt, wird letzten Endes immer erfolgreich sein. Warte also nicht darauf, dass der Erfolg von selbst zu Dir kommt. Das gibt es nur im Märchen. Schon Aristoteles Onassis hat gesagt: »Man darf dem Geld nicht hinterherlaufen – man muss ihm entgegengehen.«

AUFGABE

Wie hartnäckig, wie ausdauernd bist Du, wenn Du einmal den Boden unter Deinen Füßen verlierst?

»**Jeder Erfolglose ist reich – an Ausreden!**« Dieses Zitat von mir hat mir schon so manch böse Kritik eingebracht. Doch steckt nicht viel Wahrheit in dieser Aussage?

Vor einiger Zeit war ich bei einer gern gehörten Radiosendung für drei Stunden Talkgast. Zwischen den einzelnen Fragerunden wurde jeweils über etwa fünfzehn Minuten Musik gespielt, ehe neue Fragen an mich gestellt wurden, die ich zum Thema »Motivation und Erfolg« beantwortete. Zwischen den einzelnen Interviewblöcken, also während die Hörer zu Hause Musik hörten, konnten die Zuhörer im Studio an-rufen und mir Fragen stellen. Ein Mann, der anrief, klagte mir sein Leid: »Herr Höller, ich weiß nicht, was ich machen soll. Ich bin nicht einmal mehr verzweifelt. Ich habe eigentlich schon aufgegeben.« Ich fragte ihn daraufhin, warum er denn aufgegeben habe. »Ich bin jetzt 46 Jahre alt und seit 18 Monaten arbeitslos. Ich habe 59 Bewerbungen geschrieben und immer noch keine Stelle gefunden. Die meisten Firmen haben nicht einmal geantwortet, geschweige denn mir meine Unterlagen zurückgeschickt. Ich glaube, ich bin einfach zu alt ... es hat einfach keinen Sinn mehr.«

An seinem Tonfall und am Inhalt seiner Aussage hatte ich gemerkt, dass er wirklich resigniert hatte. Ich setzte deshalb die Schock-Technik aus dem NLP (= Neurolinguistisches Programmieren) ein und schrie ihn durch den Telefonhörer an, was ihm denn einfalle, so unverschämt zu sein und nicht arbeiten zu wollen. Diese Technik brachte ihn dazu, seinen resignierten, depressiven Tonfall schlagartig zu ändern und mir wütend zu entgegnen, dass er natürlich arbeiten wolle, aber eben »die Gesellschaft« keine Arbeit mehr für ihn habe. Daraufhin sagte ich ihm genau Folgendes: »Wenn Sie arbeiten wollen, wenn Sie **wirklich** arbeiten wollen, dann schreiben Sie nicht 59 Bewerbungen in 18 Monaten, sondern schreiben Sie 59 Bewerbungen pro Monat. Das macht zwei pro Tag ... das ist mit Hilfe eines modernen Computers kein Problem mehr. Und wenn Sie daraufhin immer noch keine Arbeit bekommen, schreiben Sie 59 Bewerbungen pro Woche ... das sind nur circa acht Bewerbungen pro Tag ... auch das ist mit einem Computer zu schaffen. Wenn Sie dann immer noch keine Stelle bekommen, dann laufen Sie los, in das Industriegebiet Ihres Ortes und klappern Sie alle Firmen ab. Ziehen Sie Ihren besten Anzug an, lassen Sie sich gut frisieren, tragen Sie eine geschmackvolle Krawatte und sauber geputzte Schuhe und stellen Sie sich vor. Seien Sie bereit, eine Arbeit anzunehmen, die vielleicht auch unter dem Niveau Ihrer letzten Arbeit liegt. Wenn auch das nichts nützt, dann stellen Sie sich nochmals bei den Firmen vor und bieten ihnen an, vier oder fünf Tage kostenfrei zu arbeiten, damit die Firma einen Eindruck davon gewinnt, wie gut Sie arbeiten können. Dann wird Folgendes passieren: Vielleicht werden Sie immer noch keine Stelle bekommen, denn die meisten Firmen benötigen zur Zeit keine Mitarbeiter. Vielleicht aber bekommen Sie ja auch schon einen Job. Falls nicht, macht das nichts. Denn wenn in diesen Unternehmen, in denen Sie zur Probe kostenfrei gearbeitet haben, wieder eine Stelle frei wird, weil jemand krank wurde, die Firma floriert, etc. – wen wird man wohl einstellen? Teure Anzeigen aufgeben und sich die Arbeit machen, aus Massen von Bewerbungen den geeigneten Kandidaten herauszusuchen? Über das Arbeitsamt in der Regel nur relativ schlechte Arbeitsuchende vermittelt zu bekommen? Oder Sie, der ja bewiesen hat, dass er zu außergewöhnlichen Einsätzen bereit ist?« Der Mann verstand und ich konnte an dem Tonfall seiner Stimme bei der Verabschiedung erkennen, dass es in ihm zu arbeiten begann.

Das Verblüffende an dieser Geschichte war für mich jedoch, dass danach zahlreiche wütende Anrufe von Arbeitslosen im Studio eintrafen, in denen ich wüst beschimpft wurde, was mir denn einfalle, die Ärmsten der Armen – die Arbeitslosen – dazu bringen zu wollen, auch noch umsonst zu arbeiten. Das wäre ja wohl das Allerletzte ...

»Erfolg hat drei Buchstaben: T – U – N!«

JÜRGEN HÖLLER

Hast Du verstanden, worum es geht? **Positives Denken alleine verändert überhaupt nichts.** Wenn Du das nicht glaubst, dann stelle Dich doch einmal vor Deinen vollen Tisch mit Arbeit, schließe die Augen und denke positiv: »Der Schreibtisch ist leer, der Schreibtisch ist leer, der Schreibtisch ist leer!« Und dann öffne wieder die Augen – ist er tatsächlich leer? Nein, Du musst verstehen, dass Du von einem positiven Denker zu einem **positiv handelnden Menschen** werden musst. Das positive Denken der Vergangenheit bringt nämlich tatsächlich nichts (hier muss ich den lieben Kritikern doch einmal recht geben), sondern erst, wenn Du ins positive Handeln kommst.

Als der ehemalige Präsident Bill Clinton während seiner Amtszeit in den USA seine große Sozialhilfereform durchzog, hatten Amerikaner maximal fünf Jahre ihres Lebens Anspruch auf Sozialhilfe, davon höchstens zwei Jahre lang hintereinander. Unter dieser Drohung, aber auch wegen zusätzlicher Arbeitsvermittlungsprogramme der Bundesstaaten sank die Zahl der Sozialhilfe-Empfänger von 1993 bis 1996 um zwanzig Prozent auf nur noch circa vier Millionen Familien! Das ist der größte Rückgang in mehr als fünfzig Jahren.

In Deutschland dagegen ist die Zahl im gleichen Zeitraum um über 16 Prozent gestiegen. Ob ich damit meine, dass es den Sozialhilfe-Empfängern in Deutschland viel schlechter gehen müsste? Nein, aber ich glaube ganz einfach, dass etwas »Druck« die Menschen dazu motivieren kann, ins Handeln zu kommen (vergleiche hierzu Kapitel 13: »Die Macht der Motivation«). Druck treibt uns an, lässt uns in Bewegung kommen.

Amerika ist der Meinung, dass derjenige, der Erfolg haben will, eben arbeiten muss. In einem Land, das Eigeninitiative schätzt, finden Arbeitslose und Sozialhilfe-Empfänger weniger Verständnis. »If you don't have a job, you'd better start doing something about it« ist die verbreitete Ansicht: »Wenn du keinen Job hast, solltest du schleunigst etwas dagegen tun.«

»Bittet, so wird euch gegeben werden,
suchet, so werdet ihr finden.
Klopfet an, so wird euch aufgetan!«

MATTHÄUS

Fürstin Gloria von Thurn und Taxis ist ein gutes Beispiel für die Handlungs-Strategie. Als sie den Fürsten von Thurn und Taxis heiratete, der bereits im etwas fortgeschrittenen Alter war, lebte sie zunächst ihre verrückten Ideen und Vorstellungen aus. Schnell wurde sie dadurch bekannt. Für einige Mitglieder des deutschen Adels wurde sie geradezu zur Schreckgestalt. Dann starb der Fürst, und Fürstin Gloria musste die Geschäfte übernehmen. Erst da erkannte sie, dass es nicht zum Besten stand. Doch getreu ihrem Motto: **Wünschen ist gut – etwas dafür tun ist besser!** erarbeitete sie sich mit Fleiß und Ehrgeiz die Voraussetzungen, die sie in ihrer Position benötigte. Sie gestand sich eindeutig ein, was sie kann und was sie nicht kann, und ist ständig bereit, dazuzulernen. Sie macht für ihr Nichtwissen nicht irgendjemanden verantwortlich, sondern nimmt es selbst in die Hand, ihr Wissen zu erweitern: »Ich habe mich mit Betriebswirtschaft beschäftigt, dreimal in der Woche Unterricht genommen. Ich konnte ja nicht einmal Bilanzen lesen. Abends habe ich dann eben nicht mehr stundenlang ferngesehen, sondern habe im Bett meine Lehrbücher gelesen.«

Fürstin Gloria beherrscht aber nicht nur das Gesetz des Handelns, sondern auch das Gesetz der Konzentration: Wenn sie einmal eine Aufgabe übernommen hat, verschreibt sie sich dieser mit ihrer ganzen Energie, Einsatzbereitschaft und Leidenschaft. Dazu hat sie das große Talent, dass sie ungünstige Umstände von außen nicht als Katastrophen ansieht. Sie nimmt Krisen als Chancen wahr und nimmt die Herausforderungen an, verwandelt auch negative Situationen in Erfolge: »Die Holzwirtschaft ist in einer Krise. Aber gerade hier ist gutes Management und Kreativität gefordert.«

»›Das hätte ich auch tun können‹,
brauchen die, die handeln, nie zu sagen.«

PETER EBELING

»Aufschieberitis« ist eine der schlimmsten Krankheiten, die es gibt. Viele Menschen verwenden sie unbewusst, um Schmerz zu vermeiden. Die Crux an der Sache ist nur, dass Du Dir noch größere Schmerzen bereitest, wenn Du versäumst, rechtzeitig zu handeln.

AUFGABE

1. Welche Handlungen hast Du schon seit geraumer Zeit vor Dir hergeschoben, die Du eigentlich schon längst hättest erledigen müssen?

   ____

   ____

   ____

2. Hat es Dir Vorteile gebracht, diese Handlungen in der Vergangenheit nicht auszuführen? Wenn ja, welche?

   ____

   ____

3. Welchen Schmerz, welche Nachteile hattest Du in der Vergangenheit, weil Du diese Aufgaben nicht erledigt hast?

   ____

   ____

4. Was wird es Dich an »Schmerz« kosten, wenn Du diese Dinge auch jetzt nicht erledigst, sondern weiter aufschiebst?

   ____

   ____

5. Welche positiven Gefühle wirst Du wohl haben, wenn Du diese Handlungen jetzt anpackst und möglichst umgehend erledigst?

   ____

   ____

6. Was für Konsequenzen hat für Dich diese Übung?

   ____

   ____

Pech für Paul

Paul Pechvogel ist einer jener Menschen, die immer klagen und jammern, weil sie im Leben nicht auf der Sonnenseite stehen. Jeden Abend betet er zum lieben Gott: »Bitte, bitte, lieber Gott, schenke mir einen Sechser im Lotto.« Das geht eine ganze Zeit lang so weiter, bis schließlich dem lieben Gott nach vielen Jahren der Kragen platzt und er Paul Pechvogel nachts unsanft aus dem Schlaf rüttelt: »Hallo, Paul Pechvogel, ich würde dir ja gerne Deinen Wunsch erfüllen, doch bitte komm mir etwas entgegen und ... gib endlich einen Lottozettel ab!«

»Ein Erfolgsgeheimnis heißt: Beginne!«

JÜRGEN HÖLLER

Viele Menschen beten, hoffen und glauben – ohne jemals ins Handeln zu kommen. Doch ohne ins Handeln zu kommen, kannst Du den Erfolg nicht ernten. Wer nie beginnt, der kann auch nie ankommen. Glaube mir: Jeder Mensch wird für Größe geboren, aber er muss erst noch wachsen.

Von Hinterhof bis Rampenlicht

1984 kam ein vollkommen unbekannter junger Mann in Chicago an. Er war von der Basketballmannschaft Chicago Bulls als neuer Spieler engagiert worden. Damals sahen pro Spiel nur sechshundert Zuschauer ihr Team. Dieser junge Mann hatte es als kleiner Junge nicht einmal geschafft, die Qualifikation für die Highschool-Mannschaft zu bewältigen. Seine Reaktion: Auf einem Hinterhof übte er immer wieder das Körbewerfen, stundenlang. Seine Karriere begann im ersten Collegejahr: Eine Sekunde vor Schluss des Spiels lag sein eigenes Team einen Punkt zurück. Er bekam den Ball und warf von der Mittellinie aus mit dem Mut der Verzweiflung den Ball Richtung Korb – und er traf! Seine Mannschaft gewann schließlich mit dem Schlusspfiff, und seitdem hatte er diesen tiefen, unerschütterlichen Glauben, dass er alles kann. Dieser junge Mann heißt Michael Jordan. Später verdiente er geschätzte 120 Millionen US-Dollar pro Jahr.

Michael Jordan bekam eine Million Dollar pro Auftritt, etwa dann, wenn er ein neues Casino in Las Vegas eröffnete und sich dort eine Stunde sehen ließ. Nach jedem Spiel warteten 150 Reporter auf ihn, um ihn zu fotografieren und zu interviewen. Dank des »Königs der Lüfte« stiegen die Chicago Bulls zur erfolgreichsten US-Basketballmannschaft und zu einer der erfolgreichsten Sportmannschaften der Welt auf. Die letzten ca. 400 Heimspiele waren mit jeweils 23 000 Zuschauern ausverkauft. Siebenmal in neun Jahren waren die Chicago Bulls US-Meister im Basketball. Der Umsatz pro Jahr betrug circa 500 Millionen US-Dollar.

Als Michael »Air« Jordan 1993 zurücktrat und eineinhalb Jahre Pause einlegte, herrschte Katzenjammer in der NBA. Als er nach diesen eineinhalb Jahren zurückkehrte, legte der Börsenkurs der Firmen, für die er Werbung betreibt (McDonald's, Nike usw.), innerhalb von 24 Stunden in ungeahnter Weise zu! Und warum hat es Michael Jordan zu dieser Größe gebracht? Weil er an sich glaubte, weil er nie aufgab und weil er beständig, ausdauernd und beharrlich an seinen Fertigkeiten arbeitete.

»Wer aufgibt, verliert.
Wer gewinnt, gibt nie auf!«

DONALD TRUMP

Auch Michael Jordan musste Rückschläge erleiden. Man denke nur daran, dass er nicht einmal in das Highschool-Team aufgenommen wurde. Aber er hat an sich geglaubt und er hat immer wieder geübt. Ich habe einmal einen Ausspruch des ehemaligen US-Präsidenten Calvin Coolidge gelesen, der dies sehr schön ausdrückt:

- Nichts in der Welt wird je die Beharrlichkeit ersetzen.
- Begabung nicht – es gibt nichts mehr als Menschen mit Begabung, aber ohne Erfolg.
- Bildung nicht – die Welt ist voll von gebildeten Versagern.
- Genie nicht – Genies, denen die Anerkennung versagt bleibt, haben fast schon sprichwörtlichen Charakter.
- Allein Beharrlichkeit und Entschlossenheit sind allmächtig.

Demokrit sagt dazu: »Es werden mehr Menschen durch Übung tüchtig als durch Naturanlage!« Das Leben, das Schicksal, Gott (suche Dir aus, woran Du glaubst) schenkt uns die Begabung – harte und ausdauernde Arbeit macht daraus das Genie. »Glück kommt von Gelingen. Und das Begriffsfeld »Gelingen« hat etwas zu tun mit Können, also mit Tun und Handeln. Bedenke auch immer: Wer selbst nicht handelt, der wird behandelt. Wer Mentaltraining betreibt, der muss eine Ursache setzen. Nur dann erfüllt sich das Gesetz von Ursache und Wirkung. Doch die »Ursache« besteht aus zwei Teilen:

1. Saatgut = der Gedanke
2. Aussäen = das Handeln

Vielleicht fällt uns das Handeln deshalb so schwer, weil wir Dinge tun, die uns keinen Spaß machen. Wenn wir Kinder beobachten, stellen wir fest, dass sie eine unvorstellbare Ausdauer bei Dingen haben, die ihnen Freude machen. Sie sind aber absolut nicht dazu zu bewegen, Dinge zu tun, die ihnen keine Freude bereiten. Liegt es also vielleicht daran, dass wir keine Freude haben an den Dingen, die wir tun? Laut einer Untersuchung gehen 56 Prozent aller Menschen einer Tätigkeit nach, die ihnen keine Freude bereitet. Aber wenn wir eine Tätigkeit haben, die uns Freude macht, warum haben wir dann noch Schwierigkeiten zu handeln? Das Leben schenkt uns nun einmal kein Freibier – wir müssen hart dafür arbeiten. Aktivität ist **das** Schlüsselwort – nicht nur im Verkauf, sondern bei jeder Tätigkeit. Wir müssen handeln, wir müssen ins **Tun** kommen!

»Wer weiß, was er zu tun hat,
und es nicht tut, der macht sich schuldig!«

JAKOBUS

Du musst also beginnen und danach beharrlich dabeibleiben. Warum aber ist dieses beharrliche Dabeibleiben so wichtig? Nun, durch die Konzentration auf eine Sache wirst Du diese Sache im Laufe der Zeit natürlich immer wieder tun. Das heißt, Du wiederholst die gleiche Tätigkeit. Nehmen wir einmal als Beispiel einen Verkäufer.

Wenn ein Verkäufer beharrlich dabeibleibt, immer wieder Bücher liest, Audio-Weiterbildungs-CDs hört, DVD-Seminare ansieht und regelmäßig Seminare besucht, so wird sein Wissen immer größer. Wenn er dann das Wissen in der Praxis anwendet und im Laufe der Zeit einen Punkt nach dem anderen integriert, so wird er als Verkäufer immer sicherer. Er wird immer selbstbewusster, er wird immer mehr Abschlüsse tätigen, sein Selbstbewusstsein steigt ständig usw. Durch permanentes Wiederholen verdichten sich also Überlegungen und Handlungen. Wissen kann man viel. Aber das reicht nicht aus. Wenn man weiß, wie man einen Nagel in die Wand schlägt, kann man es noch lange nicht tun. Wissen ist wenig – erst das Können macht den König. Wer einmal etwas Kluges gehört hat, ist deshalb noch lange nicht klug. Der Weg ist dabei immer der gleiche:

Wissen → Tun → Wiederholen → Können → Erfolg

Schon Aristoteles erkannte: »Wir sind das, was wir wiederholt tun. Vorzüglichkeit ist daher keine Handlung, sondern eine Gewohnheit!«

Wissenschaftlich gesehen ist es so, dass jedes Verhalten am Anfang, bildlich gesehen, einem Trampelpfad entspricht, eine erst dünne und schwache Vernetzung unserer Nervenzellen. Mit jeder Wiederholung aber wird diese Vernetzung fester und fester. Im Laufe der Zeit wird aus diesem Trampelpfad ein komfortabler Weg, schließlich eine feste, stabile Straße und am Ende sogar eine Autobahn. Dies gilt übrigens sowohl für negative als auch für positive Handlungsweisen.

Jetzt verstehst Du vielleicht auch, warum sich zwischen Wissen und Tun eine riesige Lücke erstreckt. Die Lücke zwischen Wissen und Tun ist das schwächste Glied in der Lebenskette der meisten Menschen. Das Problem besteht in der Regel nicht darin, das wir nicht wissen, was wir tun sollen, sondern dass wir es nicht schaffen, etwas in die Tat umzusetzen.

Ich kenne das von meinen Seminaren. Manche Teilnehmer sind begeistert nach dem Seminarbesuch und meinen, dies wäre nun der große »Durchbruch« gewesen. Sie fahren nach Hause – und sind enttäuscht. Warum? Weil nichts passiert. Das sind genau die Teilnehmer, die nicht verstanden haben, dass es nicht ausreicht, **ein-**

mal ein Seminar über Erfolgs- und Motivations-Strategien zu besuchen oder **ein** Buch oder **ein** Video zu diesem Thema zu lesen oder zu hören. Das neu erworbene Wissen ist ja noch kein Teil ihres Charakters geworden. Damit es Dein festes, geistiges Eigentum wird, damit dieses Wissen sich unbewusst frei entfalten kann und Dich sicher zum Erfolg, zum Spitzenerfolg führt, muss es sich im Unterbewusstsein verdichten. Das bedeutet, dass Du Dich **regelmäßig** mit diesen Dingen beschäftigen, dass Du regelmäßige Übungen absolvieren musst, um es schließlich zu einem Teil Deiner Persönlichkeit werden zu lassen:

- Besuche regelmäßig Seminare. Ich besuchte in den letzten Jahren ca. 200 Seminare, und zwar bei den besten Trainern der Welt.
- Lies immer wieder Bücher. Ich selbst habe etwa 2500 Bücher zu den Themen Erfolg und Motivation durchgearbeitet.
- Höre immer und immer wieder Audio-Programme im Auto oder zu Hause.
- Hole Dir die besten Seminare nach Hause arbeite sie durch.
- Setze die wichtigen Dinge um in Deinem Leben, denn dann werden sie ein Teil Deiner Persönlichkeit.
- Wende regelmäßig das mentale Training an. Hierzu habe ich folgende Titel im Programm:
  1. *Verkaufserfolge steigern*
  2. *Frei von Sorgen und Problemen*
  3. *Ziele setzen und erreichen*
  4. *Optimistisch und positiv denken*
  5. *Erfolgreich und glücklich*
  6. *Erfolgreich im Weiterempfehlungsgeschäft*
  7. *Erfolgreich in Schule und Freizeit*

  Zu bestellen in meinem Shop www.juergen-hoeller-shop.de.
- Praktiziere täglich die Praxis der Autosuggestion.
- Nutze die Visualisierungstechnik.

Der Schlüssel liegt also in der Vertiefung der Kenntnisse, in der Beherrschung verschiedener Werkzeuge und Methoden, die dazu führen, dass wir bei gleicher oder verstärkter Anstrengung stetig mehr Leistung bringen können. Durch ständige Wiederholung werden Widerstände abgebaut, wird vorher Unvorstellbares vorstellbar. Unmögliches wird möglich, und Unglaubliches wird selbstverständlich. Wenn dies nicht so wäre, bedürfte es neben dem Theoriekurs in Fahrschulen keinerlei praktischer Übungsfahrt. Wer weiß, wie die Tasten eines Musikinstrumentes zu schlagen sind, kann deshalb noch lange nicht Klavier spielen. Wer weiß, wie eine Schreibmaschine funktioniert, kann deshalb noch lange keinen Brief schreiben. Wer weiß, wie Erfolgs- und Motivations-Strategien funktionieren, ist deshalb noch lange nicht erfolgreich oder motiviert. Dies ist auch der Grund dafür, warum so manche meiner Trainerkollegen zwar über die Erfolgs-Strategien reden aber selbst keinen Erfolg haben.

»Wer etwas kann, der tut es,
wer etwas nicht kann, der lehrt es.«

GEORGE BERNARD SHAW

Stelle Dir vor, Du stehst am Ufer eines Baches und möchtest auf die andere Seite. Du willst Dir aber die Füße nicht nass machen. Wenn deshalb in der Mitte des Baches ein großer Stein wäre, könntest Du ihn als Trittbrett benutzen, um mit trockenen Füßen auf die andere Seite zu gelangen. Du fängst an, einen Stein in den Bach zu werfen und nichts passiert. Du wirfst einen zweiten und dritten Stein, aber es hat keine Wirkung. Unbeirrbar machst Du weiter. Stein um Stein wirfst Du genau in die Mitte des Baches. Es dauert und dauert. Doch schließlich wirfst Du einen Stein – und dieser bleibt oben liegen. Du wirfst noch weitere Steine hinein – und schließlich hast Du Dein Trittbrett. Die gleiche Wirkung hat das Wiederholen, hat die Beharrlichkeit in Deinem Leben: Du baust Dir ein Trittbrett, das Dich auf die Seite des Erfolges führt.

Nikolaus B. Enkelmann fasste einmal die positive Wirkung der Wiederholung in sieben Punkten zusammen:

1. Erst durch Wiederholung wird Wissen verdaut und damit zum praktischen Handeln.
2. Das persönliche Können nimmt zu. Mit der gleichen Energie werden immer größere Mengen der gleichen Arbeit bewältigt.
3. Die einzelnen Abläufe werden immer besser synchronisiert.

4. Das Niveau unserer Leistung verbessert sich qualitativ. Wir werden sicherer und zuverlässiger.
5. Jede Wiederholung setzt Energien frei, die sich als Gedankenblitze äußern. Es entwickelt sich Kreativität.
6. Das Fingerspitzengefühl entwickelt sich. Das Unterbewusstsein arbeitet immer präziser. So wächst das Anpassungsvermögen.
7. Der Mensch entwickelt eine hohe Beherrschung seiner Fähigkeiten. Sicherheit und Überzeugungskraft wachsen.

Wenn Du Deinen Stern am Himmel gefunden hast, dann ist es notwendig, dass Du hart daran arbeitest, ihm Zentimeter um Zentimeter näher zu kommen. Diese Zentimeter addieren sich zuerst, dann multiplizieren sie sich, und schließlich bist Du am Ziel. Es ist genauso wie mit einem Euro, den Du anlegst und der beständig Zins und Zinseszins trägt. Wusstest Du, dass Du, wenn Du mit 20 Jahren 20 000 Euro anlegst und sich das Geld mit acht Prozent verzinst (zum Beispiel an der Börse), im Alter von 65 Jahren circa 650 000 zur Verfügung hast?

Denke daran: Wenn Du Deinem Ziel recht nahe gekommen bist, kommen oft noch Prüfungen, die Dich im letzten Moment am Erreichen Deines Zieles hindern wollen. Es ist so, als ob das Leben Dich erst noch einmal prüfen will, ob Du **wirklich** an Dein Ziel glaubst. Könnte es nicht sein, dass kurzzeitiges »Versagen« Dich in Wirklichkeit mit den nötigen Einsichten und Fähigkeiten ausstattet, die Du brauchst, um in der Zukunft vielleicht noch größere Erfolge zu erzielen? Deine Begeisterung mag einmal eine Zeitlang nachlassen, Dein Stern am Himmel mag einmal eine Zeitlang von einer Wolke verdeckt werden, aber Du wirst niemals so deprimiert und entmutigt sein, dass Du aufgibst. Es kann sein, dass sich Dein Traum zerschlägt. Deine Firma steht kurz vor dem Konkurs oder Du wurdest bei einer Beförderung übergangen. Vielleicht hat sich Dein(e) Partner(in) von Dir getrennt oder Du hast einen Menschen verloren, der Dir sehr nahestand. Dein Traum hat ein jähes Ende gefunden. Was nun? Glaube weiter daran, dass das Leben auch für Dich noch die Sonnenseite vorgesehen hat. Glaube daran, dass das Schicksal, das Leben, Gott Dir helfen wird: Es wird Dir ein neuer Traum geschenkt, der Dir dabei hilft, ein Zeichen auf dieser Welt zu setzen. Ein Zeichen, das irgendwann nichts anderes bedeutet als: Ich habe gelebt! Ob dies nun eine Firma ist, die Du aufgebaut hast, ob dies tolle Kinder sind, die Du geboren und erzogen hast, ob dies eine Organisation ist, zu deren Aufbau Du beigetragen hast – sorge dafür, dass Du am Ende Deines Lebens sagen kannst: Dieses Leben ist bei allen Sorgen und Problemen ein Leben gewesen, das sich gelohnt hat zu leben. Kämpfe und bleibe dabei.

Wenn Du selbstständig bist oder Dich selbstständig machst, dann wirst Du erleben, dass die ersten drei Jahre vielleicht fürchterlich sind, die nächsten drei Jahre schwer und erst dann hast Du es womöglich richtig geschafft. Und darum halte durch. Halte um Himmels willen durch! Halte durch wie der Mann, der mit ...

- 31 Jahren eine geschäftliche Pleite erlebte,
- 32 Jahren einen Wahlkampf verlor,
- 34 Jahren erneut eine Pleite erlebte,
- 35 Jahren den Tod seiner Geliebten überwinden musste,
- 36 Jahren einen Nervenzusammenbruch hatte,
- 38 Jahren eine Wahl verlor,
- 43 Jahren im Kongress unterlag,
- 46 Jahren wieder im Kongress unterlag,
- 48 Jahren noch mal im Kongress unterlag,
- 52 Jahren zum Präsidenten der Vereinigten Staaten gewählt wurde.

Dieser Mann wird heute zu den bedeutendsten Präsidenten gezählt, die jemals die Geschicke der Vereinigten Staaten von Amerika leiteten. Sein Name: Abraham Lincoln.

AUFGABE

1. Mit welchen Aufgaben oder Verantwortlichkeiten bist Du derzeit im Rückstand oder schiebst sie auf? Bis zu welchem Datum hast Du sie abgeschlossen?

   Aufgabe: Erledigungstermin:

   ____

   ____

   ____

2. Nicht abgeschlossene Beziehungen: Gibt es irgendjemanden, mit dem Du eine Beziehung hattest, die »unerledigt« ist, das heißt, die noch offene Fragen übriggelassen hat und an die Du immer noch denkst, die Dir emotionalen Schmerz verursacht, die Dich wütend, zornig, traurig usw. macht – sei es die Beziehung mit einem Ex-Partner, mit einem bzw. einer Ex-Freund(in), einem früheren Chef, einem Eltern- oder Geschwisterteil usw.?

____

____

____

Um diese Fälle zu lösen, ist es notwendig, dass Du vergisst, vergibst, Dich eventuell auch, je nach Lage der Dinge, entschuldigst. Am besten ist es, wenn Du dieser Person einen liebevollen Brief schreibst (egal, was sie Dir angetan hat!), in dem Du vergibst, verzeihst, in dem Du Dich eventuell auch entschuldigst, mit dem Du aber auf jeden Fall die Beziehung abschließt. Dies mag Dir merkwürdig vorkommen, aber das hilft Dir, **Dich** zu befreien. Es geht also nicht darum, dass der andere sich besser fühlt, es geht einzig und allein darum, dass **Du** Dich besser fühlst.

Meine Vorgehensweise:

____

____

____

3. Gibt es derzeit irgendwelche Beziehungen, die Du noch aufrechterhältst, obwohl es hier massive Probleme gibt?

____

____

____

Wie – und bis wann – wirst Du vorgehen, um diese Probleme aus der Welt zu schaffen?

Plan: Datum:

____

____

____

4. Gibt es irgendwelche Bereiche in Deinem Leben, in denen Du Dich unzufrieden fühlst, die Dir negativen Stress oder emotionalen Schmerz bereiten? Wenn ja, schreibe sie auf:

   ____

   ____

   ____

5. Warum habe ich das alles bisher zugelassen?

   zu 1. ______________________________
   zu 2. ______________________________
   zu 3. ______________________________
   zu 4. ______________________________

6. Welche Erkenntnisse hast Du gewonnen und was wirst Du nach dieser Aufgabe in Angriff nehmen?

   ____

   ____

   ____

An dieser Stelle möchte ich Dir ein paar Möglichkeiten nennen, wie Du Deine Energie, Kraft und Ausdauer immer wieder stärken kannst:

1. Gehe jetzt auf https://gratis.juergenhoeller.com/reichtumsschulung. Dort kannst Du Dir sofort einen Gratis-Platz für mein Webinar DIE REICHTUMSFORMEL sichern. In diesem Webinar lernst Du, wie jeder Mensch Reichtum aufbauen kann und ich zeige Dir, wie Du finanziell frei wirst.
2. Abonniere meine **kostenfreien** Erfolgs-Motivations-News, ebenfalls auf www.juergenhoeller.com. Diesen Newsletter erhältst Du dann unregelmäßig alle paar Wochen zugeschickt. Er ist gefüllt mit positiven Zitaten, neuesten Informationen aus der Wissenschaft zum Thema Erfolg, Motivation, Persönlichkeitsentwicklung, Praxis-Know-how von mir usw.
3. Besuche so schnell es geht mein 2-Tages-Intensiv-Seminar Power-Days. Zusammen mit weiteren Trainern der Jürgen Höller Academy wirst Du zwei Tage lang erleben, was für un-

glaubliches Potential Du in Dir hast. Gehe jetzt gleich auf www.power-days.info und reserviere Dir dort Dein persönliches Ticket.

4. Besorge Dir unbedingt folgende zwei Bücher von mir:
   Ja! – Wie Sie Ihre Ängste, Probleme und Krisen meistern
   Sag Ja zum Erfolg!
5. Befreunde Dich mit mir auf Facebook, Istagram, Youtube usw.

Du kannst beide Bücher entweder über meinen Shop www.juergen-hoeller-shop.de bestellen oder Dir über jede Buchhandlung besorgen. Diese beiden Bücher ergänzen wunderbar das Buch *Sprenge Deine Grenzen* und werden Dich in die Lage versetzen, äußerst kraftvoll und diszipliniert die von Dir gesetzten Ziele auch zu erreichen.

»Eine Pflanze wächst nicht durch einmaliges Gießen, sondern nur durch regelmäßige Pflege.«

JÜRGEN HÖLLER

KAPITEL 11

Hurra, Probleme!

»Wer ist aber unter euch, der durch Sorgen sein Leben auch nur um einen Tag verlängern kann?«

MATTHÄUS

Ein Mann beobachtete eines Tages, wie aus einer Raupe ein wunderschöner Schmetterling schlüpfte. Er beobachtete dabei, dass sich der Schmetterling durch das enge Loch seiner »zweiten Haut« zwängen musste und diese Prozedur längere Zeit dauerte. Bei einer anderen Raupe wollte er deshalb dem Schmetterling das Schlüpfen erleichtern und öffnete vorsichtig mit einem Messer die Öffnung, damit er leichter rausschlüpfen könne. Als der Schmetterling dann geschlüpft war, war er merkwürdig missgebildet: Sein normalerweise langer, schmaler Körper war dick und gedrungen. Die Flügel, die sich sonst farbenfroh und zart entfalten, waren kurze Stummelflügel und dicht am Körper angesetzt. Der Mann ging daraufhin zu einem befreundeten Biologen. Er erzählte ihm, was er gemacht hatte und was dabei herausgekommen war. Der Biologe erklärte ihm daraufhin, dass die enge Öffnung für den Schmetterling wichtig sei, da sich die Flügel vor dem Schlüpfen noch innerhalb seines Körpers befänden. Erst beim Durchzwängen durch die enge Öffnung würden die Flügel aus dem Körper herausgedrückt und der Schmetterling könne sich zu seiner vollen Pracht entfalten.

Was uns diese Geschichte sagen will? Ganz einfach: Nicht jedes Problem taucht zu unserem Nachteil auf, oft sind Probleme zu unserem Vorteil da. Und wenn man einmal das Wort »Pro-blem« untersucht, stellt man fest, dass »pro« ja eigentlich »für« heißt. Probleme sind also **für** uns gemacht und nicht gegen uns; ansonsten würde es ja »Anti-blem« heißen.

Probleme verhalten sich wie »Schneebälle«, die auf uns zurollen: Zunächst einmal ist es ein kleiner Ball, den wir schon von weitem sehen können. Die meisten Menschen haben jedoch Angst davor, dieses »kleine« Problem zu lösen, und weichen dem entgegenrollenden Ball elegant aus. Der Ball rollt vorbei, und sie freuen sich, dass sie dem Leben mal wieder ein »Schnippchen« geschlagen haben. »Mit mir doch nicht!« Doch während sie sich noch freuen, macht der Ball eine Kehrtwende und rollt unbemerkt wieder zurück. Wie ein Schneeball nimmt er dabei an Größe beständig zu. Und wieder rollt der Ball auf uns zu: Diesmal ist er jedoch aufgrund des aufgenommenen Ballastes viel größer. Sich dem Problem jetzt zu stellen und es zu lösen, würde noch mehr Schmerzen bereiten als beim ersten Mal. Viele Menschen wählen deshalb den Weg, nochmals auszuweichen – was ihnen mit viel Anstrengung und Mühe auch gelingt. Der »Pro-blem-Ball« rollt vorbei. Sie atmen durch und freuen sich, dass sie gerade noch einmal davongekommen sind … Doch der Ball kehrt wieder um und nimmt weiteren Ballast auf und rollt ein weiteres Mal auf sie zu. Nun ist der »Problem-Ball« so groß geworden, dass wir, auch wenn wir es wollten, nicht mehr ausweichen können. Nun müssen wir uns dem Problem stellen. Jedoch ist es im Laufe der Zeit so groß geworden, dass es uns entweder größte Schmerzen bereitet, uns zu stellen, oder es droht sogar über uns hinwegzurollen.

In der Praxis sieht so etwas folgendermaßen aus: Ein Mensch hat nach dem Essen immer Sodbrennen. Daraufhin nimmt er etwas Natron ein, was seine Probleme – vordergründig – behebt. In Wirklichkeit hat er nur die Symptome behandelt. Das wäre genau so, als wenn bei einer Tiefkühltruhe die rote Warnleuchte aufblinkt, weil die Kühltemperatur nicht in Ordnung ist – und wir tauschen einfach das Blinklicht gegen ein neues aus und glauben, wir hätten damit das Problem gelöst. Nun, das Problem kehrt um, wird größer, so dass wir nach einiger Zeit, wenn wir nichts an der Ursache verändert haben, eine Magenschleimhautentzündung, eine Gastritis bekommen. Aber auch hier gibt es wieder Möglichkeiten, dem Problem auszuweichen. Wir nehmen einfach nach jedem Essen ein Beutelchen Maloxan und zunächst einmal scheint das unser Problem zu lösen. Doch das Problem nimmt weiter Ballast auf, und schließlich kommt es zu einer chronischen Gastritis. Wenn wir uns diesem Problem immer noch nicht stellen, bekommen wir irgendwann das erste Magengeschwür. Ändern wir uns immer noch nicht, bekommen wir eines Tages vielleicht ein durchbrochenes Magengeschwür, Magen- oder Darmkrebs. Selbst dann sind viele noch nicht bereit, an die Ursache heranzugehen, so dass sie an den Folgen vielleicht sogar sterben müssen. Befragt man einen solchen Menschen dann, warum es ihm so schlechtgeht, wird er alles verantwortlich dafür machen – nur sich selbst nicht! Wer aber ein Leben lang nur »Müll« in Form von Nahrung zu sich nimmt, wer auf der geistig-seelischen Ebene »sauer« ist –, der darf sich nicht wundern, wenn er aufgrund dessen Probleme bekommt. Aber lieber doktern wir an den Symptomen herum, als die Ursache zu beheben.

»Beschäftige Dich mit Deinen Problemen, solange sie noch klein sind!«

JÜRGEN HÖLLER

Im geschäftlichen Bereich geht ein Unternehmen pleite. Ist es innerhalb von vierzehn Tagen pleite gegangen? Nun, Ausnahmen bestätigen die Regel, aber aller Wahrscheinlichkeit nach nicht, sondern es ist so oder ähnlich abgelaufen: Ein Unternehmen bemerkt, dass der Umsatz nicht mehr wächst. Nun kann man etwas ändern – an die Ursache herangehen – oder so weitermachen wie bisher. Wer so weitermacht wie bisher, hofft dann auf die »äußeren Umstände«: zum Beispiel auf die bessere Konjunktur, die besseren politischen Rahmenbedingungen, auf ein höheres Haushaltseinkommen der Bevölkerung usw. Wer jedoch mit seiner bisherigen Strategie, die dazu geführt hat, dass der Umsatz stagniert oder sogar leicht fällt, weitermacht, wird feststellen, dass als Nächstes der Gewinn immer mehr zurückgeht. Entweder wird zu diesem Zeitpunkt begonnen, die Ursache herauszufinden und Lösungen zu suchen – oder die alte Strategie wird beibehalten, was dazu führt, dass der Gewinn noch weiter fällt. Irgendwann macht das Unternehmen dann Minus. Aber auch jetzt doktern noch viele an den Symptomen herum (sie wechseln das Blinklicht von der Tiefkühltruhe aus), statt den **wahren** Ursachen auf den Grund zu gehen. Schließlich können Rechnungen nicht mehr bezahlt werden, es kommt zu Mahnungen, es kommt zu Mahnbescheiden, es kommt zu Vollstreckungen durch den Gerichtsvollzieher – und am Ende steht der Konkurs oder der Offenbarungseid! Befragt man einen Unternehmer oder Manager, warum sein Unternehmen pleiteging, so wird er eine der folgenden Antworten wählen:

- Die Rezession war schuld!
- Die Mitarbeiter waren zu faul. Sie sind schuld!
- Die Kunden sind schuld, weil sie nicht hinter das Geheimnis unserer tollen Produkte gekommen sind!
- Der falsche Ort, das falsche Gebiet, das falsche Land, die falsche Zeit usw. ist schuld!

Alles ist schuld, nur Einer/Eine natürlich nicht: **er/sie selbst**! Lieber lassen Menschen ihr Unternehmen in den Konkurs gehen, lieber sterben Menschen, als dass sie ihre einmal eingeschlagene Strategie verändern! Doch eines muss Dir vollkommen klar sein: Wenn Du eine Strategie wählst und in Schwierigkeiten kommst und diese Strategie beibehältst, werden Deine Schwierigkeiten nach dem Gesetz der Logik noch größer. Die einzige Möglichkeit, die Du hast, ist also, eine neue Strategie zu wählen! Doch viele Menschen, die Probleme haben, »wälzen« sich oft geradezu in »Versager-Botschaften«: »Ich bin ein Versager!« – »Ich bin eine Null!« – »Ich habe versagt!« – »Ich schaffe das nie!« – »Warum ausgerechnet ich?« – »Warum bestraft mich das Schicksal so?« ... Warum nur begreifen so wenige Menschen, dass das Leben nicht bösartig ist? Das Leben meint es immer gut mit uns. Alles, was demzufolge in unser Leben tritt, hat einen Sinn. Alles, was passiert, will Dir helfen, will Dich fördern, will Dich zum Wachstum anregen. Nimm also die Probleme an, die in Dein Leben treten, und finde eine Lösung. Beginne zunächst damit, dass Du Deine interne Kommunikation im Bereich **Probleme** änderst: Wähle ab sofort eine der folgenden Beschreibungen:

- interessante Situation
- zu lösende Aufgabe
- interessante Herausforderung
- eine Chance

Bei meinen »Power-Days«, bei denen schon bis zu 14 000 Teilnehmer anwesend waren, führe ich manchmal folgendes Experiment durch: Ich hole mir Freiwillige auf die Bühne und führe einen Krafttest mit ihnen durch: Einmal wiederholen sie laut den Satz »Ich habe ein Problem«, dann wird der Krafttest durchgeführt. Anschließend machen wir den Krafttest, diesmal mit der vorherigen Aussage: »Ich finde eine Lösung, ich finde eine Lösung ...« Der Unterschied in der Kraftleistung beträgt 50 bis 90 Prozent. Nochmals: Die Energie, die Kraft in Deinem Körper, lässt um bis zu 90 Prozent nach, wenn Du in »Problemen« denkst statt in Lösungen, Herausforderungen, Chancen, interessanten Situationen. Als Nächstes solltest Du Dich bei jedem Problem fragen: »Was will mir das Leben durch das Problem mitteilen?« Du kannst sicher sein, dass für jedes Problem die Lösung bereits in Dir liegt. Es treten nur die Probleme in Dein Leben ein, für die Du die Lösung bereits in Dir hast. Dann allerdings erfolgt das Gesetz des Glaubens: Wenn Du bei einem Problem glauben kannst, dass Du es lösen wirst, findest Du die Lösung in Dir. Wenn Du nicht daran glaubst, wenn Du das Problem als Strafe ansiehst, dann wirst Du an dem Problem leiden, vielleicht sogar zugrunde gehen.

AUFGABE

Schreibe einmal Deine derzeitigen Probleme auf:

____

____

____

Wenn Du zum Beispiel ein Problem mit Deiner Gesundheit hast, dann ist dies eine »Warnung« Deines Körpers, dass etwas nicht stimmt. Wenn Du Deine Krankheit nun ausschließlich mit Medizin bekämpfen willst, ist das genauso, als wenn Du abends feierlich Deine Mahnschreiben verbrennst, um damit das Problem der offenen Rechnungen aus der Welt zu schaffen. Ich möchte mich richtig ausdrücken: Mir geht es nicht darum, dass Du nicht mehr auf den Rat der Schulmedizin vertraust. Doch wenn selbst die Schulmediziner mittlerweile wissen, dass die seelisch-geistige Einstellung einen großen Anteil an unserem gesundheitlichen Zustand hat, dann solltest Du diese Erkenntnis für Dich einsetzen. Meine Frau Kerstin und ich heirateten 1994, und wir hatten uns bereits seit längerem ein Baby gewünscht. Es wollte aber einfach nicht klappen. Kurz nach unserer Hochzeit ging es Kerstin sehr schlecht. Sie ging schließlich zu einem Arzt und ließ sich untersuchen. Dieser sagte ihr, dass sie an einer schlimmen Auto-Immun-Krankheit leide und diese nur in 30 Prozent aller Fälle heilbar sei. Er verschrieb ihr stärkste Medikamente. Gleichzeitig teilte er ihr mit, dass sie aufgrund der Medikamente nicht schwanger werden dürfe (wegen der Gefahr einer Missbildung für das Kind). Aber durch diese Auto-Immun-Krankheit sei das Hormonsystem so gestört, dass sie sowieso nicht schwanger werden könne. Dies sei auch der Grund dafür, dass sie seit zwei Jahren (trotz regelmäßigen Bemühens) nicht schwanger geworden sei. Als ich abends nach Hause kam, fand ich meine Frau vollkommen am Boden zerstört vor. Sie hatte sich den Beipackzettel des Medikaments durchgelesen, bei dem, auf sage und schreibe zwei Seiten, alle Nebenwirkungen aufgeführt waren. Haarausfall, Hautallergien und starke Gewichtszunahme waren dabei noch die harmlosesten Nebenwirkungen, Magenblutungen, Funktionsstörungen in Nieren und Leber, erhöhter Blutdruck und andere »Nettigkeiten« jedoch die »größeren Kaliber«. Sie fragte mich, was ich ihr raten würde. Ich sagte ihr, ich könne ihr keine »Ratschläge« geben, sondern sie müsse sich die Antwort selbst geben. Sie sagte, dass sie die Medikamente am liebsten nicht nehmen würde, da sie eben daran glaube, dass ihre Krankheit eine andere, bestimmte Ursache habe. Ich sagte: Gut, lass uns daran arbeiten. Wir fuhren daraufhin in Urlaub auf die Malediven und nutzten diese Zeit intensiv, um an der Ursache zu arbeiten. Dabei kam unter anderem heraus, dass sie noch nicht abgeschlossen hatte mit ihrer eigenen Karriere, die sie mir und unserer (zukünftigen) Familie zuliebe aufgegeben hatte. Als sie dies einmal erkannte, fiel ihr, bildlich gesprochen, »ein Stein vom Herzen«. Anschließend arbeitete sie konsequent daran, sich mit positiven Gedanken zu füllen. Als sie nach dem Urlaub wieder zum Arzt ging, nahm er ihr Blut ab, um es auf die neuesten Werte zu untersuchen. Eine Woche später saß sie dem Arzt gegenüber und er teilte ihr erfreut mit, dass die Medikamente geradezu sensationell angeschlagen hätten und die Werte bereits viel besser seien. Als sie ihm daraufhin sagte, dass sie keine einzige Tablette seit dem letzten Termin genommen habe, verstand er die Welt nicht mehr. Und das Tollste: Zwei Wochen später war sie schwanger und am 8. August 1996 kam unser erster Sohn Alexander gesund zur Welt.

»Der eine sieht nur Bäume, Probleme dicht an dicht.
Der andere Zwischenräume – und das helle Licht.«

MATANI

Einige »kritische« Leser werden jetzt anmerken, dass dies alles nicht so einfach sei und ich nicht die Schulmedizin verteufeln solle. Doch das tue ich nicht. Ich bin nur der festen Meinung, dass es **zusätzlich** zur Schulmedizin wichtig ist, den Ursachen, physisch **und** psychisch, auf den Grund zu gehen. Was spricht dagegen, **neben** der Schulmedizin auch **anderweitige** Strategien einzusetzen? Ein Mensch, der Bluthochdruck hat, kann sich alleine auf blutdrucksenkende Mittel verlassen – er kann aber auch weniger Alkohol trinken, mit dem Rauchen aufhören, weniger fettreiche, dafür aber rohkostreiche Nahrung zu sich nehmen und regelmäßiges Ausdauertraining betreiben. Was soll schlecht daran sein, also nicht nur der Chemie zu vertrauen, sondern auch hier wieder die Strategie zu ändern?

AUFGABE

Untersuche einmal genau eines oder mehrere Deiner Probleme, die Du bisher schriftlich notiert hast, und schreibe nach reiflicher Überlegung nieder, was Dir das Leben damit sagen könnte.

Problem(e):

Was will mir das Leben damit sagen?

Welche Erkenntnisse hast Du aus dieser Aufgabe gewonnen?

Selbst eine Krankheit kann Ansporn sein

Stephen Hawking ist einer der berühmtesten Physiker unserer Zeit. Seit 30 Jahren leidet er an Muskelschwund. Er kann schon lange nicht mehr sprechen und darum tippt er seine kommunikativen Mitteilungen in einen Computer ein. Er gibt seit Jahren einmal pro Jahr einen Vortrag, an dem führende Physiker der Welt teilnehmen. In einem seiner Bücher schrieb er im Vorwort, dass er erst deprimiert war, als er von seiner Krankheit erfuhr. Als er aber darüber nachdachte, freute er sich, weil ihm seine Krankheit half, sich auf seine wesentlichen Talente zu konzentrieren. Viele Physiker haben das Problem, dass die äußeren Einflüsse der Welt sie von ihrem Vorhaben, von ihrer Forschung ablenken. Er schrieb: »Ich erkannte, dass ich kein besseres Schicksal hätte haben können, und dafür bin ich **dankbar**!«

Wow! Kannst Du Dir das vorstellen, dass ein Mensch mit einem solchen Schicksal so reagiert?

Bevor ich Dir den Weg zeige, wie Du wirkungsvoll, schnell und kraftvoll Probleme in Deinem Leben lösen kannst, müssen wir uns zunächst einmal darüber klarwerden, was überhaupt Probleme sind …

Vor längerer Zeit hatte ich größte Rückenprobleme, die dazu führten, dass ich für mehrere Wochen ein Krankenhaus aufsuchen musste. Hier, genauer gesagt in der Orthopädie-Abteilung, verordnete man mir drei Wochen lang strengste Bettruhe. Erreicht wurde dies, indem man mir intravenöse Beruhigungsmittel verabreichte. Als die Medikamente gestoppt wurden, musste ich noch eine weitere längere Zeit liegen.

Damals ging es mir geschäftlich noch nicht so gut, als dass ich finanziell sorgenfrei gewesen wäre. Ganz im Gegenteil: Mich drückten offene Rechnungen und ich wusste, dass ich so lange kein Geld verdienen konnte, wie ich diese Rückenprobleme haben würde. Und zu dieser Zeit war ich auch alleine, da meine Partnerschaft einige Monate zuvor in die Brüche gegangen war. Ich lag also in meinem Bett, bemitleidete mich und grübelte über meine Probleme nach. Oft zappte ich mit der Fernbedienung durch das Fernsehprogramm und irgendwann sah ich dort Bilder von Obdachlosen, von Kindern, die hungerten, sah Szenen von Krankheit und Tod. Ich lehnte mich zurück und kam ins Grübeln. Ich dachte nach über mich und die Situation aller Menschen auf dieser Welt, über eine Welt, in der der Tod von Tausenden von Menschen lediglich eine Nachricht zwischen Wettervorhersage und Sport geworden ist. Ich dachte auch darüber nach, dass ich trotz all meiner Probleme immer noch Kleidung, eine Wohnung und Essen hatte – also eigentlich überhaupt keine Probleme, gemessen an den Problemen der Menschen, die ich auf dem Bildschirm sah.

Du wirst vielleicht antworten, dass jemandem, der gerade eine Krankheit hat oder von seinem Partner verlassen wurde, diese Erkenntnis nicht sonderlich weiterhilft. Andererseits: Ist es nicht so, dass wir unsere Probleme oftmals überbewerten? Dass wir häufig Probleme sehen, obwohl es keine gibt? Ich glaube, dass oftmals die Maßstäbe verloren gehen.

»Ich weinte, weil ich keine Schuhe hatte;
bis ich einem Mann begegnete, der keine Füße hatte.«

PERSISCHES SPRICHWORT

2013 wurde ich eingeladen, eine Ehren-Doktorwürde und eine Professur für Entrepreneurship und Marketing zu übernehmen. Zu diesem Anlass reiste ich in die Hauptstadt Kenias, Nairobi. Mir wurde dann angeboten Kibera, den angeblich schlimmsten Slum der Welt einmal persönlich zu besuchen. Ich nahm das Angebot an und war danach traumatisiert von den unglaublichen Zuständen. Kein Frischwasser, kein Abwasser, kein Strom, kein Licht und keine Schulbildung für die Kinder. Über eine Millionen Menschen, die ums Überleben kämpfen. Ein Jahr später gründete ich mit Kerstin die Jürgen Höller Stiftung, die sich zur Aufgabe machte, Schulen in der Dritten Welt, vornehmlich in Afrika zu bauen. Zum Zeitpunkt, als ich dieses Buch neu überarbeite, im April 2017, haben wir bereits acht Schulen komplett finanziert und wollen allein in 2017 weitere drei bis fünf Schulen in Zusammenarbeit mit der Welthungerhilfe finanzieren. Meine große Vision: Innerhalb von 50 Jahren 1000 Schulen zu bauen. Wenn Du Dich informieren und mich dabei unterstützen möchtest (100 % aller Spendengelder kommen bei den einzelnen Projekten an, alle Kosten werden von Kerstin und mir übernommen), dann gehe auf die Homepage www.juergen-hoeller-stiftung.de.

Es gibt immer Schlimmeres!

Ein Mann trifft einen Freund, der Rollstuhlfahrer ist. Dieser ist glänzend aufgelegt, ganz anders als beim letzten Treffen. »Hallo, was ist mit dir los? Du bist ja so fröhlich und gut aufgelegt?« Der Rollstuhlfahrer antwortet: »Ja, denn vor einigen Wochen hatte ich einen Unfall – beim ›Rollstuhl-Spazierengehen‹ bin ich mit meinem Rollstuhl umgekippt und mit dem Kopf gegen ein Auto gefallen. Ich war tagelang bewusstlos und hatte danach noch viele Tage Gleichgewichtsstörungen. Danach konnte ich mehrere Tage schlecht hören und nichts sehen. Aber erst in dieser Zeit habe ich erkannt, dass es im Leben nicht darum geht zu **lamentieren**, was man nicht mehr hat, sondern darum **zu genießen**, was man hat, also das Leben so anzunehmen, wie es ist.«

Noch nie zuvor hatten wir in der Geschichte der Menschheit einen so hohen Lebensstandard wie heute. In Amerika hat man dieses Phänomen untersucht. Man nahm die Grundlage der oberen zehn Prozent der Bevölkerung vom Jahre 1900 als Maßstab. Diesen Lebensstandard verglich man mit dem Lebensstandard der heutigen Bevölkerung. Ergebnis: Nach dem Standard von 1900 leben heute bereits 90 Prozent der Amerikaner so wie die wohlhabendsten zehn Prozent vor nicht einmal hundert Jahren!

Vor nicht allzu langer Zeit habe ich eine Studie des Instituts der Deutschen Wirtschaft gelesen. Aus ihr geht hervor, dass die Sozialhilfe infolge immer großzügigerer Anspruchsvoraussetzungen einer Zahl von Empfangsberechtigten zugänglich gemacht worden ist. Überdies habe die wachsende Zahl von Asylbewerbern und Bürgerkriegsflüchtlingen den Kreis der Sozialhilfe-Bezieher beträchtlich vergrößert, hieß es. 1993 haben jedem vierten der knapp 1,3 Millionen Haushalte, die Sozialhilfe bezogen, Ausländer vorgestanden. 1980 waren es weniger als zehn Prozent. Für manche Sozialhilfe-Bezieher lohnt es sich nach Ansicht des Instituts finanziell nicht, eine Beschäftigung anzunehmen. Unter Umständen könnten Sozialhilfe, Zuschläge und Wohngeld zusammen das durch Arbeit erzielbare Einkommen sogar übertreffen. So erreiche etwa ein sozialhilfeberechtigtes Ehepaar mit zwei Kindern ein monatliches »Einkommen« von circa 1 680 Euro – zuzüglich einer 93 Quadratmeter großen Wohnung inklusive Heizung und Nebenkosten. Dies ist ein höheres Einkommen als zum Beipiel eine vergleichbare Familie eines Handwerkers erzielt.

Ob ich damit jetzt auf die Sozialhilfe-Empfänger einschlagen will? Nein, keineswegs! Es ist gut, wichtig und im wahrsten Sinne des Wortes »not-wendig«, dass es Unterstützung für Hilfsbedürftige gibt. Mir geht es lediglich darum, aufzuzeigen, dass es uns in der **Realität**, auf der materiellen Ebene, gar nicht so schlechtgeht, wie man allerorten hören und lesen kann. Ich behaupte, dass es uns **materiell** bessergeht als jemals zuvor in der Geschichte der Menschheit. Doch je besser es uns geht, desto größer wird das Klagen, Jammern und Wehklagen. Die Schweiz, mit einem der höchsten Lebensstandards der Welt, hat gleichzeitig eine der höchsten Quoten hinsichtlich Alkoholabhängigen, Selbstmördern, Drogenabhängigen und depressivkranken Menschen. Es gibt in Deutschland keinen Menschen, der an Hunger sterben müsste oder etwa erfrieren müsste, weil er kein Dach über dem Kopf hat. Jeder Mensch hat Anrecht auf Sozialhilfe, auch wenn sie für den Einzelnen sehr klein erscheinen mag, und Anrecht auf ein Dach über dem Kopf. Obwohl also in Deutschland selbst der Unterste auf der sozialen Skala immer noch besser lebt als der Großteil der Weltbevölkerung, haben wir alle doch so viele Probleme. **Vielleicht haben wir so viele Probleme, weil wir so wenig Probleme haben?!**

Es gibt Menschen, die machen sich so viele Sorgen, dass sie sich sogar sorgen, wenn sie einmal keine Sorgen haben! Du glaubst das nicht? Wie viele Menschen habe ich kennengelernt, die sich zu sorgen anfangen, wenn es ihnen einmal richtig gutgeht, getreu der Devise: »Mir geht es momentan so gut; das kann doch nicht lange anhalten!« Vor einiger Zeit kam ein Seminarteilnehmer zu mir: »Jürgen, du hast in deinem Seminar erzählt, dass der Glaube Berge versetzen kann. Aber ich weiß nicht, wie ich meinen Berg versetzen kann; er erscheint mir zu groß und zu unüberwindlich.« Ich hörte mir sein Problem an und sagte dann zu ihm: »Du stehst nicht vor einem Berg, du stehst vor einem Maulwurfshügel!« Um herauszufinden, wie wichtig und groß Dein Problem wirklich für Dich ist, führe bitte folgende Aufgabe durch ...

AUFGABE

1. Mache Dir eines Deiner aktuellen Probleme gegenwärtig. Reise jetzt ein Jahr in die Zukunft. Stelle Dir nun vor, das Jahr sei vorbei. Beantworte Dir jetzt folgende Fragen: Wie wichtig ist das aktuelle Problem in einem Jahr? Beeinträchtigt es Dich in einem Jahr noch? Wie sehr beschäftigt es Dich?

   ____

   ____

   ____

2. Und jetzt gehe fünf Jahre in die Zukunft und beantworte Dir diese Fragen erneut schriftlich:

   ____

   ____

   ____

3. Welche Erkenntnisse gewinnst Du aus dieser Übung?

   ____

   ____

   ____

Wenn das Problem Dich in einem Jahr noch beschäftigt und wichtig für Dich ist, dann ist es ein mittelgroßes Problem. Nur wenn es Dich in fünf Jahren noch beschäftigt, beeinträchtigt und wichtig für Dich ist, ist es ein **wirklich** großes Problem. Untersuche also erst einmal alle Deine **wirklichen** Probleme – und Du wirst sehen, wie sich vieles relativieren wird.

Sorgen

40 Prozent aller Sorgen betreffen Probleme, die nie eintreten!
30 Prozent sind Vergangenheit!
12 Prozent sind überflüssige Sorgen um die Gesundheit!
10 Prozent sind nebensächlich!
Nur 8 Prozent sind wirkliche Sorgen!!!

40 Prozent aller Sorgen sind also Zukunft, weil sie Ereignisse betreffen, die nie eintreten! Die Zeitschrift *Psychologie heute* untersuchte in einer ihrer Ausgaben (5/95) die Ängste der Deutschen. Dabei konnte auf einer Skala von eins (keine Angst) bis fünf (große Angst) geantwortet werden. Auf einem der vordersten Plätze stand mit 4,37 Punkten der Anstieg der Lebenshaltungskosten. Dies ist eine Zukunftssorge, denn wir wissen nicht, ob die Lebenshaltungskosten wirklich ansteigen werden. Ganz vorne stand auch mit 4,19 Punkten ein Verkehrsunfall. Nur ein Bruchteil der Menschen erleidet einen wirklich schweren Verkehrsunfall, aber die allermeisten machen sich deswegen Sorgen. Sorgen um die Zukunft bringen nichts, abgesehen von: Je mehr Du Dich um irgendetwas sorgst, desto mehr wirst Du es nach dem **Gesetz von Ursache und Wirkung** in Dein Leben ziehen.

»Unsere Ziele und unsere Ängste bestimmen unser Schicksal!«

JÜRGEN HÖLLER

30 Prozent aller Sorgen sind Vergangenheit. Menschen sorgen sich also um Dinge, die schon lange geschehen sind. Misserfolge sind passiert, Du kannst sie nicht rückgängig machen. Wenn Du Geld verloren hast, hast Du es verloren. Wenn Du einen Partner vergrault hast, hast Du ihn vergrault. Wenn Du eine Chance verpasst hast, hast Du sie verpasst. Du kannst diese Dinge nicht ändern. Also schließe jetzt die Kiste der Vergangenheit. Mache sie zu, hole Nägel heraus und nagle sie so zu, dass Du sie nie wieder öffnen kannst. Durch das Graben in der Vergangenheit, durch das permanente Beschäftigen mit den Dingen, die bereits längst vorbei sind, verbaust Du Deine erfolgreiche, glückliche Zukunft. Wenn Du Dich sorgst um Dinge aus der Vergangenheit, ist das genau so, als ob Du Dich in einem Boot auf dem Fluss Deines Lebens befindest und Du immer nur zurück, also in die Vergangenheit, schaust. Du schaust nur dorthin, wo Du hergekommen bist. Wenn Du das tust, hast Du kaum die Möglichkeit, Einfluss auf die Richtung zu bekommen, die Dein Boot nimmt. Du bist nicht in der Lage, Hindernisse zu erkennen, vorherzusehen und darauf zu reagieren. Und schließlich wirst Du

in kürzester Zeit kentern. Nur wenn Du Dich auf Dein Ziel, auf die Zukunft konzentrierst, also nach vorne siehst, bist Du in der Lage, jederzeit Hindernisse und Störungsquellen wahrzunehmen, eine Strategie festzulegen und zu reagieren. Nur Menschen, die nach vorne schauen, sind in der Lage, ihre Zukunft in der von ihnen gewollten Weise zu beeinflussen.

AUFGABE

1. Bitte schreibe einmal Probleme und Sorgen auf, die Du Dir heute noch machst, obwohl das, worum es jeweils geht, schon lange erledigt ist:

   ____

   ____

   ____

2. Bitte schreibe jetzt nieder, dass Du die Kiste der Vergangenheit jetzt zumachst, zunagelst und nie wieder öffnest:

   ____

   ____

   ____

Zwölf Prozent aller Sorgen sind überflüssige Sorgen um die Gesundheit. Bist Du derzeit gesund, zumindest ohne größere Probleme? Bravo! Dann freue Dich doch. Wunderst Du Dich, wenn bei oben genannter Untersuchung herausgekommen ist, dass an allererster Stelle, mit 4,5 von 5 möglichen Punkten, die Sorge vor einer schweren Erkrankung steht? Und auf Platz drei, mit 4,35 Punkten, die Angst, im Alter ein Pflegefall zu sein! Oh, warum machst Du Dir Sorgen um etwas, das wieder in der Zukunft ist und vielleicht nie eintritt – es sei denn: Du »denkst« es Dir herbei. In Amerika gab es einmal einen berühmten Radiosprecher, der seine Sendungen immer mit den Worten beendete: »Wer immer Sie sind und in welcher Lage Sie sich auch immer befinden – morgen geht die Sonne wieder auf!«

Nur acht Prozent aller Sorgen sind wirkliche Sorgen. Und um die Lösung dieser Sorgen, dieser Probleme solltest Du Dich wirklich kümmern. Bei einem Gottesdienst von Dr. Robert Schuller, seiner »Hour of Power«, hatte er einmal einen Musiker aus Südamerika zu

Gast. Der Gast hatte nur noch Stummelarme, denn er war ein Contergan-Kind. Er erzählte Dr. Schuller, dass er sich mit seiner Gruppe auf Amerika-Tournee befinden würde. Und die Grundlage seiner Musik ist der Optimismus, ist das positive Denken. Er glaubt, dass jeder Mensch für eine große Aufgabe geboren ist und er versteht gar nicht, warum die Menschen in Amerika so depressiv sind und sich so viele Sorgen machen. Kannst Du Dir das vorstellen? Er ist Musiker und hat keine Arme mehr, aber er will den Menschen mit seiner Musik Mut machen und versteht nicht diejenigen, die sich grundlos sorgen. Anschließend holte er seine Gitarre heraus und spielte auf eine solch wundervolle Art und Weise auf seiner Gitarre, dass es mir die Tränen in die Augen trieb. Wie er das ohne Arme machte? Er spielte mit den Fußzehen besser Gitarre als alle Menschen, die ich bis dahin mit den Fingern habe Gitarre spielen sehen.

AUFGABE

Schreibe jetzt einmal alle Probleme und Krisen auf, die es in Deinem Leben gab und die Du erfolgreich überwunden hast:

____

____

____

____

____

Wie viele Probleme Du auch haben magst – wenn Du über Dein Leben nachdenkst, wirst Du zahlreiche positive Erlebnisse finden, die Dir Auftrieb geben. Nimm einfach immer dann, wenn ein neues Problem auftaucht (meistens sind es ja ganze Problemgruppen), diese Aufzeichnungen zur Hand und lies nach, welche Probleme Du bisher bereits erfolgreich gelöst hast. Schwelge ruhig ein wenig in Deinen Gedanken der Vergangenheit und erkenne, dass Du die Kraft hattest, diese Krisen in Deinem Leben zu lösen. Und jetzt vergleiche das aktuelle Problem mit den bereits gelösten: **Bist Du nicht auch der Meinung, dass Du angesichts dieses Vergleiches auch das neue Problem (die neuen Probleme) lösen kannst und wirst?**

Verbrauche niemals mehr als zehn Prozent Deiner Zeit für das Nachdenken über das Problem, **sondern verwende mindestens neunzig Prozent Deiner Zeit für die Lösung des Problems!** Denke daran, dass es Probleme eigentlich nicht gibt. Es gibt nur Gelegenheiten, die Deine Fähigkeiten herausfordern. Probleme sind Chancen für Dich, zu wachsen! Wenn Du Deinen Problemen aus dem Weg gehst, verfolgen sie Dich bis in den Schlaf. Wenn Du auf Probleme zugehst, wirst Du an ihnen wachsen, wirst Du der Meister Deines Lebens.

»Schwere Zeiten währen nicht ewig,
aber ein zäher Mensch schon.«

DR. ROBERT SCHULLER

Ein Leben ohne Risiken, Hindernisse und Probleme wäre es nicht wert, dass Du morgens den Fuß aus dem Bett setzt. Das Leben besteht nun einmal aus der erfolgreichen Lösung von Problemen und der Überwindung von Schwierigkeiten.

- Ein Arzt ist dann am erfolgreichsten, wenn er die Probleme seiner Patienten löst. Je größer die Probleme seiner Patienten sind und je mehr Patienten mit Problemen zu ihm kommen, die er lösen kann, desto erfolgreicher ist er.
- Ein Rechtsanwalt ist dann am erfolgreichsten, wenn er die Probleme seiner Mandanten löst. Sind die Probleme seiner Mandanten sehr groß, die er löst, ist er sehr erfolgreich.
- Ein Lehrer löst die Probleme mit seinen Schülern. Löst er sehr große Probleme, ist er ein besonders guter und erfolgreicher Lehrer.
- Ein Erfolgstrainer hilft seinen Seminarteilnehmern dabei, ihre Probleme zu lösen. Je größer ihre Probleme sind und je mehr Menschen ihre Probleme lösen, desto erfolgreicher ist er.

Du siehst also, dass Erfolg immer davon abhängig ist, dass Du Probleme löst.

Erfolg ist abhängig von der Menge
der gelösten Probleme.

Was immer Du auch tust, stets geht es darum, Probleme zu lösen. Ein Unternehmen ist dann am erfolgreichsten, wenn es die Probleme seiner Kunden löst. Haben die Kunden sehr große Probleme (Bedürfnisse) und bietet das Unternehmen dafür Lösungen an, so ist das Unternehmen sehr erfolgreich. Egal, auf welcher Entwicklungsstufe Du Dich befindest: Immer hast Du es mit Problemen zu tun:

- Wenn Du keine Arbeit hast, hast Du Probleme. – Hast Du Arbeit, hast Du auch Probleme.
- Hast Du kein Geld, hast Du ein Problem. –Hast Du viel Geld, hast Du noch größere Probleme!
- Hast Du keine(n) Partner(in), hast Du ein Problem. – Hast Du eine(n) Partner(in), hast Du vielleicht noch mehr Probleme ...

Du siehst also: Ganz egal, wo Du stehst, immer hast Du es mit Problemen zu tun. Jedes gelöste Problem ist dabei eine weitere Treppenstufe auf dem Weg zu Deinem Erfolg. Auf dem Weg nach oben gibt es nun einmal keinen Lift – Du musst die Treppe benutzen. Und eine Treppe besteht aus einzelnen Stufen – den gelösten Problemen!

Der Optimist sieht in jedem Problem eine Chance, der Pessimist in jeder Chance ein Problem.

Frage Dich **niemals**: »Warum geht es mir schlecht?«, sondern **stets**: »Was kann ich tun, damit es mir bessergeht?« Durch die zweite Frage kommst Du ins Handeln und dadurch der Lösung des Problems schneller näher. Die Welt dreht sich zwischen zwei Polen. Polarität beeinflusst unser Dasein – das Verhältnis von zwei entgegengesetzten, aufeinander angewiesenen Kräften oder Wesen. Ohne Nordpol kein Südpol, ohne Gut kein Böse, ohne Plus kein Minus. Ohne das Eine wäre das Andere nicht. Solche paarweisen Pole, die gegensätzlicher Natur sind und einander gleichzeitig bedingen, regulieren unser Leben. So ist es im Atom, so ist es auf dem Globus. Ohne Geburt kein Sterben, ohne Tag keine Nacht, ohne Oben kein Unten. Und umgekehrt. Philosophie, Psychologie, Physik,

Chemie und Biologie kommen ohne Polarität nicht aus. Schon die Eizelle hat zwei Pole, genau wie jede Autobatterie, jeder Magnet, jeder Planet. Positive und negative Elektrizität sind ebenso Beispiele der Polarität wie das Männliche und Weibliche beim menschlichen Geschlecht. Kaum ein großer Geist – einschließlich Johann Wolfgang von Goethe –, der die Bedeutung der Polarität auf unsere Existenz nicht erkannt hätte und von ihrer Magie nicht fasziniert gewesen wäre: ohne Anfang kein Ende, ohne Leben kein Tod! Auch hierbei handelt es sich wieder um ein Lebensgesetz: das **Gesetz der Polarität**! Jede Medaille hat also ihre zwei Seiten. Und so gibt es also nicht nur Glück, es gibt auch Probleme, Kummer und Sorgen.

**»Probleme sind wie Regentage:
Ohne sie könnte man die Sonne nicht mehr schätzen!«**

JÜRGEN HÖLLER

Akzeptiere also, dass Probleme zu Deinem Leben dazugehören. Je weniger Du die Probleme »bekämpfst«, sondern annimmst und Lösungen erarbeitest, desto freier wirst Du sein. Durch die Freiheit wirst Du die Probleme lösen können. Durch das Lösen der Probleme wächst Du und bist immer erfolgreicher. Auf jede Frage gibt es eine Antwort, für jedes Problem eine Lösung. Du musst nur bereit sein, ins Handeln zu kommen und so beharrlich durchzuhalten, bis Du Dein Ziel in vollem Umfang erreicht und verwirklicht hast. Einer der größten Stressfaktoren ist jedoch die Angst vor dem Misserfolg. Über 80 Prozent aller Menschen haben davor Angst. In der Erfolgspsychologie gibt es jedoch keinen Misserfolg, sondern lediglich Ergebnisse, die Du selbst verursacht hast. Hast Du nicht das gewünschte Resultat erzielt, solltest Du daraus lernen, Deine Strategie neu anpassen, wieder ins Handeln kommen, bis Du letztendlich das Ziel erreichst, das Du Dir erträumt und erwünscht hast. Wenn Du unter diesem Gesichtspunkt, nämlich lösungsorientiert, denkst und handelst, wirst Du den Begriff **Misserfolg** aus Deinem Leben streichen können. Wer sich ausschließlich auf die Erreichung seiner Ziele konzentriert, hält alles, was ihn auf dem Weg dorthin stört, für negativ und schlecht – und fühlt sich demnach auch schlecht!

Wahrhaft positives Denken bedeutet jedoch, **alles** weiter anzunehmen, **auch die Probleme**! Erfolgreich sein bedeutet immer, sich Ziele zu setzen, Entscheidungen zu treffen, ins Handeln zu kommen, auftretende Probleme zu lösen – und schließlich auch am erhofften Ziel anzukommen. Erkenne, dass alles, was an Dich herangetragen wird, nur ein »Angebot des Lebens« ist. Erkenne, dass alle Probleme nur Aufgaben des Lebens sind – die jedoch ein Geschenk enthalten: Erkenntnis. Das Problem ist nur die Verpackung, das Geschenk die Erkenntnis.

Wenn Gott Dir ein besonderes Geschenk machen will, verpackt er es in ein Problem.

Wenn also ein besonders großes Problem in Deinem Leben auftaucht, bedeutet dies nichts anderes, als dass auch ein besonders großes Geschenk auf Dich wartet. Es wartet aber nur dann auf Dich, **sobald Du Dich endlich aufraffst, die Probleme anzunehmen, den Ursachen auf den Grund zu gehen und eine Lösung dafür zu finden.**

Vor ein paar Jahren zogen Wissenschaftler im Rahmen einer Untersuchung des Immunsystems kleine Küken in einer für sie optimalen, angenehmen und sterilen Umgebung auf. Genau die richtige Temperatur und genau die richtige Nahrung, keine Schwierigkeiten, keine seelischen Erschütterungen, keine Bedrohungen, keine Gefahren oder sonstigen Stresssituationen. Nach ein paar Generationen setzten Wissenschaftler diese Hühner in eine normale Umgebung aus. Ergebnis: Sie gingen alle sehr schnell ein. Was erkennen wir aus diesem Experiment? **Der Mensch wächst an seinen Widerständen!** Das heißt: **Der Mensch wächst an seinen Problemen!**

Das Ganze kannst Du Dir vorstellen wie bei einem Fitness-Training. Du gehst in ein Fitness-Studio, nimmst eine Hantel in die Hand und bewegst diese auf und ab. Dies ist für Deinen Körper ein Problem. Die Zellen in Deinem Bizeps (oder einem anderen Muskel, den Du gerade trainierst) werden teilweise zerstört. Der Körper macht nun eines: Er »superkompensiert«, das heißt, er wappnet sich gegen die nächste Zerstörung. Dies macht er, indem er nicht nur die zerstörten Muskelzellen wieder aufbaut und ersetzt, nein, er produziert ein paar Muskelzellen mehr. Wenn Du nun regelmäßig trainierst, den Widerstand immer wieder erhöhst und anpasst, wirst Du schließlich das gewünschte Ergebnis erzielen: einen so geformten Körper, wie Du ihn Dir vorstellst!

Die Weisheit des Körpers ist unendlich. Wenn Du einen Besen in die Hand nimmst und die Straße kehrst, reibst Du dabei Haut von Deinen Händen ab. Der Körper ersetzt jetzt nicht nur die zerstörten Hautzellen, nein, er superkompensiert wieder, das heißt, es werden etwas mehr Hautzellen produziert. Wenn Du regelmäßig mit Deinen Händen arbeitest (zum Beispiel Straßen kehrst), wird Deine Haut immer dicker, und Du erhältst eine Hornhaut.

Und jetzt schauen wir uns wieder das Gesetz »**Wie innen, so außen**« an: Wenn Dein Unterbewusstsein im physischen Bereich superkompensiert, dann funktioniert das Ganze auch im psychischen Bereich. Wenn Du ein Problem hast, dann ist dies wie »geistiges Bodybuilding«: Wenn Du Dich dem Training stellst, wirst Du nicht nur das Problem lösen, Du wirst daran wachsen. Ich habe in meinem Leben schon vor so vielen Problemen gestanden und schon so viele Probleme gelöst, dass es mir manchmal schwerfällt nachzuvollziehen, dass Menschen von kleinsten Problemen (natürlich nur aus meiner Sichtweise heraus) zu Boden geworfen werden. Ich bin deshalb sehr froh und dankbar, dass ich meine Erfahrungen Menschen weitergeben darf. Weil ich bereits so viele Probleme nicht nur bei mir, sondern auch bei vielen tausend Firmen und Menschen gelöst habe, kenne ich Strategien, die erfolgreich sind. Bitte verstehe mich richtig: Ich werde niemals die Probleme eines anderen Menschen lösen, aber ich kann die Strategien aufzeigen, durch die er **selbst** in die Lage versetzt wird, seine Probleme lösen zu können.

AUFGABE

1. Nimm eines Deiner Probleme zur Hand: Gibt es irgendeinen Menschen bzw. irgendein Unternehmen, der bzw. das das gleiche Problem hatte wie Du, es aber schon erfolgreich gelöst hat? Um welchen Menschen bzw. welches Unternehmen handelt es sich?

___

___

___

2. Was hat er bzw. es getan – und wie hat er bzw. es letztendlich das Problem gelöst?

____

____

____

3. Wie kannst Du in Kontakt treten mit diesem Menschen bzw. mit diesem Unternehmen, um Dir weitere Informationen einzuholen?

____

____

____

Je vielfältiger die Hindernisse sind, die Du überwinden musst, um so stärker entwickelt sich Dein Wille. Tritt deshalb dem Kummer stets entgegen, gehe ihm nicht aus dem Weg. Du bist bestens gerüstet, um mit jedem Kummer, mit jedem Problem fertig werden zu können. Bevor Du aber ein Problem begreifen kannst, musst Du ihm zuvor entgegengetreten sein. Du wirst erstaunt sein, wie schnell Probleme verschwinden, sobald Du sie annimmst und Dich an ihre Lösung machst. Viele Menschen sind in Deutschland arbeitslos und viele haben große Angst davor, es noch zu werden. Doch ist eine Kündigung wirklich eine Strafe des Schicksals, des Lebens, Gottes? Eine Kündigung kann zum Beispiel auch ein Wink sein. Eine Kündigung kann eine Gelegenheit sein, die Dir deutlich machen will, dass es etwas ganz anderes gibt, das eher Deinen Begabungen und Talenten, Deiner Aufgabe entspricht. Vielleicht bedeutet eine Kündigung nichts anderes, als dass Du etwas Neues beginnen sollst.

Die Mitte der Nacht ist der Anfang des Tages!

Scherben können etwas Großartiges sein!

Als vor vielen Jahren im Iran (dem damaligen Persien) noch der Schah regierte, wollte er einen Palast nach französischem Vorbild bauen. Der Spiegelsaal sollte dabei genauso aussehen wie der von Versailles. Als die Kisten mit den Spiegeln eintrafen, öffnete der Architekt die erste Kiste selbst. Nachdem er sie geöffnet hatte, sah er, dass die zwei mal drei Meter großen Spiegel zerbrochen waren. Er öffnete die zweite Kiste – Bruch! Die dritte Kiste – Bruch! Die vierte, fünfte, sechste Kiste – Bruch! Alle waren sehr niedergeschlagen, war es doch jetzt unmöglich, den Wunsch des Schahs zu erfüllen. Zunächst einmal war der Architekt sehr verzweifelt. Doch dann öffnete er die nächste Kiste, nahm seinen Hammer und zerschlug alle Spiegel in ein Zentimeter große Stückchen. Dadurch wurde er in die Lage versetzt, auch die Säulen mit Spiegeln zu verglasen. Als er fertig war, begeisterte der Spiegelsaal den Schah noch mehr als das Original, das er in Versailles gesehen hatte.

Wer also will beurteilen, ob ein Problem, eine Krise oder eine Chance eine Möglichkeit ist? In einem Buch las ich einmal: »Wenn ich auf meinem Weg plötzlich vor einem Berg stehe, gebe ich nicht auf. Ich kämpfe vielmehr, bis ich den Berg überwunden habe. Ich finde einen Weg, einen unterirdischen Gang oder ich verweile einfach und verwandle diesen Berg in eine Goldmine!«

»Jede Rose hat Dornen.
Jedes Leben hat Probleme!«

JÜRGEN HÖLLER

Wie wir mit Widrigkeiten in unserem Leben umgehen, ist mehr als alles andere entscheidend für unsere Lebensqualität. Erfolgreiche Menschen betrachten Probleme immer nur als vorübergehend, während Verlierer in der Regel das kleinste Problem als ewig andauernd sehen.

Verlierer	*Gewinner*
Das Problem ist andauernd.	→ Es geht vorüber.
Das Problem ist allumfassend.	→ Es betrifft nur ein Gebiet.
Das Problem ist persönlich – Beweis dafür, dass etwas mit mirnicht stimmt.	→ Es ist eine Gelegenheit zu lernen.
Das Problem ist eine Krise.	→ Es ist eine Chance.

Damit Du in Deinem Leben auf nur möglichst kleine Probleme triffst, die Du schnell lösen kannst, solltest Du bereits im Voraus ausführlichst planen. Jede Planung beginnt dabei mit dem Ziel. Lege dann Deine Prioritäten fest und erledige immer diese zuerst und vollständig. Lasse nichts offenstehen, weder unerledigte Taten noch unerledigte Beziehungen, und Du wirst feststellen, dass sich ab diesem Zeitpunkt viel weniger Probleme ergeben.

Sofort-Maßnahmen. Nun gibt es aber immer wieder einmal Phasen in Deinem Leben, in denen Du **schnell** positive Veränderungen erzielen musst. Langfristige Ziele sind zwar verantwortlich für langfristigen Erfolg – aber kurzfristige Ziele und Maßnahmen sind bisweilen einfach notwendig, manchmal sogar überlebensnotwendig. Bevor Du aufgeben möchtest, solltest Du Dir deshalb ein letztes 30-Tage-Ziel setzen. Wenn Du Dir ein solches 30-Tage-Ziel setzt und ins Handeln kommst, dann tritt folgende Veränderung ein:

1. Du musst Dir ein 30-Tage-Ziel setzen.
2. Du musst Dir eine neue Strategie dafür überlegen (die alte hat Dich ja in die ausweglose Situation gebracht).
3. Du musst **sofort** handeln.

Wenn Du diese neue Strategie aber 30 Tage lang anwendest, dann hat sie sich so in Deine Nervenzellen »einprogrammiert«, dass sie Dich regelrecht neu konditioniert hat. Das bedeutet, dass Du nach den 30 Tagen die neue Strategie als neues Verhalten adaptierst, also übernommen hast, es zu einem Teil Deiner Persönlichkeit wurde.

Beispiel: Du bist in einer prekären finanziellen Situation. Wenn Du Verkäufer bist, hast Du vielleicht drei Abschlüsse pro Tag getätigt. Setze Dir jetzt ein 30-Tage-Ziel, wobei Du Dir vornimmst, jeden Tag sechs Abschlüsse zu tätigen.

AUFGABE

Sofort-Maßnahme!

1. Was ist mein derzeitiges Hauptproblem (Beispiel: »Ich habe offenstehende Rechnungen, die ich derzeit nicht bezahlen kann«)?

____

2. Formuliere jetzt ein 30-Tage-Ziel, das dieses Problem vielleicht nicht vollständig, aber zumindest zu einem Teil löst (Beispiel: »Ich verdoppele innerhalb von 30 Tagen meine Abschlussquote von drei auf sechs Abschlüsse pro Tag, was mein Einkommen sofort verdoppelt«):

   ____

3. Formuliere dieses 30-Tage-Ziel in eine Frage (Beispiel: »Wie kann ich meine Abschlussquote verdoppeln?«). Wende hier die Power-Storming-Methode an: Bleibe so lange sitzen, bis Du (auf einem gesonderten Blatt) mindestens 25 Ideen gefunden und aufgeschrieben hast, wie Du Dein 30-Tage-Ziel erreichen kannst. Höre nicht auf, bevor Du 25 Ideen aufgeschrieben hast.

   ____

4. Schreibe Dir jetzt die fünf erfolgversprechendsten Ideen auf:

   a) ______________________________
   b) ______________________________
   c) ______________________________
   d) ______________________________
   e) ______________________________

5. Verfahre zu jeder einzelnen Idee nochmals mit der Power-Storming-Methode (Beispiel: »Ich steigere meine effektive Verkaufszeit – das heißt die Zeit, die ich direkt in einem Verkaufsgespräch verbringe – von drei Stunden täglich auf fünf Stunden täglich«). Verfahre jetzt erneut nach der Power-Storming-Methode, indem Du diese Idee wieder in eine Frage umformulierst (Beispiel: »Wie kann ich meine aktive Verkaufszeit von drei auf fünf Stunden täglich steigern?«). Schreibe nun nochmals Ideen auf, und zwar so lange, bis Du Dir eine Strategie zurechtgelegt hast, mit der Du erfolgreich sein wirst.

Tue es, setze diesen Vorschlag um – und Du wirst feststellen, dass es funktioniert. Nach 30 Tagen hast Du dann »ein wenig Luft« gewonnen, vor allen Dingen hast Du wieder neues Selbstvertrauen gefasst, Du hast den positiven Glauben wiedergefunden, dass Du Deine Probleme bewältigen kannst. Weitermachen, auch in einer schweren Zeit – von diesem Teil der Erfolgsstorys hört man allgemein nichts. Aber der Erfolg stellt sich fast nie »sofort« ein, obwohl Filme und Fernsehen uns das vorspiegeln. Jede Geschichte über einen echten Erfolg ist gleichzeitig auch eine Geschichte von großen Opfern. Wenn die Dinge schwierig werden, verlieren die meisten Menschen den Mut und unternehmen weniger als vorher. Ich kann mich gut erinnern, als es mir so schlechtging wie noch niemals vorher in meinem Leben: Ich hatte zu diesem Zeitpunkt weder Kraft noch Mut, irgendeine neue Strategie umzusetzen. Doch der Moment, in dem es uns schlechtgeht, ist der schlechteste Zeitpunkt, passiver und langsamer zu sein. Die beste Möglichkeit, Probleme zu lösen, ist eine Verdoppelung oder Verdreifachung der Anstrengung. Setze Dir das Ziel, einen Erfolg zu erringen, denn auch wenn er noch so klein ist, er wird Deine Ängste beheben und Dich motivieren. Nichts ist schlimmer, als stillzustehen und zuzusehen, wie die Träume Deines Lebens zusammenbrechen. Wann immer Du tätig bist – ganz gleichgültig womit –, baust Du an Deiner Zukunft! Mache also weiter, gehe weiter Deinen Weg.

Mark McCormack gründete die Sportvermarktungsfirma IMG mit nur 600 Dollar Startkapital. Er managte den damals unbekannten Golfer Arnold Palmer und erhielt lediglich zehn Prozent als Managementgebühr. Heute stehen Tausende von Athleten bei IMG unter Vertrag. Er kassiert bis zu 40 Prozent der Gagen und vermarktet im Golf und Tennis praktisch alle bedeutenden Veranstaltungen. Er vermarktet professionell unter anderem Olympische Spiele, Papstreisen und Nobelpreis-Verleihungen. Sein wichtigster Grundsatz: »Das Wichtigste ist der gesunde Menschenverstand!« Und deshalb lautet auch der Titel seines Bestsellers: *Was Sie nicht an der Harvard Business University lernen können.* Seine Philosophie: **»Einmal öfter aufstehen, als man hingefallen ist!«** Bist auch Du bereit, einmal öfter aufzustehen, als Du hinfällst? Leben heißt, seinen Weg nach oben gehen, dabei zwischendurch einmal hinfallen, aber aufstehen und weitergehen. Immer und immer wieder! Wenn Du vom Leben mehr Gutes als Schlechtes erwartest, mehr Erfolg als Misserfolg, wirst Du Probleme gelassener lösen oder verwandelst sie in eine kämpferische Trotzreaktion – nach dem Motto: **Jetzt erst recht!**

Warum ist beispielsweise Reinhold Messner trotz vieler Misserfolge der erfolgreichste Bergsteiger aller Zeiten? In einem Vortrag antwortete er auf die Frage, worauf er es denn zurückführe, dass er bisher so erfolgreich sei, mit folgenden Worten: »Die Frage kann ich beantworten: Weil ich mindestens ebenso viele Expeditionen abgebrochen habe, wie ich Gipfelsiege errungen habe. Und hätte ich das nicht gemacht, würde ich heute nicht mehr vor Ihnen stehen.«

Der erfolgreichste Verkäufer der Welt, Joe Girards, steht heute noch im *Guinness-Buch der Rekorde.* In seinem besten Jahr verkaufte er angeblich 1500 Autos. Um diese gewaltige Menge zu erreichen, mussten pro Tag mindestens zehn einzelne Kunden in seinen Laden kommen. Aber nur fünf schlossen ab. Das heißt, obwohl er zehnmal so erfolgreich war wie ein sehr guter »normaler« Autoverkäufer, hatte er nur eine Erfolgsquote von 1:2. Hier kommt das **»Gesetz der großen Zahl«** zum Vorschein: Von zehn Dingen, die Du tust, sind sechs erfolgreich, während vier schiefgehen.

Wer rechtzeitig seine Probleme annimmt, wird daran nicht zugrunde gehen, sondern weiter wachsen. So mancher, dem ich den Rat gab, antwortete jedoch mit BUIAGA. Du weißt nicht, was BUIAGA ist? Nun, das ist BUIAGA: **»Bei Uns Ist Alles Ganz Anders.«** Aber nichts ist ganz anders. Ich habe BUIAGA während der vielen Jahre, in denen ich als Unternehmensberater und für Einzel-Coachings zur Verfügung stand, dutzende, vielleicht sogar hunderte Male gehört: »In der Großstadt ist alles anders als in der Kleinstadt oder auf dem Lande.« »In Sachsen ist es anders als in Bayern.« »In Deutschland ist es anders als in Österreich.« »Frauen sind anders als Männer.« Doch ich behaupte: Menschen sind grundsätzlich überall gleich! Strategien, die zum Erfolg führen, führen deshalb bei allen Menschen zum Erfolg.

Immer wieder kommt es vor, dass Seminarteilnehmer in den Pausen zu mir kommen und mir von ihren Problemen erzählen. Ich antworte daraufhin: »Ich verstehe Dich und Deine Probleme, aber Du bist für Dich selbst verantwortlich.« – Und deshalb frage ich Dich:

- Was wirst Du tun?
- Was wirst Du gegen Dein Problem unternehmen?
- Was wirst Du verändern?
- Wer hat ein ähnliches Problem schon vor Dir erfolgreich gelöst – von wem könntest Du also lernen?

Natürlich ist es nicht das, was die Teilnehmer hören wollen. Oft kommen sie deshalb ein zweites Mal und ich stelle ihnen wieder die gleichen Fragen. Denn ich kann niemandem helfen (genauso wie ich niemanden motivieren kann; dazu mehr in Kapitel 13: »Die Macht der Motivation«). Jeder kann sich letztendlich nur selbst helfen. Alles, was ich tun kann, ist, ein Buffet mit Möglichkeiten aufzeigen. Jeder entscheidet sich dann selbst, was er sich von diesem Buffet nimmt.

»Verwandle große Schwierigkeiten in kleine und kleine in gar keine.«

CHINESISCHES SPRICHWORT

Die meisten Menschen sind Verlierer oder Zuschauer und denken nur auf dreierlei Art:

1. Jammern über das, was gestern schiefgelaufen ist!
2. Unzufrieden sein mit dem, was heute ist!
3. Sorgen machen vor dem, was morgen kommen könnte.

Ärger und Sorgen bringen den Menschen aber nur ins Chaos. Das wäre ja genauso, als würde eine Firma einen Mitarbeiter nur dafür bezahlen, dass er ständig alles durcheinanderbringt. Sorgen, derer Du Dich nicht annimmst, drehen sich immer schneller in Deinem Kopf, bis Du eine Lösung findest. Glaube mir, ich weiß, wovon ich spreche, denn vor einigen Jahren hatte ich so viele Probleme, dass ich überhaupt keinen klaren Gedanken mehr fassen konnte. Deshalb ist es ja so wichtig, dass Du Dir Deiner Probleme bewusst wirst und sie annimmst. Führe deshalb bitte den Problem-Workshop am Ende des Kapitels gewissenhaft durch, wenn Du einmal in eine negative Phase Deines Lebens treten solltest. Und glaube daran, dass alles gut wird, alles immer besser wird. Wo sich eine Tür schließt, öffnet sich auch gleichzeitig eine neue. Wer Mut hat, macht anderen Menschen Mut. Ralph Waldo Emerson, der große Philosoph, schrieb einmal: »Tun Sie das, wovor Sie sich fürchten, und die Furcht ist vorbei.« Natürlich bezweifeln auch die erfolgreichsten Menschen einmal zwischendurch, dass sie »es« schaffen – aber sie überwinden immer wieder diese Phasen. Schon Heinz Rühmann erkannte: »Ein Optimist ist ein Mensch, der alles halb so schlimm oder doppelt so gut findet.« Ein solcher Mensch spricht nicht von Problemen oder Ängsten, von Schwierigkeiten oder Hindernissen, sondern er spricht von seinen Hoffnungen, Träumen und Wünschen, von seinen Zielen und wie er den Weg dorthin beschreitet. Du hast es verdient, glücklich zu sein, also mache Dich daran, Deine Probleme zu lösen.

»Wer aber von euch kann durch seine Sorgen zu seiner Lebenslänge eine einzige Elle hinzusetzen?«

JESUS, LUKAS 12,25

Die gleiche Kraft, die Du aufwendest, um zu bremsen, kannst Du auch aufwenden, um Gas zu geben. Du hast die Wahl der Freiheit: Deine Probleme anzunehmen und zu lösen oder daran zu zerbrechen! Nur wer aufgibt, hat endgültig versagt. Und wenn eine Katastrophe passiert, sei sie auch noch so schlimm: Du hast nie alles verloren. Du hast immer noch Dein Leben, Dein Gehirn. Nicht die Vergangenheit bestimmt Deine Zukunft, sondern Deine Träume bestimmen sie! Ein Mensch, der aufhört zu träumen, der stirbt. Von Albert Schweitzer kennen wir folgende Aussage: »Selbst wenn du das Beste willst, darfst du nicht davon ausgehen, dass andere dir Steine aus dem Weg räumen. Nein, selbst wenn du das Beste willst, musst du davon ausgehen, dass andere dir immer wieder neue Steine in den Weg legen.« Aber sind es wirklich immer die anderen? Bist nicht manchmal das Problem Du selbst? Ist es nicht Deine Einstellung zu den Dingen, die das Problem erst haben kommen bzw. groß erscheinen lassen? Bist Du ein Mensch, der Probleme macht oder bist Du ein Mensch, der Probleme löst? Vielleicht klebst Du Dir auf Deinen Badezimmerspiegel folgenden Spruch und liest ihn jeden Morgen durch, wenn Du im Spiegel Dein Gesicht betrachtest: **Bin ich heute ein Mensch, der Probleme macht oder bin ich heute ein Mensch, der Probleme löst?**

AUFGABE

Diese Übung löst zwar Deine Probleme nicht, aber sie bringt Dir Linderung. Du kannst diese Übung ausführen, ehe Du Dich dann an die wirkliche Lösung der Probleme machst. Sie macht Dich ruhiger, sie baut Dich auf, sie hilft Dir weiterzugehen:

Ziehe Dich einmal in eine ruhige Ecke zurück, wo Du nicht gestört werden kannst. Lege eine entspannende Musik auf und mache es Dir im Sitzen oder Liegen ganz bequem. Konzentriere Dich auf Deinen Atem und atme im Fünf-zehn-fünfzehn-Rhythmus ein und aus: Fünf Sekunden einatmen, zehn Sekunden anhalten, fünfzehn Sekunden ausatmen. Konzentriere Dich nur auf Deinen Atem. Wenn Du dann ruhiger geworden bist, stelle Dir vor Deinem geistigen Auge ein großes Blatt Papier vor, auf dem das Wort »Sorgen« steht. Vergewissere Dich, dass dieses Wort mit einem ganz weichen Bleistift geschrieben wurde. Vor Deinem geistigen Auge siehst Du nun, wie Du einen Radiergummi zur Hand nimmst und dieses Wort, das mit dem weichen Bleistift geschrieben wurde, ausradierst. Radiere auch die letzte Spur des Wortes »Sorgen« von dem Papier. Wenn Du fertig bist, dann sehe Dich, wie Du mit einem »unauslöschbaren« Kugelschreiber schreibst: **Ich finde die richtige Lösung!**

Führe diese Übung mehrmals hintereinander durch, bis sie sich tief und fest in Deinem Unterbewusstsein verankert hat. Dann erst mache Dich daran, eine Strategie zur Lösung Deiner Probleme zu finden.

Ich hoffe sehr, dass ich Dich dazu motivieren konnte, Deine jetzigen Probleme anzunehmen, Lösungen zu finden und ins Handeln zu kommen. Und wenn alles schiefläuft, dann denke daran: Jede negative Sache besitzt auch etwas Positives.

AUFGABE

Schreibe Dir jetzt folgenden Satz nochmals handschriftlich auf:
»Ich weigere mich entschieden, jemals in meinem Leben aufzugeben!«

____

____

Glück oder Unglück?

Es war einmal eine arme Bauernfamilie, bei denen der alte Bauer für seine Weisheit berühmt war. Eines Tages ging der einzige Sohn des Mannes in den Wald, um Holz zu holen. Als er zurückkam, hatte er ein herrenloses Pferd dabei, das anscheinend niemandem gehörte und das er eingefangen hatte. »Was für ein Glück!«, riefen die Nachbarn. »Glück oder Unglück, wer weiß, wer weiß?«, sagte der alte Mann. Am nächsten Tag versuchte der Sohn das Pferd zu reiten und stürzte dabei so unglücklich, dass er sich den Arm brach. »Was für ein Unglück!«, sagten die Nachbarn. »Der einzige Sohn und jetzt ist er ein Krüppel!« – »Glück oder Unglück, wer weiß, wer weiß?« bemerkte der Alte. Wenig später brach im Land Krieg aus und alle jungen Männer wurden eingezogen – nur der Sohn des Alten nicht, denn der hatte einen steifen Arm. »Welch ein Glück!«, meinten die Nachbarn. »So hast Du einen Sohn, der darf zu Hause bleiben und kann Dir sogar noch helfen.« – »Glück oder Unglück, wer weiß, wer weiß?«, bemerkte der Alte nur. Nachdem der Krieg vorbei war, waren alle jungen Männer des Dorfes gefallen. Auch der Sohn des direkten Nachbarn war gestorben. Er konnte den Anblick des Sohnes vom Alten nicht mehr ertragen und zündete voller Zorn und Neid den Hof der Bauernfamilie an. »Welch großes Unglück!«, riefen die Nachbarn. »Jetzt habt ihr keinen Hof mehr!« – »Glück oder Unglück, wer weiß, wer weiß?«, sagte der weise Alte. Als sie die verkohlten Überreste des Hauses aufräumten, stießen sie auf eine große Truhe aus Metall voller Goldmünzen. »Was für ein Glück!«, riefen die Nachbarn. Und was wohl machte da der Alte? Er antwortete …

PROBLEMLÖSUNGS-WORKSHOP

1. Schreibe die drei Situationen in Deinem Leben auf, die Du als sehr schmerzlich oder schwierig empfunden hast!

   1. ______________________________
   2. ______________________________
   3. ______________________________

2. Stelle Dir folgende Fragen:

   a) Was war in dieser Situation für Dich am schwierigsten?

      zu 1. ______________________________
      zu 2. ______________________________
      zu 3. ______________________________

   b) Was hast Du Positives daraus gelernt?

      zu 1. ______________________________
      zu 2. ______________________________
      zu 3. ______________________________

   b) Worin siehst Du die Hauptvorteile der damaligen schmerzlichen Situation?

      zu 1. ______________________________
      zu 2. ______________________________
      zu 3. ______________________________

   b) Wie hilft Dir die Erfahrung in Zukunft weiter?

      zu 1. ______________________________
      zu 2. ______________________________
      zu 3. ______________________________

3. Schreibe Dir alle Probleme auf, die Du derzeit hast:

   ____
   ____
   ____
   ____
   ____

4. Schau Dir all Deine Probleme an und erkenne, wo für alle Deine Probleme und Sorgen der **Hauptpunkt**, das **Hauptproblem** liegt. Schreibe Dein Hauptproblem auf:

   ____
   ____

5. Was könnte dieses Hauptproblem Dir Positives mitteilen wollen?

____

____

6. Was will Dir das Leben durch dieses Problem mitteilen? Welche Botschaft hat es für Dich? Was ist die Ursache für dieses Problem?

____

____

7. Habe ich **wirklich** ein Problem oder nur eine falsche Einstellung zu den Dingen?

____

____

8. Schreibe Dir jetzt bitte ganz konkret und genau auf, was schlimmstenfalls passieren könnte:

____

____

9. Schreibe jetzt auf, dass Du es akzeptieren wirst, wenn das Schlimmste eintreten sollte. Bitte schreibe das in Deinen eigenen Worten präzise auf:

____

____

10. Schreibe jetzt auf, wie Du den gewünschten idealen Endzustand in Bezug auf dieses Problem siehst:

____

____

11. Deine bisherige Strategie hat Dich dorthin gebracht, wo Du heute bist. Bist Du bereit, Deine Strategie deshalb jetzt zu ändern?

____

____

12. Power-Storming:

    I. Schreibe Dir Dein Hauptproblem auf:

    ____

    ____

    II. Schreibe Dir den gewünschten Endzustand als Idealform (Punkt 11) auf:

    ____

    ____

    III. Schreibe Dir in Frageform auf, wie Du diesen Idealzustand erreichst (»Wie erreiche ich ...?«). Höre nicht auf zu schreiben, bis Du 25 Ideen (auf einem gesonderten Blatt) aufgeschrieben hast!

    IV. Schreibe Dir die fünf wichtigsten Ideen auf, die Du möglichst schnell und sicher umsetzen kannst.

    a) ______________________________
    b) ______________________________
    c) ______________________________
    d) ______________________________
    e) ______________________________

    V. Schreibe jetzt bitte jede einzelne Idee in Frageform auf (»Wie kann ich ... umsetzen/erreichen?«). Schreibe wieder (auf einem gesonderten Blatt) bis zu 25 Punkte für jede einzelne Idee auf.

13. Entwickle jetzt einen Handlungsplan, **was** Du **wann** und **wie** tun wirst.

Was? __________ Wann? __________ Wie? __________
Was? __________ Wann? __________ Wie? __________
Was? __________ Wann? __________ Wie? __________
Was? __________ Wann? __________ Wie? __________
Was? __________ Wann? __________ Wie? __________

____

____

14. Schreibe jetzt bitte nochmals in Gegenwartsform und positiv den idealen Ist-Zustand auf, wenn Du das Problem gelöst hast (Beispiel: »Ende des Jahres bin ich gesund, voller Vitalität, ich kann und bin frei von jedem Schmerz!«). Schreibe bitte per Hand diesen Ideal-Zustand auf:

____

____

____

Tipp: Lies bitte unbedingt das Buch *Ja! – Wie Sie Ihre Ängste, Probleme und Krisen meistern* von mir. Ich schreibe dort nicht nur, wie ich in die größte Krise meines Lebens geriet und (fast) alles verlor: meine Firmen, mein Geld, »meine Spielsachen«, meine Freunde, meinen guten Namen, meine Freiheit. Sondern wie ich es schaffte, wieder aufzustehen und innerhalb weniger Jahre 6,6 Millionen Euro Schulden abzubauen und wieder wohlhabend zu werden. Und diese Strategien helfen auch bei Dir, das verspreche ich Dir!

> **»Es gibt nur einen Ort mit zehntausend Menschen, die keine Probleme mehr haben: der Friedhof!«**
>
> NORMAN VINCENT PEALE

KAPITEL 12

Sei Chef Deines eigenen Unternehmens!

Wenn Du eine Stunde lang glücklich sein willst: schlafe.
Wenn Du einen Tag lang glücklich sein willst: Mache einen Ausflug.
Wenn Du eine Woche lang glücklich sein willst: Fahre in Urlaub.
Wenn Du einen Monat lang glücklich sein willst: heirate.
Wenn Du ein Jahr lang glücklich sein willst: Erbe ein Vermögen.
Wenn Du Dein Leben lang glücklich sein willst: Liebe Deine Arbeit!

Folgende Hauptfaktoren führen zu unternehmerischem Erfolg:

- Ein Ziel haben
- An das Ziel glauben
- Entscheidungen treffen
- Konzentration
- Ständig ins Handeln kommen

In diesem Kapitel geht es um Deinen persönlichen Erfolg. So sollst Du als Chef Deines eigenen kleinen Unternehmens, Deines **Ein-Mann-Unternehmens (wie auch natürlich Deines Ein-Frau-Unternehmens**), erfolgreich sein. Es besteht kein Unterschied, einen Großkonzern, ein mittelständisches Unternehmen, ein Kleinstunternehmen oder sein eigenes Ein-Mann-Unternehmen zum Erfolg zu führen. Die Erfolgsgesetze sind universell und auf jeden Bereich übertragbar.

Die oben aufgeführten fünf Strategien habe ich in diesem Buch bereits ausführlich behandelt und Du solltest sie beim Durcharbeiten des Buches auch umsetzen. Darüber hinaus gibt es noch ein paar weitere Dinge, die Du wissen und anwenden musst, damit Dein Ein- Mann-Unternehmen erfolgreich ist. Es ist völlig unerheblich, ob Du als selbstständiger Unternehmer arbeitest oder ob Du angestellt bist: Immer bist **Du** selbst für Dein eigenes **Ein-Mann-Unternehmen** verantwortlich. Und Dein Ein-Mann-Unternehmen ist beileibe keine Kleinigkeit: Du gebietest über Milliarden – nämlich über unzählige Milliarden Körperzellen. Jede Zelle arbeitet in einem bestimmten System mit anderen Zellen zusammen. Ein solches Wunderwerk wie Dich gibt es kein zweites Mal auf dieser Welt. Oft ist es schon schwierig, dass in einem Unternehmen drei oder fünf Mitarbeiter synergetisch zusammenarbeiten – bei Dir sind es aber Milliarden von Mitarbeitern. Alle sind dabei grundsätzlich darauf ausgelegt, zu Deinem Wohl zu arbeiten und Dich zum Erfolg zu führen. Der einzige Mensch, der dies verhindern kann, bist Du selbst. Wenn Du also um die Lebensgesetze weißt und somit auch um die Gesetze des Erfolges – und sie anwendest, dann musst Du nur noch den Faktor Zeit berücksichtigen ... und Du erlebst, wie sich die Qualität Deines Lebens in jedem Bereich spürbar steigert.

Wenn es jemand schaffen würde, den menschlichen Körper als Maschine zu konstruieren, wäre er in kürzester Zeit – noch vor Bill Gates der reichste Mann der Welt. Du hast bereits diesen Körper und deshalb stellt sich die Frage: Warum machst Du nicht noch mehr daraus?

Ich möchte Dir hier weitere wichtige Strategien vorstellen, die Du umsetzen musst, um absoluten Spitzenerfolg zu erzielen. Es sind Strategien, die jedes Unternehmen – sei es eine Großfirma, sei es ein Ein-Mann-Unternehmen – erfolgreich machen:

1. Immer ein bisschen besser sein!
2. Niemals stehen bleiben, sondern immer weitergehen!
3. Voll verantwortlich sein!
4. Sich einen Markennamen schaffen!

Beginnen wir mit dem ersten wesentlichen Punkt, dem »**Besser sein**«!

Nur ein kleines bisschen

Ein kleiner, vielleicht zehnjähriger Junge beobachtete vom Garten seines Elternhauses aus, wie in seiner Straße ein imposantes mehrstöckiges Gebäude hochgezogen wurde. Dabei stellte er fest, dass regelmäßig eine große dunkle Limousine vorfuhr, ein fein gekleideter Herr ausstieg, sich einen Helm aufsetzte, von allen Mitarbeitern höflich gegrüßt wurde und die Baustelle inspizierte. Er nahm an, dass es sich um den Chef handelte. Eines Tages, als die Limousine mit dem feinen Herrn wieder einmal vorfuhr, nahm er allen Mut zusammen und sprach ihn an: »Entschuldigen Sie, darf ich Ihnen eine Frage stellen?« – »Ja, natürlich, Kleiner!«, antwortete der Mann. »Ich möchte wissen, was ich tun muss, um später auch einmal so erfolgreich zu sein wie Sie.« Der Mann überlegte einen kurzen Augenblick, schaute dem Jungen fest in die Augen und sagte zu ihm: »Nun, mein Junge, als Erstes fängst du mit irgendeiner Arbeit an. Es ist dabei völlig egal, was du tust, solange es dir Spaß macht. Mir hat es schon immer Spaß gemacht, seitdem ich ein Kind war, mit Bauklötzen zu spielen und Häuser zu bauen. Also fing ich eine Maurerlehre an.« – »Und das reicht bereits aus?«, fragte der Junge. »Nein«, sagte der Mann. »Schau einmal auf meine Baustelle. Wie sehen meine Arbeiter aus?« – »Alle haben einen blauen Overall an«, stellte der Junge fest. »Stimmt«, antwortete der Mann. »Und wenn du einmal eine Arbeit, die dir Spaß macht, angefangen hast, dann schaue hin, was die anderen Kollegen für Kleider tragen. Und wenn alle anderen blaue Arbeitsanzüge anziehen, dann ziehst du einen roten an.« Der Junge überlegte, was er mit der Aussage anfangen sollte, verstand sie aber nicht. »Und das soll mir helfen, so erfolgreich zu werden wie Sie?« – »Ja, denn wenn du als Einziger einen roten Anzug anziehst, passiert Folgendes: Dein Vorgesetzter wird regelmäßig die Baustelle inspizieren und du wirst ihm dann mit deinem roten Anzug auffallen. Wenn du nun ein kleines bisschen besser bist als alle anderen, dann wird er das sehr schnell bemerken und bei einer anstehenden Beförderung wird er dich bevorzugen. Aber Vorsicht: Wenn du ein kleines bisschen schlechter bist als die anderen, wird er auch dies sofort bemerken. Du musst also immer ein kleines bisschen besser sein!« Nun verstand der Junge und er nahm sich fest vor, es dem erfolgreichen Mann später einmal gleichzutun.

Diese Geschichte drückt treffend aus, worum es mir bei jener Strategie geht: Sei immer ein **bisschen** besser als alle anderen. Aber wie kannst Du nun »ein bisschen besser« als die anderen sein? Die Antwort lautet:

1. Arbeite immer ein **bisschen** mehr als alle anderen!
2. Gib immer ein **bisschen** mehr Nutzen als alle anderen!
3. Mach Dich immer ein **bisschen** unersetzlicher als die anderen!
4. Steigere ständig die **Qualität** Deiner Leistung!
5. Erhöhe ständig die **Wirkung**, die Du erzielst.

Zunächst einmal: **Arbeite immer ein bisschen mehr!** Ich habe nie einen Menschen kennengelernt, der erfolgreich dadurch geworden wäre, dass er auf seinem Sofa liegt und den ganzen Tag »positiv vor sich hin denkt«. Viele, die aus der alten Schule der »Positivdenker« gekommen sind, haben vergessen, dass es stets darum geht zu **handeln**. Wenn Du auf der »rosa Wolke sieben« schwebst, kannst Du positiv denken, soviel Du willst – Du wirst nicht erfolgreich sein!

Alle erfolgreichen Menschen, die ich kenne, haben keinen Acht-Stunden-Tag. Während der »normale« Mensch beispielsweise um 7.00 Uhr aufsteht, um 8.30 Uhr im Büro ist, um 10.00 Uhr Pause macht, von 12.00 Uhr bis 13.00 Uhr in die Kantine geht, um 14.30 Uhr wieder eine Kaffeepause macht, um schließlich um 17.00 Uhr zu Hause zu sein, steht der Erfolgreiche spätestens um 6.00 Uhr auf. Er lässt die Vormittagspause ausfallen und verkürzt die Mittagspause um fünfzehn bis dreißig Minuten. Die Nachmittagspause fällt wieder aus und abends arbeitet er nicht bis 17.00 Uhr, sondern bis 18.00, 19.00, gar 20.00 Uhr. Auf diese Weise haben die erfolgreichsten Menschen keine 37,5-Stunden-Woche, sondern vielleicht eine 50-, 60- oder 65-Stunden-Woche. Allein dies entspricht einem Plus von 50 bis 70 Prozent! Wenn Du also lediglich den Faktor Zeit erhöhst, wirst Du bereits Deinen Erfolg proportional erhöhen. Dies bedeutet natürlich nicht, dass Du **nur noch** fleißig zu sein hast – zuvor solltest Du schon alle in diesem Buch beschriebenen Gesetze bereits umgesetzt haben. Die Zauberformel fürs Gewinnen heißt also: **Arbeite!** Sie ist sehr einfach, diese Formel – und doch geradezu revolutionär in der heutigen Zeit. Ein Mensch, der nur »Dienst nach Vorschrift« macht, der wird erleben, dass …

- ihn 50 Prozent aller Menschen durch zielstrebiges und ausdauerndes Arbeiten überholen!
- ihn weitere 40 Prozent überholen, indem sie ehrlich engagiert sind!
- er sich mit den restlichen zehn Prozent um die verbleibenden »Brocken« streitet.

Habe ich Dich jetzt vielleicht »gepikst«? Statt einer »Wunder-Strategie«, von der Du vielleicht gedacht hast, sie unterbreitet zu bekommen, verweise ich auf »schnöde« Arbeit! Doch sie ist enorm ausschlaggebend für den Erfolg. In den allermeisten »Positiv-denken-Büchern« liest Du Rezepte, wie Du schnell reich wirst. Ich aber habe gelernt, dass man hart arbeiten muss, um erfolgreich zu sein. Natürlich hat niemand von diesen »Erfolgs-Propheten« ein Interesse daran, Dir zu erzählen, dass Du hart arbeiten musst. Aber ich verspreche Dir eines: Du kommst keinen Millimeter weiter in Deinem Leben, wenn Du nicht bereit bist, schwerer zu arbeiten als zuvor.

»Die meisten Menschen lassen sich eine Chance entgehen, weil sie einen Overall trägt und wie Arbeit aussieht.«

THOMAS A. EDISON

Das Leben schenkt Dir nun einmal kein »Freibier«. Im Sport wird **der** Athlet letzten Endes am erfolgreichsten sein, der am längsten und härtesten trainiert und sich ein Ziel gesetzt hat – und daran glaubt, dass er es erreichen kann. Talent mag wichtig sein, aber noch wichtiger ist das beharrliche Tun, das beharrliche Arbeiten. Talent ist nur 10–20 Prozent des Erfolgs.

AUFGABE

Welche Erkenntnis hast Du aus diesem Kapitel bisher gewonnen, und welchen Schluss ziehst Du daraus?

____

____

____

Jil Sander, die eine der weltweit bekanntesten Modefirmen leitete, gehört schon seit geraumer Zeit zu den erfolgreichsten Unternehmerinnen Deutschlands. Als sie 1989 durch den Kauf und Ausbau einer eigenen Fabrik in Hamburg zur Industriellen geworden war, kommentierte sie diesen Erfolg folgendermaßen: »Ich bin sehr **stolz** darauf. Es war ein **hartes** Stück Arbeit.« Solch eine innere Einstellung ist ein Teil jenes Erfolgsgeheimnisses, um das es hier geht. Jil Sanders Denkmuster, das immer wieder auftaucht, heißt nämlich: Verlange viel von Dir und arbeite hart, sonst kommst Du nicht an die Spitze. Sie sagt, dass Klasse eben jenes ausmacht, was man an Leistung und Einsatzbereitschaft für ein Produkt einsetzt und was man möglicherweise auf den ersten Blick gar nicht erkennt. »Obwohl sehr, sehr viel professionelle Arbeit dahintersteckt, vermitteln die Kollektionen große Leichtigkeit und eben immer ein Überraschungsmoment«, sagt sie über ihre Produkte. Jil Sander fordert sich permanent selbst heraus. Sie hat einen Standard an Leistungs- und Einsatzbereitschaft definiert und erreicht, der nur noch von ihr selbst zu überbieten ist. Ständig ist sie dabei, diese Standards zu verbessern.

Hast Du schon einmal in Deinem Leben in einem Fitness-Studio trainiert? Falls ja, dann weißt Du, dass nicht die ersten acht oder zehn Wiederholungen den Erfolg bringen, sondern es ist die **letzte** Wiederholung, die allerletzte Anstrengung. Wer es schafft, eine **einzige** Wiederholung mehr zu machen, als er glaubt zu schaffen, der erzielt ein spürbares Ergebnis. Wer dagegen immer nur bis zu dem Punkt geht, an dem es wehtut, wird zwar auch eine Verbesserung erzielen – aber eben nur eine bescheidene. Es geht eben darum, ein **bisschen** über seine Grenzen hinauszugehen, es geht darum, ein »bisschen« besser zu sein. Die meisten Menschen hören jedoch nicht nur im Sport, sondern meistens auch im Beruf kurz vor dieser Grenze auf und ziehen sich wieder in ihre bequeme »Komfort-Zone« zurück. Dies wäre auch vollkommen in Ordnung, wenn sie anschließend nicht über jene anderen jammerten, die erfolgreicher sind. Erfolgreich ist letztendlich immer derjenige, der mit einem großen Ziel und dem Glauben daran lange, hart und ausdauernd an der Verwirklichung arbeitet.

Das Glück erarbeiten

Die Zwillinge John und Greg Rice leben in Amerika und sind Millionäre. Sie sind erfolgreich, glücklich und führen ein erfülltes Leben. Das ist nichts Besonderes, meinst Du? Doch angesichts der Tatsache, dass beide nur knapp einen Meter groß sind, ist es das schon. Von ihren Eltern wurden sie als Babys ausgesetzt. Leider stellte sich nach kurzer Zeit heraus, dass sie kleinwüchsig waren, und so fanden sich erst nach einem Jahr Adoptiveltern, die bereit waren, ihnen ein Heim zu geben. Der nächste Schicksalsschlag kam, als ihre Adoptiveltern relativ jung starben. Die Zwillinge stiegen bereits als junge Männer ins Immobiliengeschäft ein. Trotz ihres Handikaps brachten sie es zu einem Vermögen. Sie waren hervorragende Redner, die Menschen begeistern und überzeugen konnten. 1979 hörte der Mitarbeiter einer Fernsehserie die Brüder bei einer Rede. Er war beeindruckt von

> ihrer Fähigkeit, den Zuhörern die Notwendigkeit vor Augen zu führen, in größeren Dimensionen zu denken. So traten sie zunächst in einer beliebten Talkshow auf. Später übernahmen sie sogar eine Rolle in einer Fernsehserie. Anlässlich eines Gespräches mit Dr. Robert Schuller während einer »Hour of Power«-Sendung erklärte John: »Doktor Schuller, viele Leute behaupten, Greg und ich hätten großes Glück gehabt. Wir buchstabieren Glück aber auf unsere eigene Weise, nämlich so: A–r–b–e–i–t. Dabei haben wir eines festgestellt: Je härter wir zupackten, desto mehr Glück hatten wir!«

So ist das nun einmal. Zumindest ist es so, wenn Du »richtig Gas« geben willst – etwa dann, wenn Du erst beginnst, Karriere zu machen.

Es gab eine Phase in meinem Leben, in der ich praktisch Tag und Nacht arbeitete. Tagsüber hielt ich Seminare, in den Pausen musste ich Gespräche führen und nach dem Seminar schrieb ich bis nachts um eins oder zwei an Konzepten, Artikeln oder einem Buch. Es war nicht leicht. In meinem härtesten Jahr hielt ich an rund 60–70 Tagen Seminare, wozu natürlich auch die An- und Abfahrten sowie das Ein- und Ausladen und das Aufbauen meiner Demonstrationsunterlagen gehörten. Hinzu kam die Arbeit im Büro. Heute habe ich natürlich zurückgeschraubt. Mein Ziel ist es, einmal nur noch maximal 100 Tage pro Jahr zu referieren. Ich habe meine Mitarbeiter, die mir jeden Wunsch von den Augen ablesen und alles dafür tun, dass ich mich wohl fühle und voller Energie bin. Im Büro habe ich so viele fähige Mitarbeiter, dass ich alle Arbeiten delegieren kann. Ich mache heute zwölf Wochen Urlaub im Jahr und habe vor, dies in Zukunft sogar noch etwas auszubauen. Viele, die erst anfangen, nehmen dies wahr und glauben, sie könnten so starten. Doch ihnen muss ich sagen: Vor den Erfolg haben die Götter nun einmal erst den Fleiß, sprich: Schweiß, gesetzt!

Der zweite wesentliche Schritt, ein bisschen besser zu sein als alle anderen, ist der, mehr Nutzen zu geben. Das »**Gesetz des Gebens und Nehmens**« besagt: All das, was Du gibst, bekommst Du auch wieder zurück.

> **»Alles, was Du weggibst – ob positiv oder negativ –, kommt wie ein Bumerang wieder zu Dir zurück.«**
>
> JÜRGEN HÖLLER

Wenn ein Unternehmen mit seinem Produkt einen entsprechend großen Nutzen gibt, wird es auf der anderen Seite der Waagschale in die Lage versetzt, einen entsprechenden Preis zu verlangen – und zu halten! Demzufolge ergibt sich der Schluss: Wenn ein Unternehmen für seine Ware einen zu geringen Preis erhält und dementsprechend vielleicht sinkende Umsätze, gar Verluste verzeichnen muss, dann ist daran der zu geringe Nutzwert in der anderen Waagschale schuld. Was passiert, wenn Du in die linke Waagschale tausend Euro in Münzen legst? Richtig: Die Waagschale neigt sich sofort nach unten. Was passiert, wenn Du zehn Euro in Münzen in die Waagschale legst? Richtig: Auch diesmal wird sich die Waagschale sofort nach unten neigen. Und was passiert, wenn Du eine Ein-Euro-Münze in die Waagschale legst? Auch diesmal wird sich die Waagschale nach unten senken. Entscheidend ist also niemals in einem Unternehmen, welchen Preis das Produkt hat – **entscheidend** ist vielmehr, was in die andere Waagschale gelegt wird: Welche Leistung, welchen Nutzen, welchen Wert hat das Produkt? Und jetzt kommt es nicht darauf an, welchen Wert ich als Firma oder Chef dem Produkt beimesse, sondern entscheidend ist, welchen Wert, welche Leistung, welchen Nutzen der **Kunde** dem Produkt zuschreibt.

AUFGABE

1. Bitte schreibe einmal auf, was Du derzeit verdienst:

   ____

2. Bitte schreibe einmal auf, ob Du mit diesem Verdienst zufrieden bist:

   ____

3. Bitte schreibe einmal auf, was Du gerne verdienen würdest:

   ____

4. Bitte schreibe einmal auf, welche Erkenntnis Du aus dieser Aufgabe gewonnen hast und was Du in Zukunft veränderst:

   ____

   ____

   ____

Wenn Du mit Deinem derzeitigen Einkommen nicht zufrieden bist, dann liegt das daran, dass Du in der Vergangenheit in die Nutzenschale zu wenig gelegt hast. So einfach ist das und das ist auch nicht diskutierbar – Punkt, Schluss! Du wirst jetzt, wenn Du nicht über die Fähigkeit der Selbstkritik verfügst, mit Sicherheit zahlreiche Argumente finden, um mir zu beweisen, dass ich nicht recht habe. Vielleicht schleuderst Du in dieser Sekunde das Buch wütend in die Ecke und rührst es nie wieder an. Trotzdem ändert es nichts an der Tatsache, dass Du **zu wenig** Nutzen, **zu wenig** Leistung erbracht hast. Nach dem »**Gesetz des Gebens und Nehmens**« bekommst Du das zurück, was Du zuvor gegeben hast. Bekommst Du zu wenig zurück, dann hast Du zu wenig gegeben.

Mehr geben ... und somit den Nutzen erhöhen

Big John ist der Inhaber eines kleinen Supermarktes im Washingtoner Vorort Chevy Chase. Eines Tages eröffnete die mächtige Supermarktkette Safeway ein paar Meter weiter eine große Filiale. Innerhalb kurzer Zeit musste Big John erleben, wie viele seiner Kunden in den größeren Supermarkt mit der größeren Auswahl abwanderten. Schon bald machte sich Big John Gedanken ... und kam zu dem Schluss, dass er eben einfach ein **bisschen besser** sein musste als Safeway. Er erkannte, dass er ein **bisschen mehr** Nutzen geben musste als Safeway.

Als Erstes fing Big John einfach damit an, täglich wechselnde Sorten von Gourmet-Kaffee aufzubrühen, von dem sich seine Kunden beim Einkauf nach Herzenslust bedienen konnten – kostenlos, versteht sich. Als Zweites blieb Big John abends länger in seinem Laden, öffnete – entgegen seiner bisherigen Praxis – auch noch sonntags. Schließlich brachte er an seinen Kassen folgenden Hinweis an: »No questions asked«, soll heißen, Big John würde jede Reklamation eines Kunden anerkennen, ohne eine Frage zu stellen.

Mittlerweile macht sich Safeway ernsthafte Gedanken, denn Big John hat nicht nur wieder seine abgewanderten Kunden zurückgewonnen, sondern tritt dem großen Rivalen im wahrsten Sinne des Wortes »vors Schienbein«.

Erkennst Du, worauf ich hinauswill? Big John hätte sich bemitleiden und in der bewährten »Heulsusen-Manier« über die böse Konkurrenz jammern können. Er hat es aber nicht getan, sondern hat einfach seinen Nutzen erhöht. Big John hat nicht nur mehr gegeben als vorher, nein, er hat **wesentlich mehr gegeben** als der Mitbewerber. Und was ist passiert? Nach dem »**Gesetz des Gebens und Nehmens**« kamen nicht nur seine Kunden wieder zurück, sondern er hat jetzt mehr Kunden als je zuvor!

Gerlindes Geschichte ...

Anfang 2007 übernahm Gerlinde Meier, eine frühere Partnerin von mir (u. a. mit im Fit & Fun in Schweinfurt) die Leitung unseres Innendienstes. Da Gerlinde nicht nur über hervorragende Kenntnisse, sondern auch über einzigartige Fähigkeiten verfügt, wusste sie um ihren Wert und wir stellten deshalb beileibe keine »billige« Führungskraft ein.

Gerlinde war nicht nur jeden einzelnen Cent wert, sie war einfach unglaublich. So arbeitete sie jeden Monat 50 bis 80 Stunden mehr, als wir vereinbarten. Arbeitete oft am Wochenende oder bis spät in die Nacht, reorganisierte unsere gesamte Verwaltung, betreute erstklassig unsere Kunden und gewann zahlreiche neue Kunden hinzu. Gerlinde gab einfach immer ein bisschen mehr, als wir von ihr erwarteten – und ihr bezahlten. Niemals, kein einziges Mal, hat sie uns seitdem darauf angesprochen, dass sie einen Bonus, eine Zulage oder ein höheres Gehalt wolle. Und dennoch verdient sie heute wesentlich mehr, als wir ursprünglich vereinbart hatten – weil unsere Firma das einfach für sie tun musste, dafür, dass sie sich so unglaublich einsetzt und unserer Firma so viel Erfolg brachte.

Hast Du es verstanden, worum es geht? Als ich vor einiger Zeit in einer Fernsehtalkshow saß, war auch ein Arbeitsloser eingeladen. Er bekämpfte vehement meine Thesen und versuchte immer wieder, mir zu erklären, warum die anderen – und nicht er – schuld seien an seiner Situation. Schließlich sagte ich ihm Folgendes: »Wer arbeitslos ist, der hat es sich, möglicherweise über viele Jahre lang, redlich verdient! Herzlichen Glückwunsch!« Daraufhin war er zunächst verblüfft, anschließend unglaublich wütend. Ich aber erklärte ihm und den Zuschauern, dass es ganz einfach so ist, dass zunächst derjenige arbeitslos wird, der in der Vergangenheit ein **bisschen weniger** geleistet hat als alle anderen.

Wenn beispielsweise ein Unternehmen in wirtschaftliche Schwierigkeiten kommt, so wird in der Regel zuallererst ein Sanierungskonzept aufgestellt. Meist heißt dann die erste (kurzfristige) Maßnahme: Senkung der Personalkosten. Nehmen wir einmal an, ein Unternehmen von tausend Mitarbeitern muss 30 Prozent des Personals entlassen, also in dem Falle 300 Leute. 300 Mitarbeiter verlieren demnach ihren Arbeitsplatz ... doch 700 behalten den ihrigen! Was glaubst Du wohl, wer seinen Arbeitsplatz verliert? Derjenige, der immer ein bisschen mehr für das Unternehmen geleistet hat, oder derjenige, der immer ein bisschen weniger getan hat?

Falls Du eine Möglichkeit findest, den Wert dessen, was Du tust, um 10–15 Prozent zu steigern, wird sich auch Dein Einkommen entsprechend erhöhen. Und falls Du einen Weg findest, 50 Prozent mehr Wert in Dein Unternehmen einzubringen, wird Dein Einkommen eines nicht allzu fernen Tages um 50 Prozent steigen.

AUFGABE

1. Auf welche Weise kann ich für meine Firma in Zukunft mehr wert sein?

   ____

2. Auf welche Weise kann ich helfen, dass wir mehr in weniger Zeit erreichen?

   ____

3. Auf welche Weise kann ich helfen, Kosten in unserem Unternehmen zu senken?

   ____

4. Auf welche Weise kann ich dazu beitragen, dass sich die Qualität unseres Angebots verbessert?

   ____

5. Auf welche Weise kann ich dazu beitragen, den Profit in unserem Unternehmen zu steigern?

   ____

6. Welches neue System könnte ich einführen?

7. Welche neue Technologie kann ich nutzen (einführen, erfinden, einbringen), um so meiner Firma einen Wettbewerbsvorteil zu ermöglichen?

Es geht also darum, dass Du Dich in Zukunft **unersetzlicher** machst als bisher.

Die Geschichte von Mr. Hinkle

Zunächst einmal beginnt diese Geschichte recht traurig: Mr. Hinkle war in einem Urlaub rückwärts von einer Mauer gefallen und hatte sich dabei das Genick gebrochen. Besagter Mr. Hinkle war nur einfacher Hausmeister in einem Unternehmen gewesen. Bei seiner Beerdigung aber war der Friedhof nahezu überfüllt, da unglaublich viele Menschen der Beerdigung beiwohnten – als ob Mr. Hinkle der Chef eines multinationalen Unternehmens gewesen wäre. Alle Menschen zeigten große Trauer, und viele weinten.

Mr. Hinkle hatte es geschafft, sich für diese Menschen wichtig und bedeutend zu machen. Er hatte immer ein bisschen mehr getan, als von ihm erwartet wurde. So hatte er sich für jeden einzelnen dieser Menschen, die bei seiner Beerdigung anwesend waren, ein **bisschen unersetzlicher** gemacht. In der Straße, in der er gewohnt hatte, hatte er freiwillig den Müll von der Straße aufgepickt und somit für die sauberste Straße des Ortes gesorgt. Obwohl er schon etwas älter gewesen war, war er gemeinsam mit den Kindern Skateboard gefahren. Die Kinder hatten sehr viel Spaß mit ihm, und alle Kinder in der Nachbarschaft waren traurig über seinen Tod – und natürlich bei seiner Beerdigung anwesend.

Der Chefsekretärin wiederum hatte er regelmäßig frische Blumen aus seinem Garten mitgebracht, anderen Mitarbeitern frisches Obst, Gemüse oder Salat, ebenfalls aus seinem Garten. Für jeden hatte Mr. Hinkle ein freundliches Lächeln und ein liebes Wort übrig. Jeden hatte er mit Namen gekannt und für jeden sich nützlich gemacht.

Glaubst Du, dass Mr. Hinkle ein glücklicher Mensch war, auch wenn er vielleicht in den Augen so manchen »Erfolgs-Neurotikers« nur ein »einfacher Hausmeister« war? Es kommt nicht darauf an, **was** Du tust, es kommt darauf an, **wie** Du es tust.

AUFGABE

Bitte schreibe einmal auf, wer Dir Dein Gehalt zahlt:

____

Hast Du es richtig erkannt? Dein Gehalt zahlt nicht Dein Unternehmen, nicht Dein Chef – Dein Gehalt zahlt lediglich einer: **Dein Kunde!** Und wenn Dein Kunde Dir in Zukunft mehr Gehalt zahlen soll (wenn Du also mehr Kunden für Dein Unternehmen gewinnen willst), dann musst Du – wie alle anderen Mitarbeiter – Deinen Nutzen steigern. Dabei ist es wichtig, dass Dein Unternehmen ständig die Qualität erhöht. In einer Welt, in der sich alle drei Jahre das Wissen der Menschheit verdoppelt, in der die Geschwindigkeit mehr und mehr zunimmt, ist es unumstößlich, dass die Weiterentwicklung der angebotenen Qualität einer der Hauptfaktoren für unternehmerischen Erfolg ist ... Und wie steht es mit Dir? Arbeitest Du ständig an Deiner Qualität? Weißt Du, an welchem Punkt sich der entscheidende »Hebel« befindet, der Dein Unternehmen bzw. Dich als Ein-Mann-Unternehmen voranbringt?

AUFGABE

1. Bestimme den kritischen Punkt, an dem das Produkt Deines Unternehmens besser ist als das Deiner Mitbewerber:

   ____

   ____

2. Bestimme den kritischen Punkt, an dem die von Dir gebotene Leistung Deines Ein-Mann-Unternehmens besser ist als die aller Kollegen und Kolleginnen in Deinem Unternehmen:

   ____

   ____

Interessanterweise kennen die meisten Verkäufer, selbst die meisten Chefs die Antwort auf diese Frage nicht. Fast niemand macht sich in einem Unternehmen anscheinend Gedanken darüber, an welcher Stelle sich der **kritische Punkt** befindet, an dem Du den **entscheidenden Hebel** ansetzen kannst.

Ein Verkäufer hat bei dieser Aufgabe in einem meiner Seminare einmal Folgendes notiert: »Der kritische Punkt, bei dem ich den entscheidenden Hebel ansetzen kann, ist die aktive Verkaufszeit.« Ab diesem Zeitpunkt hat er konsequent alle Tätigkeiten ausgemerzt, die dazu beitragen, ihm die **aktive** Verkaufszeit zu vermindern. Er hat sich geweigert, Statistiken, Protokolle, Besuchsberichte und sonstige Dinge zu erledigen. Er hat sich geweigert, E-Mails anzunehmen. Und er hat sich geweigert, allzu viele Nachrichten rauszuschicken. Dafür hat er eines getan: Er hat es geschafft, seine aktive Verkaufszeit um 60 Prozent zu erhöhen. Und das Ergebnis: Er hat seinen Verkaufserfolg um eben diese 60 Prozent erhöht ... und wurde zum besten Verkäufer seines Unternehmens. Nachdem man ihn anfänglich kritisiert, ihm sogar so stark Druck gemacht hatte, dass man ihm mit Entlassung drohte, wurde er anschließend als »Held« gefeiert, weil er innerhalb von drei Monaten seine Verkaufszahlen um besagte 60 Prozent gesteigert hatte. Danach hat er sich die gleiche Frage noch einmal gestellt und kam diesmal zu dem weiteren entscheidenden Punkt, dass er die Verkaufsabschlüsse zu steigern habe. Hatte er vorher eine Erfolgsquote von 30 Prozent, peilte er nun 50 Prozent an. Dafür tat er nahezu alles: Er besuchte viele meiner Seminare, und er übte pausenlos, in jeder freien Minute, den Verkauf – mit dem Ergebnis, dass er seine Abschlussquote auf 55 Prozent steigerte.

Mit diesen zwei entscheidenden Punkten, an denen er seinen Hebel ansetzte, mit diesen beiden Maßnahmen hatte er es geschafft, innerhalb von 16 Monaten seine Verkaufsleistung fast zu verdreifachen. Anschließend stellte er sich die gleiche Frage erneut – und kam zu folgender Erkenntnis: Ein weiterer kritischer Punkt ist der, nicht nur das Hauptprodukt, sondern für den Kunden noch notwendige »Extras« zu verkaufen. Dies vor Augen, schaffte er es, innerhalb von weiteren sechs Monaten seinen Verkaufsumsatz um 20 Prozent zu steigern, indem er den Kunden notwendige und wichtige Zusatzleistungen verkaufte ... Und an welcher Stelle befindet sich Dein kritischer Punkt?

Und schließlich kommen wir zur Wirkung: Es zählt heute und in Zukunft weitaus weniger, **welche Leistung** Du erbringst, als vielmehr, **welche Wirkung** Du erzielst.

Als Verkäufer beispielsweise ist es nicht wichtig, wie viel Fleiß Du zeigst – wichtig ist, welche Ergebnisse Du erzielst, also welche Wirkung! Du kannst noch so lange arbeiten – wenn Du keine Wirkung, keinen Erfolg erzielst, bist du an Deinem Arbeitsplatz schließlich überflüssig. Dies bedeutet, dass Du **ergebnisorientiert** arbeiten und leben musst. Mache Dir deshalb jedes Jahr wieder aufs Neue Gedanken, auf welche Weise Du die Wirkung für Dein Unternehmen steigern kannst.

Trotz hoher Arbeitslosigkeit kenne ich viele Arbeitgeber, die verzweifelt nach Mitarbeitern suchen.

Von Seifen und Textilien

Einer meiner Seminarteilnehmer, der Gründer von Bonita, Günter Biegert, lernte bei seinem Onkel Friseur. Mit sechzehn Jahren fiel ihm ein kleines Buch über Erfolgsstrategien in die Hände, das er regelrecht verschlang. Günter Biegert änderte sein Leben: Mit achtzehn eröffnete er einen Laden, der hauptsächlich Seifen verkaufte. Später wurde daraus eine Drogerie. Er baute diesen Laden zu einem **Imperium** von circa zweihundert Läden auf, die er schließlich im Alter von 32 Jahren an den Schlecker-Konzern verkaufte. Mit 32 Jahren also war er vielfacher Millionär – aber er hatte keine Aufgabe mehr.

Mehrere Jahre verbrachte Günter Biegert mit den verschiedensten Tätigkeiten, ehe er 1986 seine nächste Lebensaufgabe fand: Er übernahm einige schlecht laufende Damen-Boutiquen namens Bonita. Damals hatte er keine Ahnung von diesem Geschäft, und die ersten Jahre waren nicht einfach. Aber er baute, zusammen mit seinem fantastischen Team, innerhalb von nur zwölf Jahren ein Unternehmen auf, das 1998 mit circa 350 Filialen einen Gesamtumsatz von 400 Millionen Mark – und das bei guter Gewinnlage – erwirtschaftete. 2010 waren es bereits ca. 1000 Geschäfte in sechs Ländern mit 4 000 Mitarbeitern.

In einer Zeit also, in der die meisten Textilhändler bzw. die meisten Einzelhandelshäuser jammern und über schwindende Umsätze klagen, gibt das Bonita-Team »Gas« und baut den Erfolg weiter aus. Aber der Erfolg ist kein »Zu-fall«, sondern basiert auf einem einfachen Grundsatz: klare Ziele setzen, daran glauben, eine klare Strategie entwerfen und ständig handeln. Dazu gehört für Günter Biegert auch die permanente Aus- und Fortbildung der Mitarbeiter. So buchte er beispielsweise in einem einzigen Jahr zehn Seminartage bei mir, um seine rund 1700 Mitarbeiter auszubilden. Kein Wunder, dass Bonita permanent expandierte.

Worum es mir geht bei dieser Geschichte: Bonita sucht händeringend nach guten Mitarbeitern, hauptsächlich nach Verkäuferinnen. Jährlich wird eine hohe Summe in Zeitungsanzeigen investiert – doch viele Stellen konnten nicht besetzt werden! Trotz Millionen Arbeitsloser gelingt es dem Unternehmen anscheinend nicht, ausreichend gute Mitarbeiterinnen mit Können zu finden. Und warum? Ganz einfach: Weil seine Firma weder mit geringem noch mit mittelmäßigem Können etwas anfangen will – was seine Firma benötigt, sind Mitarbeiter mit hohem Können. Denn da Günter Biegert mit seinem Team auch in Zukunft ein **bisschen besser** sein will als alle anderen, haben auch seine Mitarbeiter dieses **bisschen besser** zu sein.

AUFGABE

Solltest Du wieder einmal an einer Beförderung vorbeigeschlittert oder »unverschuldet« arbeitslos geworden sein oder »unerwartet« einen wichtigen Kunden an einen Mitanbieter verloren haben, dann ist es ernsthaft an der Zeit, Dir bei der Suche nach dem Schuldigen den Spiegel vor Dein Gesicht zu halten und diesem »Schuft« einmal tief in die Augen zu sehen. Bei dieser Gelegenheit kannst Du Dir einige der folgenden Fragen stellen …

1. Woher nahmst Du die sichere Überzeugung, Dein ruhiges und beschauliches Leben würde ewig so weitergehen?

   ____

2. Was hast Du in den letzten zwölf Monaten getan, um Veränderungen in Deinem Umfeld zu bemerken (Firmen gehen nicht von heute auf morgen pleite und »plötzlichen« Kundenschwund gibt es nur im Bereich der Legendenbildung)?

   ____

3. Wo war Dein Einsatz hinsichtlich Weiterbildung, höherer Qualifizierung und Kompetenzerweiterung?

___

4. Hast Du die richtigen Dinge getan, anstatt die aufgetragenen Dinge richtig zu tun?

___

5. In welchem Bereich bzw. welchen Bereichen warst Du ein bisschen besser als alle anderen?

___

Nimm Dir Zeit zur Arbeit.
Sie ist der Preis für den Erfolg!

Betrachten wir jetzt einmal näher den zweiten wesentlichen Punkt, den Punkt **Weitergehen!** Das Wissen der Menschheit verdoppelt sich heute alle zwei bis drei Jahre. Mehr als neunzig Prozent der Forscher, Entwickler, Erfinder, Wissenschaftler, die jemals auf diesem Planeten lebten, leben und arbeiten heute noch. In einer solchen Zeit, in der sich das Wissen ständig ausweitet, ist es für jeden nahezu lebenswichtig, ständig dazuzulernen. Wer glaubt, er könne nach Beendigung seiner Schul- und Berufsausbildung aufs Weiterlernen verzichten, auf den wird man bald verzichten können.

»Wer glaubt, auf Lernen verzichten zu können,
auf den wird man bald verzichten.«

JÜRGEN HÖLLER

Weltweit wird in jeder Minute eine neue chemische Formel entwickelt und alle drei Minuten ein neuer physikalischer Zusammenhang entdeckt. Es ist deshalb unumgänglich für Dich, Dir eine Strategie dafür auszudenken, wie Du an die wichtigen Informationen, die Dich in Deinem Bereich weiterbringen, gelangst und wie Du sie aufnimmst.

Eine Strategie der Gewinner ist die, in einem Bereich absolute Spitze zu sein. Du musst jedoch nicht alles wissen (was auch gar nicht möglich wäre). In der Schule haben wir beispielsweise gelernt, wie viele Kilometer der Nil von seiner Quelle bis zur Mündung zurücklegt, wie viele Einwohner Kanada hat und wie viele Quadratkilometer Venezuela umfasst – alles Informationen, die wir heute anscheinend noch jeden Tag benötigen ... Doch wie man mit Menschen umgeht, wie man sich und andere motivieren kann, wie man überzeugend redet, wie man Spitzenerfolge erzielt – all das haben wir nicht gelernt. Und darum ist es notwendiger denn je, dass Du Dich mit den **wirklich wichtigen** Dingen beschäftigst.

AUFGABE

In welchem Bereich muss ich mir Know-how und Kompetenz aneignen, um in absehbarer Zeit ein Spitzenkönner mit einem Spitzeneinkommen zu sein?

Bei einer medizinischen Untersuchung hat man festgestellt, dass 90 Prozent der Alzheimer-Patienten in den letzten Jahren keine wirklich neuen Informationen aufgenommen, sondern täglich immer nur alte Informationen wiederholt haben. In einer anderen Studie wurde festgestellt, dass die geistige Kapazität unseres Gehirns bereits um circa 20 Prozent nachlässt, wenn wir, beispielsweise im Urlaub, vierzehn Tage lang keinerlei geistiger Tätigkeit nachgehen.

Ich glaube nicht daran, dass unser geistiges Potenzial mit der Geburt ein für allemal, also für alle Zeiten, festgelegt ist. Ich glaube vielmehr daran, dass unser Geist genauso ein Organ ist wie jedes andere. Und ich glaube daran, dass wir unsere Gehirnleistung durch ständiges Training verbessern können. Wenn es möglich ist, dass innerhalb von vierzehn Tagen die Denkfähigkeit um bis zu 20 Prozent durch Nichttätigkeit abnimmt, dann muss es auch möglich sein, durch entsprechendes Training die Denkleistung um 20 Prozent zu steigern! Es geht also nicht darum, dass Du Dich schonst, dass Du Deine Freizeit möglichst in ruhiger, entspannter Stimmung verbringst – es geht darum, dass Du Deinen Geist forderst!

AUFGABE

Bitte schätze einmal, wie lange die unten aufgeführten Produkte benötigten, ehe sie von der Idee zur Serienproduktion reiften (Auflösung siehe Seite 287). Schätze einfach die Zeitdauer …

Leuchtstoffröhre	__________	Jahre
Radar	__________	Jahre
Kugelschreiber	__________	Jahre
Reißverschluss	__________	Jahre
Cellophan	__________	Jahre
Servolenkung	__________	Jahre
Fernsehen	__________	Jahre
Transistor	__________	Jahre

Die Entwicklungszeiträume für neue Produkte sowie die Produktlebenszyklen verkürzen sich dramatisch. Branchen, die sich darauf nicht einstellen, werden vom Markt verschwinden. Das Gleiche gilt für Dich als Ein-Mann-Unternehmen: Wenn Du Dich nicht auf die Veränderungen einstellst und für die neuen Bedürfnisse der Zukunft die »ein bisschen bessere« Lösung hast als all Deine Kollegen, dann machst Du Dich selbst überflüssig.

AUFGABE

Berühre jetzt bitte ganz schnell mit der Hand Deine Stirn!

Hast Du es gemacht? Nein? Bitte tue es jetzt! Als ich dieses Experiment einmal in einem Seminar durchführte, fühlte ich mich ebenfalls komisch dabei. Einige der anderen Teilnehmer lachten sogar. Denn was soll diese »banale« Übung bewirken? Niemand hat mit dieser Übung Probleme. Doch überlege bitte einmal: Als Du auf diese Welt kamst, hättest Du diese Übung nicht gezielt durchführen können. Es hat eine ganze Weile gedauert, bis Du mitbekommen hast, dass das, was sich über Deinem Hals erstreckt, Dir gehört. Und es dauerte noch etwas länger, bis Du begriffen hast, was man mit dem Kopf alles machen kann. Du hast also das Hand-an-die-Stirn-Heben **gelernt**!

AUFGABE

Bitte führe nun nochmals eine ähnliche Aufgabe durch: Nimm den Arm, mit dem Du normalerweise schreibst, und schreibe jetzt Deinen Namen mit dem Ellbogen in die Luft.

Na, geklappt? Natürlich. Wahrscheinlich besser, als Du es geglaubt hast. Nicht ganz so einfach wie die Übung mit der Hand an die Stirn, aber das hast Du ja auch bereits unzählige Male in Deinem Leben getan. Mit dem Ellbogen schreiben noch nicht, aber es hat ganz gut funktioniert.

AUFGABE

Nimm jetzt bitte Deinen Stift in die Hand. Übergib ihn dann Deiner anderen Hand und schreibe jetzt Deinen Namen mit der Hand, mit der Du normalerweise nicht schreibst.

Na, wie hat das jetzt geklappt? Wahrscheinlich gar nicht mehr gut, oder? Na ja, mit dieser Hand schreibst Du ja normalerweise nicht. Die entsprechenden Nervenbahnen in Deinem Gehirn sind also nicht darauf angelegt. War das von Geburt an bereits so, dass Du mit der einen Hand schreiben konntest, mit der anderen nicht? Nein, natürlich nicht. Du hast das eine gelernt, das andere eben nicht.

Erkenntnis:
Du kannst alles, was Du willst, in Deinem Leben lernen!

Wir leben in einer fantastischen, herrlichen, wunderbaren Zeit. Für nur 20–30 Euro kannst du Dir jedes Buch kaufen und zu Hause studieren. Du kannst Bücher erwerben über jedes Gebiet, das es gibt. Jeder Autor, der ein Sachbuch schreibt, legt all sein Wissen dort hinein. In diesem Buch, das Du gerade eben durcharbeitest, ist beispielsweise das Wissen von 25 Jahren Forschung und Studium der Metaphysik enthalten. Die Essenz von über 2 500 Büchern, rund 600 Audio-Programme, Dutzenden von DVD-Seminaren, 200 Seminaren sowie das Wissen aus unzähligen Gesprächen sind darin enthalten. Für nur 15 Euro kannst Du all das Wissen übernehmen, dessen Aneignung mich ca. 1 Million Euro gekostet hat.

Vor noch rund einhundert Jahren war das nicht so leicht möglich. Damals lasen die Professoren an der Universität aus Lehrbüchern vor (deshalb heute noch »Vorlesung«), weil die meisten Studenten kein Geld hatten, sich Bücher zu kaufen, und es auch noch nicht so viele Bücher gab. Und wenn jetzt jemand behauptet, er hat die 20 Euro für ein Buch nicht übrig (das sind meist die gleichen Menschen, die jeden Monat mehr als 50 Euro für Alkohol, Zigaretten oder sonstige »lebenswichtige« Dinge ausgeben), der kann in eine öffentliche Bücherei gehen und sich ein Buch ausleihen – und zwar gratis! Nein, es gibt keine Ausrede dafür, dass Du Dich nicht weiterentwickelst. Und hier nun verrate ich Dir die drei wichtigsten Handlungsweisen, die alles in meinem Leben ins Positive verändert haben:

- Lies Bücher!
- Höre Audio-Inhalte!
- Besuche Seminare!
- Arbeite Videos durch!

Beginnen wir mit dem **Lesen**: Stelle ab sofort Deine Weckzeit 15 Minuten früher ein als die, die Du bisher eingestellt hast. Diese 15 Minuten sind zwar unangenehm, aber sie tun Dir nicht allzu sehr weh. Innerhalb von vierzehn Tagen wirst Du Dich an diese Minuten gewöhnt haben. Stelle dann Deinen Wecker weitere 15 Minuten zurück. In dieser gewonnenen halben Stunde setze Dich bitte vor ein gutes Buch und arbeite es durch.

Wie lange machst Du Frühstückspause? 30 Minuten? Was tust Du in diesen 30 Minuten? Kaffee trinken, essen und Dich mit Kollegen unterhalten? Kappe 10 bis 15 Minuten und arbeite weiter in Deinem Buch. Wie lange machst Du Mittagspause? 60 Minuten? Was tust Du in diesen 60 Minuten? Essen, etwas trinken und Dich mit Kollegen unterhalten? Kappe 15 bis 30 Minuten, und arbeite weiter in Deinem Buch. Wenn Du abends nach Hause kommst, was tust Du? Siehst Du fern, entspannst Du Dich? Nimm Dir vorher 15 bis 30 Minuten Zeit und arbeite weiter in Deinem Buch.

Wenn Du diese Ratschläge berücksichtigt hast, kommst Du leicht auf eine Stunde pro Tag, ohne dafür auf irgendetwas Wesentliches

verzichtet zu haben. Falls Du Deine Pausen benötigst und/oder mit Deinen Kollegen kommunizieren willst, dann kappe doch einfach Deinen Fernsehkonsum um eine Stunde pro Tag. Der durchschnittliche deutsche Bundesbürger sieht ca. 28 Stunden pro Woche fern – einige haben aber angeblich gleichzeitig keine Zeit, ein Buch zu lesen, geschweige denn ein Seminar zu besuchen! Wenn Du aber eine Stunde pro Tag liest, sind das sieben Stunden pro Woche. Wenn Du sieben Stunden pro Woche liest, sind das 350 Stunden pro Jahr. Wenn Du jetzt noch an Feiertagen und im Urlaub einige weitere Stunden investierst, kommst Du auf diese Weise auf 400 Stunden pro Jahr, die Du in Lesen investierst. In 400 Stunden liest Du, je nach Lesegeschwindigkeit, 40 bis 60 Bücher. Das macht in 20 Jahren genau die 1000 Bücher. Hättest Du damit bereits vor zwölf oder dreizehn Jahren angefangen, würdest Du heute möglicherweise die Spitzengagen erzielen, die ich erhalte …

Höre **Audio-Weiterbildung**: Dies ist eine der wunderbarsten Erfindungen innerhalb des Lehrmittelsektors – leider greifen nur sehr wenige Menschen auf sie zurück. Der durchschnittliche Autofahrer verbringt werktags eine Stunde pro Tag in seinem Fahrzeug. Während dieser Zeit raucht er, kaut Kaugummi, hört belanglose Musik, lauscht negativen Nachrichten oder schwachsinniger Werbung im Radio. Wie wäre es, wenn Du zumindest die Hälfte Deiner im Auto verbrachten Zeit in das Audio-Training investierst? Das würde pro Tag eine halbe Stunde bedeuten. Wenn Du jetzt noch zusätzlich am Wochenende eine halbe Stunde bewusst hörst, sind das drei Stunden pro Woche. Drei Stunden pro Woche macht 150 Stunden pro Jahr. Und 150 Stunden pro Jahr Investition in Weiterbildung wird Dich einen riesigen Schritt nach vorne bringen – meinst Du nicht auch?

Der Vorteil von Audio-Trainings ist der, dass Du sie quasi nebenbei immer und immer wieder hören kannst. Dabei spielt es keine Rolle, ob Du alles bewusst wahrnimmst. Einmal hörst Du sie bewusst, ein anderes Mal lässt Du sie einfach nebenher laufen. Höre die wichtigen Audio-CDs immer und immer wieder. Wenn Du Audio-Wissen genügend oft gehört hast, ist sie zu Deinem endgültigen geistigen Eigentum geworden: Der Inhalt hat sich so tief und fest in Dein Unterbewusstsein einprogrammiert, dass Du jederzeit darauf zurückgreifen kannst. Wenn Du die Inhalte eines Autors einmal bewusst gehört hast, kannst Du sie anschließend noch einige Male unbewusst wiederholen, beispielsweise beim Joggen oder beim Fitness-Training, in der Badewanne, beim Lesen, während des Frühstücks usw. Besuche **Seminare**: Der Besuch meines ersten Seminars hat mein gesamtes Leben verändert und von diesem Zeitpunkt an habe ich nicht wieder aufgehört weiterzulernen. Als Schüler war ich so faul, dass ich weder Hausaufgaben gemacht noch gelernt habe. Ich hielt das nicht für notwendig. Später habe ich diese Einstellung bereut. Aber das ist Vergangenheit. Die Zukunft hat für mich ab dem Zeitpunkt eingesetzt, als ich vor vielen Jahren wieder mit dem Lernen begonnen habe.

Heute halte ich Lernen für ein ausgesprochenes Privileg. Welch unglaubliche Chance jeder Mensch hat, ist den meisten gar nicht bewusst. Während sich ein Kind in der Dritten Welt nichts sehnlicher wünscht, als die Schule besuchen zu **dürfen**, lernen wir nicht, weil wir es nicht **wollen**. Nutze daher dieses Privileg und suche Dir die besten Trainer und Coaches aus, die es gibt. Wenn ich Dir jetzt empfehle, dass Du zuallererst meine Seminare besuchen solltest, dann hat dies weniger mit Eigenwerbung zu tun (obwohl ...) als vielmehr damit, weil ich gewiss bin, dass Du durch den Besuch meiner Seminare wahre Quantensprünge in Deinem Leben machen wirst. Ich habe das Wissen unzähliger Menschen aufgenommen, habe mich mit den Themen Erfolg und Motivation so intensiv beschäftigt wie kaum ein anderer. Und dieses umfangreiche Wissen gebe ich in meinen Seminaren weiter.

Wenn Du einmal angefangen hast, Dich weiterzuentwickeln, ständig Wissen aufzunehmen, es zu perfektionieren, dann kannst Du nicht mehr damit aufhören. Tägliches Lernen wird innerhalb von 30 Tagen genauso zu einem Programm, zu einem Teil Deines Lebens wie alles andere. Wenn Du aber lernen konntest zu schreiben, zu lesen, Fußball zu spielen – dann kannst Du auch das Lernen lernen, dann kannst Du auch Erfolg lernen, dann kannst Du auch lernen, motiviert zu sein und die Qualität Deines Lebens in jedem Bereich so zu verbessern, wie Du es möchtest. Deshalb nochmals mein Tipp: Gehe jetzt gleich auf www.power-days.info und buche Dein 2-Tages-Ticket für mein Intensiv-Seminar POWER-DAYS zu einem Super-Sonderpreis.

AUFGABE

1. Ich lese ab sofort täglich ________ Minuten.
   Folgende Bücher werde ich lesen:

   Bücher   Frist

   ____

   ____

   ____

2. Folgende Audio-CDs besorge ich mir und höre sie immer und immer wieder in meinem Auto:

   ____

   ____

   ____

3. Folgende Seminare besuche ich, um einen Quantensprung zu vollziehen:

   Seminar   Zeitpunkt

   ____

   ____

   ____

Der dumme Mensch lernt auf eigene Kosten, der kluge Mensch lernt auf Kosten anderer!

80 Prozent unseres Verhaltens beruhen auf Imitation. An meinen wunderbaren Söhnen Alexander und Maximilian konnte ich sehr gut feststellen, dass diese Aussage zutreffend ist. Ständig beobachtete der kleine den großen Sohn und imitierte dessen Verhaltensweisen. Warum auch nicht? Maximilian hat, genauso wie alle anderen kleinen Kinder, ein unbewusstes Verständnis dafür, dass wir durch Imitation am schnellsten lernen können. Denn ansonsten müsste er ja alles neu erfinden! Jahrelange Experimente in den Bereichen Kybernetik und künstliche Intelligenz haben gezeigt, dass selbst einfachste Bewegungsabläufe (z. B. Joggen) eine so intensive

Programmierung verlangen, dass selbst der Speicherplatz der größten Computer nur einige wenige solcher komplexen Abläufe aufnehmen könnte.

Die Forscher der größten Universitäten (beispielsweise M.I.T. in den USA) haben inzwischen den Weg des menschlichen Lernens eingeschlagen. So lernen die neuen Roboter durch Imitation. Das kostet weit weniger Speicherplatz und bedeutet, dass diese Roboter die inneren »Routen«, die für diese Lernprozesse nötig sind, selbst aufbauen. Jetzt überlege einmal: Du hast Zigtausende derartiger komplizierter Verhaltensweisen »so nebenbei« gelernt. Ist die Natur, ist das Leben nicht einfach genial?

»Sage mir, mit wem du gehst,
und ich sage dir, wer du bist.
Weiß ich, womit Du Dich beschäftigst,
so weiß ich, was aus Dir werden kann.«

JOHANN WOLFGANG VON GOETHE

AUFGABE

1. Bitte schreibe einmal die Namen derjenigen Menschen in Deiner Umgebung auf, die Dich ständig begrenzen, kleinmachen. Schreibe alle Namen jener auf, die demotivierend auf Dich wirken, die Dich »nach unten« ziehen:

   ____

   ____

   ____

2. Welche Erkenntnis ziehst Du aus dieser Übung?

   ____

   ____

   ____

Bis heute hast Du vielleicht **unbewusst** »imitiert«. Ab sofort, mit diesem neuen Wissen ausgestattet, kannst Du jedoch ganz **bewusst** imitieren. In der NLP-Sprache heißt es jedoch nicht »imitieren«, sondern »modellieren«. Du kannst Dir also ganz bewusst aussuchen, mit welchen Menschen Du Dich umgibst, welche Einflüsse Du auf Dich wirken lässt, und Du kannst ganz bewusst beobachten, welche Menschen Dir ein Vorbild sein könnten. Dabei wirst Du dann erstaunt feststellen: Die Welt ist voll inspirierender Vorbilder. Und so kannst Du ständig gezielt nach neuen Kontakten suchen. Sei bei dieser Suche nicht neidisch auf die Erfolge anderer, sondern nimm Kontakt mit ihnen auf und finde heraus, was sie wie getan haben, um so erfolgreich zu sein. Lerne es, kommunikativ auf diese Menschen zuzugehen. Sei offen und lege Deine Hemmungen ab. Im Laufe der Zeit wird das immer einfacher und Du wirst feststellen, wie sehr Dich das weiterbringt.

Beim **Modellieren** geht es darum, dass Du neue »Ressourcen« dadurch erwirbst, dass Du sie von Menschen abschaust, die sie bereits professionell und gut beherrschen. Es geht für Dich darum, Dich an Menschen zu orientieren, die Du zu Deinem Mentor machst. Bei diesen Mentoren geht es jedoch weniger darum, eine Aussage von ihnen zu erhalten, als vielmehr darum, ihre Glaubenssätze, ihre Werte, ihre Strategien zu erfahren. Mentoren können überaus inspirierende Vorbilder und ein Beispiel dafür sein, was den entscheidenden Unterschied zwischen Erfolg und Niederlage ausmacht. Ohne Modellieren sind neue Erfolge kaum denkbar. Ob Wissenschaft oder Politik, ob Musik oder Malerei: Es gelingt nahezu niemandem, einen neuen Stil zu kreieren, ohne vorher jahrelang mit dem Stil eines anderen gearbeitet und es damit zur Meisterschaft gebracht zu haben.

»Wenn man wie eine Rose duften will,
muss man sich mit Rosen umgeben.«

SUFFI SHEIKH

Da Du seit Deiner Kindheit meist **unbewusst** durch Nachahmung gelernt hast, solltest Du jetzt, eben weil Du das Wissen dazu besitzt, ganz **bewusst** lernen. Möglicherweise hast Du in Deinem bisherigen Leben Menschen imitiert, die nur Durchschnitt darstellten, vielleicht sogar unterdurchschnittlich waren. Warum modellierst Du nicht ab sofort Menschen, die überdurchschnittliche Leistungen auf den Gebieten erzielen, auf denen Du vorankommen willst? Arnold Schwarzenegger beispielsweise, mein größtes persönliches Vorbild, hat das Modellieren unbewusst richtig eingesetzt. Seine Karriere sei ohne inspirierende Vorbilder überhaupt nicht möglich gewesen, so seine Meinung.

Hier einige Tipps für das Modelling:

- Finde Deine Vorbilder heraus.
- Lies Biografien über Deine Vorbilder.
- Schaue Dir Filme von Deinen Vorbildern an.
- Bringe über Dein Vorbild in Erfahrung, was Du in Erfahrung bringen kannst, und studiere sein/ihr Beispiel ganz genau: Wie lebt er/sie, wie bewegt er/sie sich, wie verhält er/sie sich, welche Glaubenssätze hat er/sie, welche Werte hat er/sie, wie geht er/sie mit Rückschlägen um usw.?
- Versprich Dir, Dein Vorbild einzuholen und es irgendwann einmal sogar zu überholen.
- Baue persönlichen Kontakt zu Deinem Vorbild auf.
- Sorge dafür, dass sich Dein Vorbild für Dich interessiert und von einem Vorbild zu einem Mentor wird.
- Stehe immer zu Deinem Mentor, sei dankbar, und stehe für ihn in der Öffentlichkeit ein.

Ich habe im Laufe der letzten 25 Jahre von vielen Menschen lernen dürfen. Es gab aber auch einige Vorbilder, die mich ganz besonders inspirierten. Hierzu zählen:

- Steve Jobs: für seine ver-rückten Ideen
- Arnold Schwarzenegger: für seinen Willen, Kraft, und Stärke
- Nelson Mandela: für seine Fähigkeit, nie aufzugeben und größte Strapazen und Ungerechtigkeiten zu ertragen
- Muhammad Ali: für seine Fähigkeit, seine Prinzipien höher zu achten als seinen persönlichen Erfolg
- Jesus: für seine Fähigkeit, bedingungslos zu lieben

AUFGABE

Auswahl Deiner Vorbilder!

1. Wen bewunderst Du am meisten?

   ____

2. Wessen Lebensleistung bewunderst Du?

   ____

3. Welches Beispiel berühmter Persönlichkeiten spornt Dich an?

   ____

4. Wer hat bereits erreicht, wonach Du strebst?

   ____

5. Wähle jetzt Deine drei wichtigsten Vorbilder (Mentoren) aus:

   a) ______________________________
   b) ______________________________
   c) ______________________________

6. Konzentriere Dich jetzt auf Dein wichtigstes Vorbild!

   a) Welche Techniken und Fertigkeiten nutzt Dein Mentor?

      ____

   b) Welche Glaubenssätze setzt er ein?

      ____

   c) Wie bewältigt er Rückschläge, wie geht er damit um?

      ____

   d) Wie hat er sich sein Wissen, sein Können angeeignet?

      ____

   e) Welche Fehler hat er?

      ____

   f) Welche Parallelen gibt es im Denken zwischen ihm und Dir?

      ____

7. Was muss ich jetzt tun, was kann ich übernehmen, um mein persönliches Ziel zu erreichen?

   ____

Hinter jedem Großen steht ein anderer Großer!

Befassen wir uns nun mit dem dritten wesentlichen Punkt, der da besagt: **Sei voll verantwortlich!**

Bist Du selbstständig? Wenn ich diese Frage in meinen Seminaren stelle, erheben sich zunächst einige Hände. Wenn ich dann länger warte und warte und gucke, warte und warte und in den Kreis blicke, sind immer mehr Hände zu sehen, bis schließlich alle ihre Hand gehoben haben. Denn jeder ist »selbst-ständig« – egal, für wen er arbeitet! Vom ersten Job seines Lebens bis zum letzten ist er »selbst-ständig«. Du bist Chef Deines eigenen Unternehmens, Deines eigenen Dienstleistungsunternehmens! Und wann ist ein Unternehmen am erfolgreichsten? Es ist dann am erfolgreichsten, wenn es einen klaren Wettbewerbsvorteil gegenüber den Mitbewerbern besitzt.

AUFGABE

1. Beschreibe einmal den **klaren** Wettbewerbsvorteil Deines Unternehmens:

   ____

   ____

2. Beschreibe einmal den **klaren** Wettbewerbsvorteil, den Du persönlich hast:

   ____

   ____

3. Falls Du keine Antwort gefunden hast: In welchem Bereich müsstest Du besser sein als alle anderen, um künftig den größtmöglichen Erfolg zu erzielen?

   ____

   ____

Kennst Du den häufigsten Entlassungsgrund? Nein? Etwa 65 Prozent aller Menschen verlieren die Arbeitsstelle, weil sie nicht mit anderen Menschen auskommen können, ungefähr zehn Prozent werden wegen ungenügender Ausbildung in den geforderten Tätigkeiten entlassen und nur circa 25 Prozent werden entlassen, weil die schlechte geschäftliche Situation des Unternehmens dazu zwingt. Warum also werden 75 Prozent entlassen? Weil sie dafür **voll** verantwortlich sind! Auch Du bist verantwortlich für alles, was Du tust! Du bist verantwortlich für den jetzigen Zustand Deines Lebens! Du bist verantwortlich für das, was in der Vergangenheit schiefgelaufen ist! Du bist verantwortlich für das, was heute funktioniert in Deinem Leben! Und Du bist verantwortlich für das, was morgen sein wird!

Das Geheimnis der Verantwortlichkeit ist die totale Verpflichtung. Ich kenne eine Menge Menschen, die machen drei Jobs gleichzeitig. Einen dieser Jobs lieben sie zwar, aber sie machen ihn nur nebenbei und zwar weil sie Angst davor haben, sich **voll und ganz** einzubringen. Aber Du kannst nur Spitzenerfolge erzielen, wenn Du Dein Ganzes gibst. Nur wenn Du Dich voll einsetzt, kannst Du Dein Leben verändern.

Niemand kann es sich leisten, auf verschiedenen Spielfeldern zu agieren. Verpflichte Dich daher zu 100 Prozent für etwas – ansonsten: Lass es bleiben! Du kannst jedes Problem im Leben überwinden – ich meine: **jedes** Problem. Das geht jedoch nicht, falls Du ein Problem mit Deiner Einstellung hast! Bringe Dich also entweder voll ein … oder lass es bleiben.

Wenn Du schon einmal in den Vereinigten Staaten warst, hast Du vielleicht schon einmal die »Baggers« im Supermarkt bemerkt. Das sind die Jungs oder Mädchen, die Dir helfen, Deine Einkaufstasche an der Kasse zu packen. Bei den »Baggers« gibt es die eine Kategorie, die an der Kasse steht, Dir nicht in die Augen schaut, mürrisch und gleichgültig die Sachen einpackt und sie Dir schlurfend zu Deinem Auto trägt. Die andere Kategorie der Baggers lacht Dich fröhlich an, sagt ein freundliches »Hello«, packt die eingekauften Sachen mit Begeisterung ein, fragt Dich höflich, ob sie Dich zum Auto begleiten soll, schenkt Dir noch einmal ein freundliches Lächeln und sagt zum Schluss: »You're welcome!« Wer bringt sich wohl mehr ein? Wer ist wohl mehr verantwortlich für sein Unternehmen? Ganz abgesehen davon, wer von beiden wohl das höhere Trinkgeld bekommt … Eines Tages geht es dann darum, dass ein neuer Mitarbeiter fest angestellt werden soll. Welcher von den »Baggers« wird die Stelle wohl zuerst angeboten bekommen? Ja, Du bist stets voll verantwortlich für Dein Leben. Du bist es, der zu jedem Zeitpunkt darüber bestimmt, wohin die Reise geht.

Ich habe zu Beginn meiner Karriere durch mein Denken und Handeln bestimmt, dass es mir schlechtging. Und ich habe zu einem späteren Zeitpunkt durch mein Denken und Handeln bestimmt, dass es mir bessergehen sollte. Und irgendwann habe ich bestimmt, dass es mir großartig, fantastisch, wunderbar gehen sollte. Bringe stets 100-prozentige Qualität ein bei allem, wofür Du verantwortlich zeichnest. Wer ist demnach verantwortlich für die Qualität? Du! Sind nicht vielleicht 99,9 Prozent auch ausreichend? Nein, denn wenn sie ausreichend wären, dann …

- gäbe es für eine Stunde im Monat verschmutztes Trinkwasser,
- würden stündlich 22000 Überweisungen von den falschen Konten abgebucht werden,
- gingen jede Stunde 1600 Postsendungen verloren,
- würden zwei nicht angezogene Radschrauben pro Tag und Autowerkstatt für Gefahr sorgen,
- passierten wöchentlich 500 fehlerhafte Operationen,
- würden jährlich 20000 falsche Medikamentenrezepte ausgestellt werden,
- hätte jedes Auto 80 Fehler …

Verpflichte Dich also jetzt, in dieser Sekunde, zu 100-prozentiger Qualität – und bringe Dich voll ein.

Die folgende, hervorragende Übung ist sehr empfehlenswert und wird von mir im Rahmen meines Seminars »Management & Führung« an die Inhaber und Führungskräfte kleiner und mittelständischer Unternehmen weitergegeben (übrigens behaupte ich, dass dieses Seminar von vier Tagen Dauer das derzeit beste und effektivste Seminar im deutschsprachigen Raum ist. Und an diesem Anspruch lasse ich mich messen! Wenn Du Näheres darüber wissen möchtest, maile an: info@juergenhoeller.com).

Die Firma ruft alle Mitarbeiter (alle Mitarbeiter des gesamten Unternehmens oder auch nur einer einzelnen Abteilung) zusammen und eröffnet ihnen, dass alle ab sofort gefeuert sind! Anschließend wird ihnen mitgeteilt, dass die einzelnen Stellen des Unternehmens (oder der Abteilung) natürlich wieder neu besetzt werden müssen. Jeder hat also auch die Möglichkeit, sich wieder neu für diese Stelle zu bewerben. Die Aufgabe lautet nun, dass jeder formulieren soll, wie er sich für diese Stelle einbringen werde, wie er sich die Zukunft vorstelle usw. Außerdem solle er sich Gedanken darüber machen, welche Vergütung er sich vorstelle und welche Gegenleistung er dafür erbringen werde. Schließlich eröffnet man ihm, dass sich für diese Stelle auch noch zahlreiche andere Bewerber interessieren und er sich Gedanken machen solle, was er anders, besser, erfolgreicher machen würde als alle anderen.

AUFGABE

1. Wie willst Du Dich für Deine »neue« Stelle einbringen?

____

____

2. Was wirst Du in Zukunft besser machen?

____

____

3. Wie stellst Du Dir die Zukunft vor?

____

____

4. Welche Vergütung stellst Du Dir ab sofort vor und welche Gegenleistung wirst Du dafür erbringen?

____

____

5. Was wirst Du anders/besser/erfolgreicher als alle anderen Bewerber machen?

____

____

Voll verantwortlich zu sein heißt, auch begeistert zu sein. Wenn Du zehn Menschen ein Blatt Papier gibst und ihnen genau zeigst, wie man damit ein Papierflugzeug falten kann, wird Folgendes passieren: Garantiert werden einige nicht fliegen, einige so gerade, einige miserabel, während höchstens zwei ausgezeichnet fliegen werden. Gib nun zehn Menschen die Möglichkeit und alles Know-how, das es auf dieser Welt gibt, sich eine Firma aufzubauen, und Du wirst feststellen: Nur einer – wenn überhaupt – bringt es zu etwas. Die meisten werden zwischendurch aufgeben, weil sie die Begeisterung verlässt. Der jedoch, den eine Idee nur begeistert, weil sie auf den ersten Blick gut aussieht und der scheinbar viele Vorteile sowie alle Begeisterung verliert, sobald sich die ersten Steine in den Weg legen, hat nicht die Kraft zum Durchstehen, die er zur Ideenverwirklichung benötigt. Behalte also Deine Begeisterung bei. Denn auch Du kannst Dich in den Kreis der Gewinner und Tatendurstigen, in den Kreis der erfolgreichen Gewinner einreihen, wenn Du ein Wort aus Deinem Vokabular verbannst: **unmöglich**.

AUFGABE

1. Wofür kannst Du Dich noch begeistern?

   ____

2. Kannst Du Dich noch freuen wie ein Kind?

   ____

3. Welche Erkenntnis und welchen Vorsatz gewinnst Du aus dieser Übung?

   ____

   ____

   ____

Und nun zum vierten und letzten wesentlichen Punkt. Er lautet: **sich einen Markennamen schaffen**!

Die Welt vertraut dem guten Namen! Cartier, Coca-Cola, McDonald's, Mercedes, Porsche, Rolex – all diese Firmennamen wurden zu einem Markennamen. Und gekauft wird immer auch der Name, nicht das Produkt alleine. Wir vertrauen dem guten Namen. Ein Mensch, der sich einen Namen aufgebaut hat, wird vorgeschickt, wird herangezogen, wird befördert. Ein Unternehmen, das sich einen Markennamen aufgebaut hat, erzielt zwangsläufig höhere Umsätze und Gewinne. Firmen investieren Millionen in die Werbung, um ihren Markennamen bekannt zu machen.

Die Macht der schönen Namen

Aus einem mittlerweile schon klassischen Experiment ergibt sich die Schlussfolgerung: Die Schönheit einer Frau beispielsweise wird auch über ihren Namen definiert. Ein Versuchsleiter ließ in einer Versuchsgruppe zwei Frauen bestimmen, die als »gleich schön« eingestuft wurden. Dann stellte er einer zweiten Gruppe dieselbe Aufgabe, fügte allerdings die Namen der Frauen hinzu. Eine Frau wurde (willkürlich) Kathrin, die andere Gertrude genannt. Was glaubst Du, wie das Votum der zweiten Gruppe ausfiel? Richtig: 158 stimmten für Kathrin und nur 39 für Gertrude. Tut mir leid für alle »Gertrudes«, aber Du siehst: Es ist wohl ein Problem, »Gertrude« zu heißen. »Gertrude« ist vom Klang her einfach nicht sehr angenehm, weil wir ein unbewusstes Programm haben, dass eine »Gertrude« einfach keine wunderschöne Frau sein kann. Als übrigens für eine Kontrollgruppe die Namen vertauscht wurden, fiel das Ergebnis nahezu entgegengesetzt aus.

**»Eine Rose, die anders hieße,
würde nicht so süß riechen.«**

WILLIAM SHAKESPEARE

AUFGABE

Welche Assoziationen verbinden Deine Mitmenschen mit Deinem Namen? An welche Charaktereigenschaften und Verhaltensweisen denkt man bei der Nennung Deines Namens?

___

___

___

Eine der vielleicht wichtigsten Aufgaben Deines Lebens ist die, dass Dein eigener Name zu einem Markennamen wird. Du musst Deinen guten Namen in die Köpfe von Chefs, Freunden, Kunden, Mitarbeitern usw. »implantieren«.

Mitte der 80er Jahre wurde eine Bekanntheitsstudie über Haushaltsmixer durchgeführt. Die Verbraucher sollten sich an so viele Markennamen wie nur möglich erinnern. Dabei landete General Electric auf Platz 2 – obwohl der Konzern schon seit 20 Jahren keine Mixer mehr herstellte! Fazit: Gut etablierte Marken werden über lange Zeit hinweg wiedererkannt – auch wenn keine Werbung mehr für sie betrieben wird.

Und darum sollte es Dein Bestreben sein, Deinen Namen so bekannt zu machen, wie es nur eben geht. Es wird immer mal wieder Situationen geben, bei denen Assoziationen hervorgerufen werden, die man dann wiederum mit Deinem Namen verknüpft – und deshalb sollten diese Assoziationen so positiv wie möglich sein.

AUFGABE

1. Welche Eigenschaften, welche Assoziationen und welches charakterliche Verhalten wird man in Zukunft mit der Nennung Deines Namens verbinden?

   ____

   ____

2. Was tust Du, damit Du einen besonders guten Markennamen bekommst (gehe hier nach der Power-Storming-Methode vor)?

   ____

   ____

3. Wie viele Menschen werden in 10 Jahren Deinen Namen kennen?

   ____

4. Was für Ideen hast Du hierfür? (Artikel schreiben, Buch veröffentlichen, Mitgliedschaften, Experte werden etc.)

   ____

   ____

   ____

»Ein guter Name ist vorzüglicher als großer Reichtum!«

AUS DER BIBEL

Auflösung von Seite 269

Gegenstand	Idee bis Beginn der Produktion	Jahre
Leuchtstoffröhre	1852 bis 1934	82
Radar	1887 bis 1933	46
Kugelschreiber	1888 bis 1938	50
Reißverschluss	1898 bis 1923	25
Cellophan	1900 bis 1926	26
Servolenkung	1900 bis 1930	30
Fernseher	1907 bis 1936	29
Transistor	1940 bis 1950	10

KAPITEL 13

Die Macht der Motivation

**»Niemand kann Dich motivieren ...
außer Du Dich selbst!«**

JÜRGEN HÖLLER

In unzähligen TV-Sendungen, Talkshows, Rundfunkinterviews, Presseberichten und -artikeln werde ich immer wieder als »Motivations-Trainer Nr. 1« betitelt. Während einer TV-Talkshow wurde ich einmal von dem Moderator danach gefragt, was denn meine Grenze als Motivator sei? Ich antwortete daraufhin: »Ganz einfach: Ich kann niemanden motivieren!«

Dem Moderator ist daraufhin zwei Sekunden lang keine Antwort eingefallen und er hat mich ziemlich verständnislos angesehen. Schließlich fragte er mich: »Aber, Herr Höller, Sie sind doch **der** Star-Motivator in Europa! Und jetzt behaupten Sie, Sie könnten gar nicht motivieren?« »Ja«, antwortete ich, »denn ich kann niemanden motivieren. Motivieren kann sich jeder nur selbst. Das Einzige, was ich tun kann, ist, den Menschen die Erfolgsstrategien aufzuzeigen, wie auf einem großen, leckeren Buffet, aber jeder muss sich selbst die Speisen, gleich Strategien, nehmen und umsetzen.«

Genau das Gleiche ist in diesem Buch geschehen: Ich habe Dir viele schmackhafte, gesunde und leckere Speisen auf einem Buffet dargeboten, aber Du hast Dich entschieden, was Du davon nimmst und was nicht. Und Du entscheidest Dich nach dem Durcharbeiten des Buches, **was** Du **wann** umsetzt.

In diesem letzten Kapitel möchte ich Dir aufzeigen, warum Du in Deinem Leben ins Handeln kommst bzw. warum Du das Handeln unterlässt. Ich möchte Dir aufzeigen, was Dich und uns alle antreibt, was uns bremst, was die Ursachen für Motivation oder Demotivation sind. Es gibt zwei Hauptantriebsfedern in unserem Leben:

- **Schmerz und Angst vermeiden!**
- **Freude, Spass, Lust und Liebe erlangen!**

Du musst von Anfang an vor allem eines verstehen: **Alles**, wirklich **alles**, was Du tust, hat seinen Ursprung immer in diesen beiden Triebfedern.

Zunächst zum Schmerz-Prinzip. Du tust etwas, weil Du Dich von irgendetwas »wegbewegen« möchtest, das in Dir Druck erzeugt, das Dir Angst macht, das Dir Schmerzen vermittelt. Irgendwann in Deinem Leben hast Du Erfahrungen gemacht, die sich tief in Deinem Unterbewusstsein verankert haben – Du hast dann jeweils erlebt, was Dir Schmerz bereitet. Um diesen starken Schmerz zu vermeiden, reagiert Dein Unterbewusstsein automatisch und rechtzeitig: Sobald der Anflug einer unangenehmen Situation entsteht, willst Du Dich davon entfernen.

Die zweite Triebfeder ist das Freude-Prinzip. Das besagt Folgendes: Du willst Dich auf irgendetwas »zubewegen«, das Dir Freude, Spaß, Lust und Liebe bereitet. Auch hier haben sich im Laufe Deines Lebens Programmierungen ergeben, so dass Dein Unterbewusstsein weiß, was Dir Freude, Spaß und Lust bereitet. Immer wieder gibt Dir deshalb Dein Unterbewusstsein die Befehle, Dich zu diesen Dingen hin zu bewegen.

Dieser Mechanismus wurde von der Natur deshalb so eingerichtet, um uns zu schützen bzw. um unser Überleben zu sichern. Es ist in vielen Bereichen ja durchaus sinnvoll. So hast Du beispielsweise irgendwann einmal mit den Fingern auf die heiße Herdplatte gefasst und sie Dir verbrannt. Das hat Dir physischen Schmerz bereitet. Von da ab ist Dein Unterbewusstsein bestrebt, dass Dir so etwas nicht wieder passiert.

Diese Abwehrhaltung kommt nicht nur bei physischem, sondern auch bei emotionalem Schmerz zum Tragen. So hast Du beispielsweise als fünfzehnjähriger Teenager eine Tanzparty an einem Samstagabend im Jugendheim besucht. Irgendwann hast Du einen tollen Jungen (ein tolles Mädchen) bemerkt und wolltest ihn (sie) näher kennenlernen. Du hast ihn (sie) zum Tanzen aufgefordert, aber einen Korb erhalten ... Damals hast Du eine Zurückweisung erlebt, einen schlimmen emotionalen Schmerz. Von da an war Dein Unterbewusstsein natürlich bestrebt, Dich vor Schmerzen gleicher Art in Zukunft zu schützen. Wenn Du also das nächste Mal eine Tanzparty besucht hast, wird Dich Dein Unterbewusstsein im Vorfeld schon davor zurückgehalten haben, überhaupt jemanden zum Tanzen aufzufordern, damit Du erst gar nicht der Gefahr ausgeliefert wurdest, Schmerz zu erleiden. Diese unbewusste »Steuerung« wird bei Dir so lange »gewirkt« haben, bis Du den emotionalen Schmerz überwunden hattest, bezogen natürlich stets auf diesen einen Aspekt.

Eine Art des Lernens, wie sie Kindern eigen ist, erfolgt durch das »Wegbewegen« vom Unangenehmen und »Hinbewegen« zum Angenehmen. Sigmund Freud nannte dies das »Glücks-Prinzip«. Die gesamte Entwicklung des Kindes, von der Toilettenbenutzung bis hin zu den Essgewohnheiten, wird – und das bezieht sich auf jeden Aspekt von seinem fortdauernden Streben bzw. seiner Motivation nach besserem Komfort bzw. persönlichem Vergnügen geformt: hin zu dem, was ein gutes Gefühl verursacht, weg von dem, was ein schlechtes Gefühl verursacht.

Von allen Möglichkeiten des Schmerzes, die ein Kind erleiden kann, ist der Liebesentzug durch die Eltern die schlimmste. Alle Kinder haben einen natürlichen Bedarf an Liebe, Anerkennung und Schutz durch und mit ihren Eltern. Wenn Eltern ihren Kindern die Liebe entziehen, um sie dadurch zu disziplinieren, kontrollieren oder zu bestrafen, fühlt sich das Kind äußerst unbehaglich. Das Kind hat Angst. Von dieser Angst möchte es sich so schnell wie möglich wegbewegen. Demzufolge wird sich das Kind zwangsläufig so verhalten, wie es die Eltern möchten.

Nun ist es aber beileibe nicht so, dass diese Art der Motivation sinnvoll wäre. Denn durch dieses Verhalten der Eltern haben wir ein Programm in unserem Unterbewusstsein angelegt, demzufolge wir – wie ein Ertrinkender, der nach dem Rettungsanker greift – immerzu um Anerkennung und Liebe bemüht sind. Die meisten Menschen versuchen ein Leben lang, es den anderen Menschen recht zu machen, um Anerkennung und Liebe zu bekommen. Es scheint so zu sein, dass die meisten Persönlichkeitsprobleme im Leben das Ergebnis von Liebesentzug sind. Die meisten Dinge, die ein Kind tut, wie später als Erwachsener ebenso, sind demnach folgendermaßen angelegt:

- Entweder wird versucht, den Verlust von Liebe zu kompensieren.
- Oder es wird versucht, Liebe zu gewinnen.

AUFGABE

Was ist das Allerwichtigste für Dich in Deinem Beruf?

____

____

Wichtig ist außerdem zu wissen, welche dieser beiden Hauptantriebsfedern die größere Bedeutung besitzt. Was glaubst Du?

____

AUFGABE

Was glaubst Du: Welche der beiden Hauptantriebsfedern (Schmerz vermeiden oder Freude erlangen) spielt die größere Rolle?

____

Hast Du die richtige Antwort niedergeschrieben? Die Hauptantriebsfeder ist der Wunsch, negativen Gefühlen auszuweichen, Schmerz zu vermeiden, sich also von etwas **wegzubewegen**. Der Wunsch, negativen Gefühlen auszuweichen, ist ungleich stärker als der, zu positiven Gefühlen zu gelangen.

- Das Vermeiden von Schmerz, Druck oder Angst ist ein akutes, drängendes Gefühl.
- Lust und Freude zu erlangen liegt meist in der Zukunft und erscheint eher ungewiss.
- Aktuelle Gefühle haben immer Vorrang, wenn die Angst vor der Konsequenz nicht ein noch stärkeres Gefühl auslöst.

Nehmen wir an, Du hast eine Entscheidung zu treffen. Die eine Möglichkeit wird bedeuten, dass Du Dich von den negativen Gefühlen schnell wegbewegen kannst. Die zweite Entscheidung wird bedeuten, dass Du Schmerz oder Freude erhältst, aber das liegt eben in der Zukunft und ist noch ungewiss. In diesem Falle wirst Du Dich – in der Regel – für die Möglichkeit entscheiden, die Dich schnell von den unangenehmen, negativen Gefühlen, dem Schmerz, dem Druck oder der Angst entfernt.

Wie aber ist es nun, wenn die Entscheidung, die Du treffen musst, die Wahl zwischen zwei Möglichkeiten ist, **die alle beide** negative Gefühle erzeugen?

- Wenn Du Dich zwischen zwei negativen Gefühlen entscheiden musst, dann wählst Du meist das, welches weniger unangenehm zu sein scheint.
- Die Wertung dessen, was weniger unangenehm sein könnte, erfolgt dabei nicht nach logischen Überlegungen, sondern ist gefühlsorientiert.

Der Kapitän

Ein Schiff schippert auf einem der Weltmeere, als der Melder seinem Kapitän mitteilt, dass gerade voraus ein Licht aufgetaucht sei, ein anderes Schiff. »Steht es still, oder bewegt es sich?«, fragt der Kapitän. »Stillstand, Herr Kapitän!«, meldet der Ausguck. Der Kapitän stellt Berechnungen an und bemerkt, dass sich sein Schiff auf Kollisionskurs befindet. Daraufhin gibt er seinem Fernmelder folgenden Befehl: »Senden Sie dieses Signal: Wir befinden uns auf Kollisionskurs. Ich empfehle Ihnen, Ihren Kurs um zwanzig Grad zu ändern.«

Zurück kommt folgendes Signal: »Empfehle Ihnen dringend, Ihren Kurs um zwanzig Grad zu ändern.« Der Kapitän befiehlt seinem Fernmelder: »Melden Sie: Ich bin Kapitän, ändern Sie Ihren Kurs gefälligst um zwanzig Grad.«

Prompt kommt die Antwort zurück: »Ich bin nur Seemann zweiter Klasse, aber ich empfehle Ihnen trotzdem, Ihren Kurs um zwanzig Grad zu ändern.« Daraufhin wird der Kapitän recht wütend und bellt den Befehl zurück: »Ich bin ein Kriegsschiff. Ändern Sie Ihren Kurs um zwanzig Grad!« Zurück kommt die Meldung: »Und ich bin ein Leuchtturm.« Grund genug für den Kapitän, den Kurs zu ändern ...

Unser Kapitän hatte die Wahl getroffen, seinen Kurs zu halten, weil er den Schmerz, dass sein Befehl nicht respektiert wurde, nicht aushalten wollte. Erst als der Druck groß genug wurde (als er feststellte, dass es sich um einen Leuchtturm handelte und die Kollision ihm eine Menge Schmerzen bereiten würde), änderte er seine Verhaltensweise.

Wird der Druck groß genug, ändert sich das Verhalten!

Was ich mit dieser Geschichte ausdrücken will? Ganz einfach: Die meisten Menschen sehen Druck als etwas Negatives an. Wir haben »Angst vor unseren Ängsten« und versuchen, diese zu vermeiden. Druck ist etwas Negatives, aus unserer Sichtweise heraus, deshalb wollen wir ihn vermeiden. Warum eigentlich? Druck ist ein hervorragendes Motivationsinstrument, es kann uns antreiben, es kann unsere Verhaltensweisen ändern. Wenn der Druck richtig eingesetzt wird und groß genug ist, kann er sogar große und schnelle Verhaltensänderungen bewirken. A. J. Williams, der in Amerika eines der größten Versicherungsunternehmen aufgebaut hat, war zuvor ein sehr erfolgreicher Football-Trainer. Er setzte die beiden Hauptantriebsfedern der Motivation, die man im Sport auch als »Zuckerbrot und Peitsche« kennt, folgendermaßen ein:

Wenn am Freitagabend ein Spiel anstand, sammelte er seine Jungs in der Kabine und teilte ihnen Folgendes mit: »Hallo Jungs, ich bin mir sicher, wir werden das andere Team heute vernichtend schlagen und als Gewinner vom Platz gehen. Stellt euch vor, dass ihr dann, nach einem ausgeruhten Wochenende, am Montagmorgen auf den Platz kommt und dort Trainer Williams mit einem Lächeln auf dem Gesicht seht. Wir werden ein lockeres halbstündiges Training absolvieren und wir werden viel Spaß haben. Aber nehmen wir einmal an, ihr geht hinaus, macht euren Job nicht richtig, schludert und wir verlieren: Dann stellt euch vor, dass wir uns morgen früh bereits um sechs Uhr, nach nur fünf oder sechs Stunden Schlaf, wieder auf dem Sportplatz treffen. Euer Trainer Williams wird dann das Gesicht einer Bulldogge haben, und ihr werdet in diese schwere, stinkende Uniform kriechen, mit mir vierzig oder fünfzig schnelle Sprints machen und mehrere Stunden trainieren, bis ihr alle fix und fertig seid.« Alle hassten dieses Training und deshalb war es zweifellos der beste Anreiz für die Spieler, am Freitagabend alles zu geben, was sie hatten. Dieses Konzept von Belohnung und Strafe gehört zu jenen »theoretischen« Techniken, die einem Trainer weiterhelfen, sein Ziel zu erreichen.

Wenn man sich ein Ziel setzt und nichts geschieht, falls man es nicht einhält ... warum sollte man sich dann überhaupt ein Ziel setzen?

Vielleicht hört sich das sehr einfach an, aber es funktioniert wirklich. Der größte Boxer aller Zeiten, Muhammad Ali, sagte einmal in einem Interview, dass er die harte und entbehrungsreiche Vorbereitungszeit für einen Kampf hasste. Ali: »Ich hasste jede Minute des Trainings, aber ich sagte mir: Gib nicht auf! Leide lieber jetzt und verbringe den Rest deines Lebens als ein Meister!« Nun, man kann zu A. J. Williams stehen, wie man möchte: Er hat das Freude-Schmerz-Prinzip auf seine Football-Spieler angewendet.

Viele Menschen sagen, dass sie keinen Druck ertragen können. Aber wir sollten Druck nie negativ sehen, sondern uns Druck als »Sog« vorstellen. Oder glaubst Du etwa, dass ohne Druck aus Kohle Diamanten entstehen könnten? Druck ist also durchaus nicht negativ, er kann uns sogar – vorausgesetzt, er wird richtig eingesetzt – antreiben. Es ist das alte Spiel mit der Angst: Wer keine Angst hat, wird träge, verfettet. Wer zu viel Angst hat, wird durch sie gelähmt. Die Steuerung des Angstpegels ist demnach auch für den Chef die Hohe Schule der Führung.

Jeder Mensch hat ein natürliches Bedürfnis nach Sicherheit, Geborgenheit und Anerkennung. Deshalb ist eine einseitige Motivation, nur durch Schmerz, auf Dauer eben nicht so erfolgreich wie die optimale Verknüpfung beider Motivations-Grundtriebfedern.

Also nochmals: Es gibt zwei Motivations-Grundtriebfedern ...

- Angst, Druck, Schmerz löst Flucht aus, das heißt, wir wollen uns davon wegbewegen!
- Freude, Spaß, Lust und Liebe bedeutet, dass wir ein Ziel haben und uns darauf zu bewegen.

Ein Mensch, der zu wenig motiviert ist, besitzt also entweder

- keinen bzw. zu wenig Druck oder
- keine bzw. zu geringe Ziele!

Und darum ist hohe Eigenmotivation relativ einfach zu bewerkstelligen: Erhöhe den Schmerz, wenn Du untätig bist oder das Falsche machst, und setze Dir größere (oder überhaupt) Ziele! In dem Moment, in dem Du Dir Ziele setzt und den Druck erhöhst, kommst Du automatisch ins Handeln. Und wenn Du ins Handeln kommst, wirst Du automatisch erfolgreich sein. Kennst Du die Geschichte des Boxers Buster Douglas, der seinerzeit Mike Tyson die erste Niederlage beibrachte? Was niemand wusste: Buster Douglas war vor dem Kampf von einer Alkoholentziehungskur gekommen. Seine Frau lag zu diesem Zeitpunkt schwer krank im Hospital, und er benötigte viel Geld für eine Operation. Seine Mutter war vor kurzem gestorben und er hatte ihr versprochen, den Kampf zu gewinnen. All dies sorgte für einen solch unglaublichen Druck, dass der »Underdog« den unbesiegbaren »Iron« Mike Tyson schlug. Für den nächsten Kampf bekam er 24 Millionen Dollar Festbörse, egal, ob er diesen verlor oder gewann. Er verlor nicht nur, er verlor kläglich ...

AUFGABE

1. Schreibe bitte einmal alle Eigenschaften auf, die Du an Dir selbst nicht magst:

   ____

   ____

   ____

2. Bitte schreibe alle Nachteile auf, die Du bisher durch diese Charaktereigenschaften erfahren hast. Schreibe Deinen ganzen Schmerz auf, den Du bisher bereits empfinden musstest, nur weil Du diese Eigenschaft nicht abgelegt hast:

   ____

   ____

   ____

3. Schreibe jetzt alle Vorteile auf, die Du genießen wirst, wenn Du diese Eigenschaften ablegen und ins Positive verändern würdest:

   ____

   ____

   ____

4. Schreibe bitte auf, welche Eigenschaften Du in Zukunft statt der negativen in Dein Leben übernehmen wirst:

____

____

____

Alles, was wir tun, erzeugt in uns ein bestimmtes Gefühl (Emotion). Diese Emotionen sind von Mensch zu Mensch vollkommen unterschiedlich. Der eine Mensch verknüpft mit Sport treiben (gleich Tun) ein positives Gefühl: Es macht ihn frei, es macht ihn schön, es macht ihn gesund. Ein anderer Mensch verknüpft mit der gleichen Tätigkeit, mit dem gleichen Tun (mit dieser Sportart) negative Emotionen (gleich Gefühle): anstrengend, schmerzvoll, zeitraubend.

Der Mensch mit dem positiven Gefühl wird nun dieses Tun (die Sportart) so häufig wie möglich betreiben, weil es ihm ebendieses positive Gefühl vermittelt. Der andere wird dagegen alles tun, um die Ausübung dieser Sportart zu vermeiden, weil er es mit negativen Gefühlen verknüpft.

Eines Tages sagt ihm nun sein Arzt, dass er unbedingt Sport machen muss, da es gut für seine Gesundheit sei. Er macht ihm deutlich, welche Konsequenz es haben könnte, wenn er keinen Sport betreibt. Nun ist er in einem Dilemma: Wenn er Sport betreibt, hat er sofort das negative Empfinden von Schmerz (anstrengend, schweißtreibend, zeitraubend). Wenn er keinen Sport betreibt, hat er ebenfalls negative Gefühle (Gewichtszunahme, Arterienverkalkung, schwaches Herz, Krankheit).

Kannst Du Dich noch erinnern: Wenn Du die Wahlmöglichkeit zwischen zwei unangenehmen Handlungen hast, entscheidest Du Dich immer für diejenige, die akut ist. In diesem Fall also wird der zweite Mensch trotz der »Motivation« seines Arztes keinen Sport betreiben. Die Vermeidung des kurzfristigen Schmerzes ist stärker als langfristiger Schmerz (wie zum Beispiel eine Krankheit, die kommen könnte).

Du siehst an diesem Beispiel aus dem Bereich des Sports, dass die Verknüpfung von Handlungen mit den dazugehörigen Gefühlen meistens unlogisch ist. Doch dieses Gefühl bestimmt, ob Du eine Tätigkeit gerne oder weniger gerne ausübst. Wenn die Gefühle zu stark werden, bestimmt das Gefühl sogar, ob Du überhaupt eine Tätigkeit ausübst oder nicht. Wenn Du demzufolge Dein Verhalten verändern möchtest, musst Du Deine Verknüpfung der Handlungen mit den entsprechenden Gefühlen verändern.

- Jeder Mensch verbindet sein Handeln immer mit einem positiven oder negativen Gefühl.
- Dieses Gefühl ist dabei meistens nicht logisch.
- Das positive oder negative Gefühl bestimmt jedoch darüber, ob Du etwas gerne tust oder nicht, und bei gesteigerten Gefühlen sogar, ob Du eine Tätigkeit überhaupt tust oder nicht.
- Änderst Du die Verknüpfung des Gefühls mit der dazugehörigen Handlung, so veränderst Du auch Dein Verhalten!

Beispiel: Nehmen wir einmal an, ein Mann bemerkt, dass er 30 Zentimeter zu klein für sein derzeitiges Gewicht ist! Schließlich kommt er zu der Feststellung, dass er zwar weiter essen kann, aber trotzdem nicht mehr wächst, so dass ein Missverhältnis bleiben wird. Demzufolge trifft er die Entscheidung, eine Diät zu machen. Er verknüpft aber mit dem Abnehmen folgende Gefühle:

- Ohne Schokolade ist das Leben Mist (Schmerz)!
- Wenn ich wenig esse, habe ich wenig Energie (Schmerz)!
- Wenn ich Diät mache, bin ich schlecht gelaunt (Schmerz)!

Wenn ein Mensch diese negativen Emotionen mit der Handlung des Abnehmens verknüpft, wird er vielleicht mit der Diät starten – aber nach kürzester Zeit wieder abbrechen. Ein weiteres Beispiel: Ein Mensch verknüpft mit Arbeit folgende Gefühle:

- Arbeit macht müde (Schmerz)!
- Arbeit ist stressig (Schmerz)!
- Wer arbeitet, wird doch nur vom Chef ausgebeutet (Schmerz)!
- Ich könnte jetzt etwas viel Schöneres tun (Schmerz)!

Als Folge dieser negativen Gefühle, die er mit Arbeit assoziiert (verbindet, verknüpft), wird dieser Mensch der Arbeit möglichst aus dem Weg gehen und sich vielleicht in das Heer der Arbeitslosen einreihen!

Und an dieser Stelle muss ich nun wieder einmal als »böser« Kapitalist auftreten: Solange ein Mensch mit der Arbeitslosigkeit keinen Schmerz verknüpft, sondern sogar noch Freude, wird er sich keine neue Arbeit suchen. Erst wenn der Druck zu groß wird, er also etwa weniger Arbeitslosengeld erhält, so dass er seine Rechnungen nicht mehr bezahlen kann, wird er alles dafür tun, um eine neue Stelle zu finden. Er wird bereit sein umzuziehen, er wird bereit sein umzulernen, er wird bereit sein, einen Job auszuüben, der möglicherweise niedriger angesiedelt ist als sein letzter Beruf usw. Und deshalb ist die einzig logische Lösung, um die Arbeitslosenzahlen zu senken und das Wirtschaftswachstum anzukurbeln (auch wenn bestimmte Politiker, Gewerkschaftler und auch viele Bürger es nicht wahrhaben wollen):

- Schmerz-Prinzip: Den Druck erhöhen: Arbeitslosengeld verringern, Arbeitslosenhilfe kürzen, es zur Pflicht machen, schneller eine Arbeitsstelle anzunehmen usw. (ausgenommen hiervon z. B. die älteren Menschen, die einfach aufgrund ihres Alters keine Stelle mehr bekommen).
- Freude-Prinzip: Die Steuern so radikal senken, dass sich Arbeit in Deutschland wieder lohnt, statt dass sie bestraft wird!

Es ist ein großes Problem, dass in Deutschland so viel Schwarzarbeit geleistet wird! Nun, die Lösung sieht folgendermaßen aus:

- Schmerz-Prinzip: Wer erwischt wird, erhält drastische Strafen.
- Freude-Prinzip: Auch hier wieder die Steuern so radikal senken, dass es sich wieder lohnt, offiziell zu arbeiten!

Steuerhinterziehung ist ein zentrales Problem! Hier ein Lösungsansatz:

- Schmerz-Prinzip: Die Anzahl der Steuerprüfer verfünffachen und alle Betriebe regelmäßig und ausführlich prüfen.
- Freude-Prinzip: Die Unternehmens- und Einkommenssteuern so radikal senken, dass es sich nicht mehr lohnt, Steuern zu hinterziehen, sondern dass es eine Freude ist, selbstständig zu sein!

Bitte verzeihe mir meinen Ausflug in die Volkswirtschaftslehre, aber als »alter« Unternehmensberater werde ich doch immer wieder wütend, wenn ich feststelle, wie wenig Ahnung doch Politiker davon haben, wie Menschen zu motivieren sind. Dafür haben sie eine umso größere Kenntnis davon, wie Menschen zu demotivieren sind!

Wut als Antriebsfeder

1853 war ein gewisser George Crum Küchenchef im Moons-Lake-Gästehaus in Saratogasprings, New York. Eines Tages bestellte ein Gast Pommes zu seinem Fleisch und beschwerte sich anschließend, sie seien zu dick, zu matschig und außerdem nicht richtig gesalzen. George Crum hatte einen schlechten Tag, geriet in Wut, und das Ganze machte ihn regelrecht zornig. Er hatte nur noch ein Ziel vor Augen: »Dem werde ich's zeigen!« So schnitt er einige Kartoffeln in hauchdünne Scheiben, frittierte sie anschließend knusprig braun und salzte sie übermäßig intensiv. Anschließend legte er sein freundlichstes Lächeln auf und servierte dem unzufriedenen Gast das »gesalzene Essen« mit einem eleganten Schwung. Dann wartete er auf die Reaktion des Gastes. Der Gast probierte ein Stück, probierte das zweite Stück, das dritte Stück, lächelte und aß mit vollem Genuss den gesamten Teller leer. Damit war die Idee zu Saratoga-Chips von Mister Crum geboren. Heute konsumiert jeder Amerikaner jährlich im Durchschnitt fast drei Kilogramm Kartoffel-Chips ...

Es geht mir in dieser Geschichte nicht darum, dass Du es in Zukunft Deinen Kunden »zeigen« sollst, sondern es geht mir darum, dass Du Zorn, Wut, Aggression ebenfalls als Motivationsfaktor einsetzen kannst ...

AUFGABE

1. Was macht Dich in Deinem Leben derzeit zornig und wütend?

___

___

2. Was kannst Du tun, um Deinen Zorn, Deine Wut entweder
   a) für Dein Ziel zu nutzen oder
   b) dafür einzusetzen, um Probleme, Hindernisse zu überwinden?

___

___

Immer wieder werfen mir irgendwelche Kritiker vor, dass es nicht möglich sei, durch ein Seminar etwas wirkungsvoll zu verändern. Man benötige dazu eine lange Zeit, viele Wiederholungen. Diese meist so genannten »Experten« behaupten, dass langjährige Gewohnheiten kaum noch verändert werden können. Mit beiden Vorurteilen möchte ich heute ein für allemal aufräumen.

Stell Dir einmal einen Menschen vor, der sein Leben lang Hunde gern gemocht hat. Eines Tages überfallen ihn zwei Kampfhunde und richten ihn so fürchterlich zu, dass er mehrere Wochen im Krankenhaus verbringen muss und schlimme Narben davonträgt. Kannst Du Dir vorstellen, dass dieser Mensch – obwohl er vor jenem Vorfall Hunde mochte – danach ein Leben lang Angst vor Hunden hat? Natürlich, denn das Gefühl, das er von diesem Zeitpunkt an mit Hunden verknüpft, ist so stark, so groß, so intensiv, dass dieses eine Erlebnis ausreichte, um seine Einstellung um 180 Grad zu drehen. Oder stell Dir vor, ein Mensch isst leidenschaftlich gerne Fisch und sonstige Meeresfrüchte. Eines Tages isst er Muscheln, wacht dann nachts auf und es geht ihm hundeelend. Er muss ins Krankenhaus gefahren werden, wo man eine Muschelvergiftung feststellt. Der Magen wird ihm ausgepumpt, und er braucht viele Tage, um sich von der Vergiftung wieder einigermaßen zu erholen. Kannst Du Dir vorstellen, dass derselbe Mensch, der vielleicht dreißig Jahre lang für sein Leben gern Fisch und Muscheln gegessen hat, durch dieses eine Erlebnis einen lebenslangen Fischekel davonträgt? Na klar!

Wenn es aber möglich ist, von einer Sekunde auf die andere eine Phobie vor Hunden oder Muscheln zu bekommen, wenn es möglich ist, innerhalb von einer Sekunde eine Angst zu entwickeln, die ein Leben lang anhält, dann muss es auch möglich sein, innerhalb kürzester Zeit das Leben positiv umzustellen, zum Beispiel motiviert zu sein, erfolgreich zu sein usw.!

Das Entscheidende dabei ist, ob die Emotion in dem Moment, wo etwas geschieht, groß genug ist. Je höher die Emotion, desto schneller kann die Einstellung und das Verhalten verändert werden. Je weniger Emotion, desto länger benötigen wir für Veränderungen.

AUFGABE

1. Wie lange brauchst Du, wenn Du im Urlaub bist, um so richtig entspannt zu sein? ______ Tage.
2. Wie lange benötigst Du, um von jetzt an sofort so richtig wütend zu sein, Dich so richtig zu ärgern, wenn etwas entsprechend Schlimmes (aus Deiner Sichtweise heraus) passiert? ______ Sekunden.

Wenn es aber möglich ist, dass Du Dich innerhalb von vielleicht drei Sekunden von einem friedlichen, liebevollen Menschen in ein kleines »Ungeheuer« verwandelst, dann muss es auch möglich sein, innerhalb von vielleicht zehn Sekunden Dich wirkungsvoll zu entspannen, oder?

Diese Beispiele zeigen Dir, dass oft eine einzige Erfahrung genügt, um eine neue Verknüpfung von Gefühlen mit bestimmten Erfahrungen auslösen. Demzufolge kann auch ein einziges Seminar etwas Wirkungsvolles in einem Menschen verändern. Ja, es kann sogar sein, dass ein einziges Erlebnis in einem Seminar einen Menschen wirkungsvoll verändert. Und aus diesem Grund benutze ich in meinen Erfolgsund Motivationsseminaren Metaphern – wie zum Beispiel barfuß über 1 200 Grad heiße Kohle laufen, barfuss über Glasscherben laufen oder von einem Stuhl hineinspringen, zentimeterdicke Stahlstäbe am schwächsten Punkt der eigenen Kehle ansetzen und mit voller Kraft zu einem U zu verbiegen. Aber nicht nur diese Dinge verwende ich als Metaphern. Das vorliegende Buch enthält zahlreiche Metaphern. Eine Metapher ist eine Möglichkeit, eine Verbindung zwischen einer Sache, die Du bereits kennst, und etwas Neuem herzustellen.

Unabhängig vom Glauben sind sich die meisten Menschen einig, dass Jesus Christus einer der größten Lehrer war, die es je auf dieser Welt gab. Und wie lehrte er? Jesus Christus war ein Meister der Metaphern. Nicht nur, dass er das Brot brach und es vermehrte oder barfuß übers Wasser ging, nein, auch in seiner Sprache nutzte er sie. Als er auf die Fischer zuging, um sie als Apostel zu gewinnen, sagte er nicht: »Ich möchte, dass ihr mit mir kommt, in die Welt hinausgeht und neue Christen rekrutiert.« Sondern er sagte: »Kommt mit mir und werdet Menschenfischer.« In dieser Metapher verwendete er etwas, was sie bereits kannten (das Fischen, denn sie waren Fischer), mit einer neuen Idee (das Christentum). Das verstanden sie auf Anhieb und folgten ihm. Eine Metapher kann also innerhalb eines Moments Klarheit verschaffen. Verstehst Du jetzt, warum ich die Metaphern wie Feuerlauf, Scherbenlauf etc. in meinen Seminaren und warum ich eine so bildhafte, mit Beispielen und Analogien angereicherte Sprache verwende?

AUFGABE

Powerfragen

Bitte stelle Dir diese Fragen immer, wenn Du Dich kraftlos, mutlos fühlst. Beantworte diese Fragen immer schriftlich:

1. Was alles macht Dich glücklich?

___

___

___

2. Welche drei Antworten aus 1. machen Dich am glücklichsten?
   a) ___
   b) ___
   c) ___

3. Worauf kannst Du in Deinem Leben stolz sein?

___

___

___

4. Warum bist Du stolz und wie fühlst Du Dich dadurch?

___

___

___

5. Was ist in Deinem Leben im Augenblick – bei all Deinen Sorgen und Problemen, die Dich bedrücken mögen – aufregend?

___

___

___

6. Was macht Dich daran so erwartungsvoll?

___

7. Wie fühlst Du Dich dadurch?

___

8. Wen oder was liebst Du?

___

9. Wer oder was liebt Dich und braucht Dich?

___

___

___

10. Wofür und wem bist Du in Deinem Leben dankbar?

___

___

___

Die Frage ist also nicht, **ob** Du Dich augenblicklich in eine positive, kraftvolle, motivierte Stimmung versetzen kannst, sondern die, **wie** Du dies schaffst. Die Frage ist also: Wie wendest Du die richtige Strategie an?

Die Stimmung, in der Du Dich befindest, wird durch die Qualität der entsprechenden Fragen, die Du Dir stellst, erzeugt! Beispiel: Du fühlst Dich müde.

Du kannst Dir jetzt die »Warum«-Frage stellen, wie es die meisten Menschen tun. Du wirst dann, je öfter Du die »Warum«-Frage stellst, viele und plausible Gründe finden. Du machst bestimmte »Umstände« aus, die dafür verantwortlich sind, dass Du Dich müde fühlst. Doch ändert sich durch diese Erkenntnis irgendetwas bei Dir? Was hilft es Dir weiter, wenn Du weißt, warum Du müde bist?

»Wenn Du eine hilfreiche Hand suchst, dann schaue am Ende Deines Arms nach!«

REINHARD K. SPRENGER

Die entscheidende Frage lautet deshalb nicht, warum etwas ist, sondern wie Du die Lösung findest. In diesem Fall: **Wie werde ich wieder fit und energievoll?**

Wichtig! Wenn Du keinen Erfolg hast, frage Dich nicht nur: **Warum** bin ich erfolglos, sondern frage Dich unbedingt: **Wie werde ich erfolgreich?**

Die Motivationslehre

1. Zwei Triebfedern motivieren Dich:
   a) Schmerz, Druck, Angst – du möchtest Dich davon wegbewegen!
   b) Freude, Lust, Spaß und Liebe du möchtest Dich darauf zu bewegen!
2. Allem, was Du tust, ordnet Dein Gehirn ein entsprechendes Gefühl zu: entweder Freude oder Schmerz.
3. Diese Wahl ist nicht logisch, sondern rein subjektiv und von Mensch zu Mensch verschieden.
4. Diese Informations-Zuordnungen, die unser Gehirn gespeichert hat, verwenden wir als Referenzerfahrung für die Zukunft. Alle Handlungen – ob wir uns nun für oder gegen etwas entscheiden müssen – werden deshalb unbewusst überprüft, ob sie uns Schmerz oder Freude verursachen könnten.
5. Der Schmerz ist dabei meistens das drängendere Problem.
6. Freude ist meistens in die Zukunft gerichtet und scheint eher ungewiss.
7. Aktuelle dringende Gefühle haben den Vorrang: Deshalb ist das Schmerz-Prinzip wirkungsvoller als das Freude-Prinzip!
8. Wenn Du bei einer Handlung die Wahlmöglichkeit hast zwischen zwei möglichen Schmerzzuständen, entscheidest Du Dich immer für diejenige, die Dir weniger unangenehm erscheint.
9. Diese Bewertung ist nicht logisch, sondern wiederum subjektiv.
10. Eine Veränderung Deines Verhaltens kannst Du nur erreichen, indem Du die Gefühle, die Du mit Deinen Handlungen verknüpfst, änderst.
11. Die stärkste Motivation hast Du dann, wenn Du Schmerz und Freude miteinander verbindest.

Kommen wir zurück zu der stärksten Motivationskraft, die es gibt: den Zielen! Wenn Du es schaffst, mit den Zielen, die Du Dir setzt, genügend positive Gefühle zu verknüpfen, also Freude, Spaß usw., und gleichzeitig genügend Druck dahingehend aufzubauen, was sein wird, wenn Du Dein Ziel **nicht** erreichst, dann bist Du der **König der Motivation**! Und wenn Du das gleiche Prinzip auf Deine Mitarbeiter (falls Du keine hast, vielleicht dann in Zukunft) anwendest, dann wirst Du feststellen, wie leicht es möglich ist, Menschen zu Spitzenerfolgen zu führen ...

**Marschieren kann man befehlen,
Gewinnen dagegen nicht!**

Gewinnen kannst Du deshalb nicht befehlen, weil sich Deine Mitarbeiter die Aufgabe, gewinnen zu wollen, selbst setzen müssen.

Setze also das Prinzip von Schmerz und Freude für Deine Ziele sinnvoll ein. Mache den Druck so groß, der eintreten würde, falls Du Dein Ziel **nicht** erreichen solltest, dass Du es einfach erreichen **musst**! Mach die Veränderung Deines jetzigen Zustandes für Dich zu einem **Muss**! Nur so kannst Du auch sicher sein, dass Du Deine volle Konzentration einzig und allein auf die Erreichung Deines Zieles fixierst. Denn: Immer dann, wenn Du Dir noch ein paar Hintertürchen offenhältst, sorgt dies nur dafür, dass Du Deine Ziele kraftloser machst. Lass es daher nicht zu, dass Dein Kopf noch Alternativen zu Deinen Zielen sieht. Triff die tiefe und emotional aufgeladene Entscheidung, dass Du Dein Ziel erreichen wirst! Egal wie – Du schaffst »es«! Versprich es Dir!

Natürlich ist es bei all dem notwendig, dass Du Dir Dein großes Ziel in möglichst viele kleine Etappenziele einteilst. Auf diese Weise vermeidest Du es, in Frustration zu geraten, weil Dein Ziel, besonders am Beginn Deiner Unternehmung, noch so weit entfernt zu sein scheint. Wer sich nur ein großes Ziel ohne viele kleine Etappenziele setzt, der wird feststellen, dass der tägliche Schmerz bei der Umsetzung immer stärker wird und ihn dazu »motiviert«, weniger zu tun. Wenn das aber eintritt, dann wirst Du Dein Ziel nicht erreichen! Setze Dir deshalb ein **tägliches Ziel**, das Du erreichen kannst. Wenn Du ein Jahr lang täglich Dein Ziel erreichst, dann erreichst Du Dein Jahresziel. Wenn Du sieben Ein-Jahres-Ziele erreichst, erreichst Du Dein Sieben-Jahres-Ziel. Wenn Du mehrere Sieben-Jahres-Ziele erreichst, wirst Du ein erfolgreicher, glücklicher und zufriedener Mensch sein!

AUFGABE

> **Ziel-Collage.** Nimm Dir ein Heft mit leeren Seiten bzw. erstelle Dir ein großes Bild. Schreibe Dir nun entsprechende Sätze und suche Dir Bilder aus Zeitschriften, Büchern, etc.: Alle Sätze und Bilder sollen die Verwirklichung Deiner Wünsche darstellen. Schneide dann die Bilder aus, klebe sie in das leere Heft bzw. auf das Bild. Füge danach die entsprechenden Sätze hinzu und zwar jeweils mit einer in der Gegenwartsform stehenden Zielformulierung versehen: einfach, eindeutig, konkret, klar terminiert. Halte schließlich das Heft stets griffbereit bzw. hänge das Bild auf. Schaue nun jeden Tag in das Heft bzw. wirf jeden Tag einen Blick auf das Bild.

An dieser Stelle möchte ich Dir aber noch verdeutlichen, wie das Schmerz-Freude-Motivationsprinzip in der Praxis funktioniert und zwar am Beispiel »Das Rauchen aufgeben« ...

Ich habe nicht wenige Menschen kennengelernt, die behauptet haben, dass es für sie »unmöglich« sei, mit dem Rauchen aufzuhören. Da hieß es dann nicht selten: »Ich muss rauchen!« Ich entgegnete darauf, dass das nicht stimme, sondern dass nur der Druck, mit dem Rauchen aufzuhören, bisher zu gering gewesen sei, und die Freude darauf, Nichtraucher zu sein, ebenfalls zu gering sei. Dann erklärte ich, dass ich (ernsthaft) eine Pistole nehmen, sie ihm an den Kopf halten und sagen würde: »Sobald du dir eine Zigarette ansteckst, drücke ich ab.« Auf meine Frage, ob er dann wirklich weiterrauchen würde, lautete die Antwort stets: »Nein, natürlich nicht!« Dies ist ein gutes Beispiel, was den Prozess der Veränderung betrifft: Der Druck muss also nur **groß** genug sein, damit schon recht bald die Motivation existent ist, eine Veränderung herbeizuführen. Wir müssen also zuerst die Entscheidung treffen, mit einer Gewohnheit (beispielsweise dem Rauchen) aufhören bzw. einen Zustand (beispielsweise Übergewichtigkeit) ändern zu wollen, um dann all jene für uns negativen und positiven Assoziationen aufzuschreiben, die wir mit der Gewohnheit (hier dem Rauchen) bzw. mit dem Zustand (hier Übergewichtigkeit) verbinden. Darauf zielt auch die nächste

Aufgabe ab, wobei als Bezug natürlich auch jedes andere Ziel statt das des Nichtrauchens eingesetzt werden kann …

AUFGABE

1. Welchen Schmerz habe ich, wenn ich weiterrauche?

   ____

   ____

   ____

2. Welche Vorteile bringt es mir, wenn ich jetzt mit dem Rauchen aufhöre?

   ____

   ____

   ____

Vielleicht hilft Dir bei der Umsetzung Deines Vorhabens, das Rauchen aufzugeben, das Wissen um den folgenden Umstand: Der größte Bestandteil des Zigarettenrauchs ist Methangas. Das ist beispielsweise der gleiche Stoff, der als Hauptbestandteil (!) der Kuh am Darmausgang entweicht, sobald sie einen »Furz« lassen muss.

Stell Dir nun beim Rauchen die nun beschriebene »pikante« Situation vor: Du fährst mit dem Auto durch eine Weidelandschaft, bleibst stehen und sagst Dir: »Ich brauche jetzt eine Zigarettenpause«, stoppst, läufst auf die Wiese zur nächsten Kuh, hebst deren Schwanz hoch und atmest dann einige tiefe, kräftige Züge ein, um Dich wunderbar wohlig zu fühlen …

Dieses Beispiel ist in seinen Bildern gewiss zwar etwas »rustikal«, doch zeigt es auf »deftige« Weise die Bandbreite der Assoziationen, die Du Dir ausmalen kannst. Um bei dem Beispiel »Rauchen« zu bleiben: Wie baust Du genügend Druck auf bzw. erzeugst Du Freude, wenn Du mit dem Rauchen aufhörst?

Druck: Je mehr Druck und Schmerz Du aufbaust, der mit dem alten und negativen Verhalten verbunden ist, desto besser. Beispiel: Wenn ich einem Raucher eine Pistole an den Kopf halte und ihm sage, ich würde in dem Moment abdrücken, in dem er sich eine Zigarette anzündet, wird jeder Kettenraucher zum Nichtraucher. Problem ist, dass ich irgendwann müde werde, einschlafe – und sobald die

Pistole vom Kopf des Rauchers verschwunden ist, wird er wieder rauchen. Die Kunst ist also, sich selber einen entsprechenden Druck aufzubauen, sodass das alte Verhalten riesige Schmerzen verursacht. In dem man z. B. sich ein Ziel setzt: ein bestimmtes Gewicht, Nichtraucher zu sein etc. – und bei Nicht-Erreichung des Zieles dann mit Familie, Freunde und Kollegen eine »Strafe« zahlen, absolvieren, tun muss, usw.

Freude. Setze nun den jeweiligen Zeitpunkt von vier Wochen, drei Monaten, sechs Monaten und zwölf Monaten fest, ausgehend von dem Tag, an dem Du mit dem Rauchen aufgehört hast. Bestimme dann, was Du Dir gönnst, was Du Dir kaufst, was Du Dir alles erlauben wirst, das Du Dir sonst nicht erlaubt hättest, und setze es Dir als Belohnung aus. – Des Weiteren führe die folgende Aufgabe durch …

AUFGABE

(Statt des Rauchens kannst Du auch eine andere schlechte Gewohnheit einsetzen.)

1. Welchen Schmerz würdest Du erleiden, wenn Du weiterhin so rauchen würdest wie bisher?

   ____

   ____

   ____

2. Welche Vorteile bringt es Dir, jetzt mit dem Rauchen aufzuhören?

   ____

   ____

   ____

Das stärkste Druckmittel, das es gibt, ist der Schmerz, der nicht von außen, sondern von innen kommt. Baue Dir also freiwillig Schmerz auf, damit Du ihn für eine positive Veränderung Deiner Lebensqualität einsetzen kannst.

Der Hund und der Nagel

Ein Mann besuchte einen Freund und sah auf der Veranda einen Hund liegen, der immer wieder jaulte, jämmerlich klagte und sich sichtbar unwohl fühlte. Der Mann fragte seinen Freund, was denn sein Hund wohl hätte. Der Freund antwortete, er liege auf einem Nagel, der aus der Holzplanke herausschaue. Der Mann schien verdutzt und fragte seinen Freund, warum denn sein Hund nicht einfach aufstehen und sich einen neuen Platz suchen würde. Der Freund erklärte es ihm: »Er musste den ganzen Tag die Schafe hüten und er ist sehr, sehr müde. Sein Schmerz ist noch nicht groß genug, um seine Müdigkeit zu überwinden.«

Erkenntnis: Wir kommen erst dann ins Handeln, wenn der Schmerz groß genug ist! – Ein weiteres Beispiel: Hast Du derzeit ein zu geringes Einkommen?

AUFGABE

1. Schreibe Dir auf, welchen Schmerz es Dir verursacht, wenn Du Dein Einkommen nicht spürbar steigerst:

   ____

2. Ist der Schmerz groß genug, dass Du eine Veränderung herbeiführen willst? Dann schreibe Dir Dein Einkommensziel auf und verfahre nach der Power-Storming-Methode. Du wirst erleben, dass sich in kürzester Zeit Dein Einkommen spürbar steigert.

Das Beispiel mit dem Einkommen ist wiederum nur eine Möglichkeit dafür, wie Du das Prinzip richtig einsetzen kannst.

Isst Du gerne frische, noch lebende Larven? Wenn nein, warum nicht? Die Antwort ist klar: weil Du das Essen von lebenden Larven mit irgendeiner Art von Schmerz verbindest, also einem negativen Gefühl. Nur die Allerwenigsten wären wohl bereit, lebende Larven zu essen. Wie aber wäre es, wenn ich Dir tausend Euro dafür geben würde, damit Du lebende Larven äßest? Nun, jetzt würden sich bereits etliche Leser überwinden, die lebenden Larven doch zu essen. Wie wäre es denn, wenn ich Dir hunderttausend Euro geben würde? Nun, jetzt würden wahrscheinlich die meisten Leser lebende Larven essen – einige aber nicht, für zehntausend Euro nicht, für hunderttausend Euro nicht, auch nicht für eine Million Euro oder zehn Millionen Euro.

Du siehst also, dass die Gefühle, die Du mit etwas verbindest, entscheidend dafür sind, was Du tust. Einfach so lebende Larven essen – das tut fast niemand. Für zehntausend Euro tun es einige. Für hunderttausend Euro viele, für eine Million Euro würden es die meisten tun. Aber für einige wäre der Schmerz, wäre das negative Gefühl so groß, dass sie nicht einmal für zehn Millionen Euro lebende Larven essen würden.

> **»Niemand ist vollkommen,**
> **aber wir alle können uns verbessern.«**
>
> NAPOLEON HILL

MOTIVATIONS-WORKSHOP

1. Welche Ziele (Vorhaben) habe ich in der Vergangenheit nicht umgesetzt, obwohl ich es fest vorhatte?

   ____

   ____

   ____

2. Welchen Schmerz habe ich erlebt, welchen Preis habe ich dafür bezahlt, weil ich in der Vergangenheit diese Ziele (Vorhaben) nicht umgesetzt habe?

   ____

   ____

   ____

3. Welche Ziele (Vorhaben) habe ich in der Vergangenheit umgesetzt und erreicht, weil ich es wollte, weil ich es mir fest vornahm und auch umsetzte?

   ____

   ____

   ____

4. Welche Belohnung habe ich bekommen, welche Freude habe ich erlebt, weil ich diese Ziele (Vorhaben) umgesetzt habe?

____

____

____

5. Bitte schreibe Dir noch einmal Dein Hauptziel auf, das Du in diesem Buch bereits festgehalten hast:

____

6. Welche Freude wirst Du empfinden, wenn Du dieses große Ziel erreicht hast?

____

____

____

7. Welchen Schmerz müssest Du erleiden, wenn Du versagst?

____

____

____

8. Nenne drei bis fünf Gründe, warum Du dieses Ziel erreichst, auch wenn es schlimmste Turbulenzen geben sollte:

   a) ______________________________
   b) ______________________________
   c) ______________________________
   d) ______________________________
   e) ______________________________

9. Was sind die fünf wichtigsten Handlungen, die Du ausführen musst, um Dein Ziel zu erreichen? Richte Dein Vorgehen nach folgenden vier Eckpunkten aus:

   Ziel: was? – Termin: bis wann? – Beginn – Erledigt bis.

   1. ______________________________
   2. ______________________________

3. ______________________________

4. ______________________________

5. ______________________________

10. Wie **bestrafe** ich mich, wenn ich diese Handlungen **nicht** oder **nicht** rechtzeitig anfange und beende?

____

____

____

11. Wie **belohne** ich mich, wenn ich diese Handlungen **rechtzeitig** beginne und beende?

____

____

____

12. Schwöre hiermit feierlich, dass Du alle Handlungen, die Du unter Punkt 9 aufgeschrieben hast, auch **wirklich** beginnst und umsetzt, damit Du Dein großes Ziel auch erreichst!

____

____

____

**»Nimm dir Zeit nachzudenken,
aber wenn die Zeit zum Handeln gekommen ist,
höre auf zu denken und handle!«**

ANDREW JACKSON

ZUM SCHLUSS:

Ganz wichtig …

Ich möchte Dir dafür danken, dass Du dieses Buch gelesen und durchgearbeitet hast (damit gehörst Du zu der Avantgarde der zehn Prozent Gewinner).

Wenn wir auf einen Berg steigen wollen, dann nehmen wir uns einen Bergführer. Wenn wir Autofahren lernen wollen, nehmen wir uns einen Fahrlehrer. Was ich damit ausdrücken will: Für das Erreichen von Erfolgen ist es ebenfalls notwendig, einen Trainer zu verpflichten. Wenn Du einen Trainer verpflichtest, dann solltest Du auf die besten zurückgreifen …

Ich kann mit Stolz behaupten, vielen hunderttausende Menschen zu mehr Erfolg verholfen zu haben, ca. 1,6 Millionen Menschen haben meine Seminare besucht. Verbesserungen von durchschnittlich 20–30 Prozent pro Jahr sind kein Ausnahmefall, sondern die Regel! Mache Dich allerdings darauf gefasst, dass ich Dir nicht den »Tank ständig vollfüllen« werde, sondern Dir »lediglich« zeige, wie Du Deine Persönlichkeit, Deine Zukunft selbst »volltankst«.

Angenommen, Du möchtest gerne eine unbekannte Stadt kennenlernen. Was tust Du? Fährst Du die Stadt systematisch ab, um – mehr oder weniger durch Zufall – alle Sehenswürdigkeiten, die Du betrachten willst, zu finden? Wohl kaum. Du wirst bereits im Vorfeld Auskünfte einholen und Dir Wissenswertes aneignen. Natürlich kosten die entsprechenden Informationen etwas Geld, und natürlich musst Du auch ein wenig Zeit investieren – aber diese Investitionen werden sich in kürzester Zeit dadurch lohnen, dass Du das, worauf es für Dich ankommt, problemlos und ohne Mühe entdeckst.

»Wer mit der Weiterbildung aufhört, um Geld zu sparen, könnte genauso gut seine Uhr anhalten, um Zeit zu sparen!«

M. ARNU

Es ist ein wenig schwer, Dir mein Power-Days-Seminar zu erklären. Beispiel: Wenn Du in Deinem ganzen Leben noch nie eine Erdbeere gegessen hast und ich jetzt versuchen würde, Dir zu erklären, wie eine Erdbeere schmeckt – wie könnte ich das tun? Ich könnte Dir erklären, wie die Erdbeere aussieht, dass sie süß ist usw. Aber würdest Du aufgrund meiner Erklärungen wissen, wie eine Erdbeere **wirklich** schmeckt? Sobald Du aber mal in eine Erdbeere hineingebissen hast, dann weißt Du es – weil Du es erlebt hast! Deshalb mein Tipp für Dich: Gehe jetzt sofort auf die Webseite www.power-days.info und melde Dich dort für den nächstmöglichen Termin an. Die Power-Days sind immer Wochen oder Monate im Voraus ausgebucht, gehe jetzt bitte auf diese Seite, sei dabei und verbessere Dein Leben für immer.

Warum wohl habe ich in den letzten Jahren mehr als 1,6 Millionen Menschen geschult? Können diese Menschen irren? Wohl kaum? Haben sie vielleicht nicht vielmehr erkannt, dass erst der Besuch eines Seminars einen wirklichen Spitzenerfolg bringt? Das schon eher.

Motivation und Erfolg muss immer wieder erzeugt, immer wieder trainiert werden. So wie wir durch regelmäßiges Jogging unseren Herzmuskel stärken, stärken wir unseren Geist durch regelmäßiges geistiges Training. Ich als Coach gebe jedenfalls immer mein Bestes.

Dieses Buch verhilft Dir mit Sicherheit dazu, die Qualität in den verschiedensten Bereichen Deines Lebens spürbar zu steigern. Ich habe noch eine große Bitte an Dich: Wenn Dir dieses Buch gefallen hat, dann empfehle es weiter an möglichst viele Deiner Freunde, Bekannten und Kollegen. Ich habe mich entschlossen, der Welt und den Menschen etwas zurück zu geben. Der Grund ist, dass es mir trotz meiner zwei Lebenskrisen, die ich hatte, heute wieder bessergeht, als jemals zuvor. Ich habe mit meiner Familie finanziell für immer ausgesorgt und deshalb habe ich mich dazu entschlossen, 10 Millionen Exemplare dieses Nr. 1 Beststellers »Sprenge Deine Grenzen« zu verschenken. Gib deshalb diese Information an möglichst viele Menschen weiter. Denk immer daran: Es gibt ein universelles Lebensgesetz namens »Gesetz von Geben und Nehmen«. Es besagt: wann immer ein Mensch etwas nehmen will, muss er auch bereit sein, dafür etwas zu geben. Also etwas zu tauschen. Ich bin mir absolut sicher, wenn Du diesen tollen Tipp des Buch-Geschenkes an die wichtigen Menschen Deines Lebens weitergibst, wirst Du auf irgendeine Art und Weise auch wieder den ein oder anderen Tipp, der Dir in Deinem Leben weiterhilft, zurückbekommen. Ich sag an dieser Stelle einmal schon herzlichen Dank.

Wenn Du von diesem Buch meinem Inhalt restlos überzeugt bist, kannst Du auch gerne Weiterempfehler der Bücher und Folgeprodukte werden, schreibe einfach eine kurze E-Mail an info@jurgen hoeller.de mit dem Stichwort: AFFILIATE WERDEN. Du bekommst dann alle Informationen, die Du benötigst, um bei uns Affiliate zu werden und sogar noch mit Deinen Empfehlungen Geld zu verdienen.

Meine Lebensaufgabe: Ich möchte so vielen Menschen wie möglich zeigen, wie sie erfolgreicher und glücklicher sein können!

So, das war's. Ich freue mich, Dich bald einmal persönlich kennenzulernen, und wenn Du durch dieses Buch außerordentliche Erfolge erzielst, schreibe mir doch einmal einen Brief. Ich werde ihn garantiert lesen, allein schon deshalb, weil ich dadurch wieder mit neuer Motivation versorgt werde. Ich wünsche Dir jedenfalls alles erdenklich Gute.

**»Träume nicht Dein Leben,
sondern lebe Deine Träume!«**

LITERATUR

Carnegie, Dale, *Sorge Dich nicht, lebe*, München 1997

Chopra, Deepak, *Die geistigen Gesetze des Erfolgs*, München 1996

Coué, Émile, *Autosuggestion*, Zürich 1997

Csikszentmihalyi, Mihaly, *Flow: Das Geheimnis des Glücks*, Stuttgart 1995

Frankl, Viktor E., *... trotzdem Ja zum Leben sagen*, München 2003

Gloger, Axel, *Millionäre*, Frankfurt am Main 1997

Goleman, Daniel, *EQ – Emotionale Intelligenz*, München 1996

Hill, Napoleon, Denke nach und werde reich, Genf 1991

Höller, Jürgen, *Sicher zum Spitzenerfolg*, Düsseldorf 1994

Höller, Jürgen, *Alles ist möglich*, Düsseldorf 1995

Höller, Jürgen, *Ja! – Wie Sie Ihre Ängste, Probleme und Krisen meistern*, Weinheim 2009

Höller, Jürgen, *Sag Ja zum Erfolg!*, Schwebheim 2007

Höller, Jürgen, *Motiviert zum Erfolg*, Schweinfurt 2008

Horrmann, Heinz, *Amerikanische Traumkarrieren*, Frankfurt am Main 1994

Hull, Raymond, *Alles ist erreichbar*, Reinbek 1973

Lasko, Wolf W., und Frenzel, Frank, *Die Magie der Erfolgreichen*, Paderborn 1997

Leonard, George, *Der längere Atem*, München 1994

Ohoven, Mario, *Die Magie des Power-Selling*, Landsberg 1991

Pearce, Joseph Chilton, *Der nächste Schritt der Menschheit*, Freiamt 1992

Robbins, Anthony, *Erfolgsschritte nach dem Powerprinzip*, München 1994

Rotter, Ernst A., und Wagener, Karl Friedrich, *Mit den Adlern fliegen*, Dillenburg 1997

Schäfer, Bodo, *Der Weg zur finanziellen Freiheit*, Frankfurt am Main 1998

Seligman, Martin, *Pessimisten küsst man nicht*, München 1993

Siegfried & Roy, *Meister der Illusion*, München 1992

Simoneit, Ferdinand, *49 Köpfe der deutschen Wirtschaft*, Stuttgart 1995
Stielau-Pallas, Alfred R., *Lieber reich und gesund*, Video-Kassette, Panaui Beach (Neuseeland) 1996
Tepperwein, Kurt, *Die geistigen Gesetze*, Triesen 1992
Tracy, Brian, *Das Gewinnerprinzip*, Wiesbaden 1997
Tracy, Brian, *Thinking Big*, Audio-Kassette, Schriesheim 1997
Turner, Glenn W., *Mut zum Erfolg*, Audio- und Video-Kassette, Kaltenkirchen 1997
Umhauer, Gerd, *Im Club der Millionäre*, Landsberg 1992
Wagandt, Alexander, *NLP für Manager*, Wien 1997
Waitley, Denis, *Nightingale*, Chicago 1996
Weimer, Wolfgang, *Kapitäne des Kapitals*, Frankfurt am Main 1993
Williams, A. J., *Das Prinzip Gewinnen*, Landsberg 1996